微商力 3

微商渠道亿元俱乐部实战

跨越微商的误区

郭俊峰 著

上海财经大学出版社
SHANGHAI UNIVERSITY OF FINANCE & ECONOMICS PRESS

图书在版编目(CIP)数据

微商力：跨越微商的误区 / 郭俊峰著. -- 上海：上海财经大学出版社，2017.10

ISBN 978-7-5642-2812-5 / F.2812

Ⅰ.①微… Ⅱ.①郭… Ⅲ.①网络营销 Ⅳ.①F713.365.2

中国版本图书馆CIP数据核字(2017)第195493号

□ 责任编辑　刘晓燕　汝　涛
□ 美术设计　吕嘉樑　张　聪

微商力：跨越微商的误区
WEISHANGLI KUAYUE WEISHANG DE WUQU

郭俊峰　著

出版发行：上海财经大学出版社		地　　址：上海市中山北一路369号
网　　址：http://www.sufep.com		邮　　编：200083
电子邮箱：webmaster@sufep.com		经　　销：全国新华书店
印　　刷：上海叶大印务发展有限公司		印　　张：25.5（插页：1）
开　　本：16		印　　数：6001-8000
字　　数：374千字		印　　次：2018年10月第3次印刷
版　　次：2017年10月第1版		定　　价：59.00元

版权所有　翻印必究

前言

新零售与微商

微商，这种发源于个人代购的零售业态，正随着移动设备的高度普及和社交软件的快速发展高速增长。

2011-2012年微商发展雏形期：QQ、微博、人人、贴吧成为中国互联网最活跃的阵地，粉丝经济初现雏形，个人代购刚刚兴起。

2012-2013年微商基础建设期：微信陆续完善了朋友圈、微信支付、公众号，完成微商发展所必需的基础设施建设；微信有了人流，朋友圈有了信息流。微信有了支付渠道，让基于微信的商业有了无限的可能。

2013-2015年微商行业跌宕期：2014年"微商"概念被正式提出，微商进入团队化运作时期。一大批品牌微商快速发展，俏十岁崛起，韩束进入微商领域，思埠微商成立。微商在暴力刷屏中野蛮生长。2015年毒面膜事件让很多微商断崖式下滑，行业跌宕，人心惶惶。

2016-2017年微商品牌时代：外部监管力度的加强，利好政策的出现，让微商逐渐向正规化、品牌化发展。俏十岁等老微商企业转型退出，阿里巴巴、小米、酒仙网、洋河股份、仁和等品牌企业入场，让微商真正成为企业布局的重要战略渠道。

零售业的本质是什么？

最近，京东CEO刘强东的一篇文章提到了三个词：成本、效率和体验。他认为，抓住这三点，就可以很清晰地看到零售业未来的机会。而这三点也是我理解的零售业本质，站在消费者角度来说就是著名的四个字："多、快、好、省"。

先看一段零售业的线下发展历史：

消费者的诉求是永远不变的。任何时代的消费者，追求的永远都是"多、快、好、省"，再加上优质的售后服务。而且奇妙的是，不同时代消费者的需求往往是这几个元素的排列组合。传统零售渠道起家的时候，只能牺牲其中两个，换来另外两个，如沃尔玛（好、省）、亚马逊（多、好）、7-ELEVEN（快、好）、Costco（好、省）、京东（好、快）、淘宝（多、省）等等。不同的排列组合，成就了不同的零售巨无霸企业。

社交化的"多、快、好、省"，就是"新零售"。想清楚"多、快、好、省"在社交渠道里的表现形式，就拿到了新时代成功的钥匙。电商死穴是获客成本越来越高，物流成本居高不下。传统零售无法承担高昂的房租和人工成本。

前言

过去二十年中国是一个强渠道的年代，渠道相对集中（如家乐福、万达、苏宁、国美、沃尔玛、淘宝、京东、美团、携程等），他们的生意模式都是收租金模式，小品牌很难在这样的渠道生存。移动互联网打破了信息的结构，消费者开始有更多的选择，特别是三四五线城市的互联网新兴人群，他们的购买决策从单纯的渠道推荐变成了"朋友推荐＞明星＞品牌＞广告"，这些变化给中小企业开拓新渠道带来了新机会。

微商不可能颠覆电商，更不可能颠覆传统线下生意，它只是前两大渠道的补充，未来可能成为重要的战略渠道。微商业态的出现满足了消费者对零售业需求的三个特点：好、省、快。

好：微商渠道的产品销售路径更多是基于"人"的分享式销售，如果你的产品品质不好，很难形成二次复购。一旦不能持续复购，你的产品利润不足以支持你的获客成本，你的生意就很难做下去，按照自然选择的法则，市场会自动把你淘汰。

省：在传统线下门店和电商中，居高不下的广告、流量、运营成本是很多中小品牌负担不起的，今天的电商亦如此；而在微商渠道中，消费者购买的产品的入口被分散了，如果你的产品品质够好，你通过低价策略很容易让消费者做第一次产品的尝鲜，消费者得到实惠，愿意重复购买，也愿意分享，产品就会快速到达消费者手中。

快：传统微商的模式是代理商一级一级压货，每一层级往下分发的时候，都承担不必要的物流成本。新微商的模式是代理商不需要大量压货，线上的销售由品牌商统一发货，线下同城的生意由代理商少量拿货，代理亲自给客户送货，送货快而且客户的体验感好。

现在的微商和过去相比已经发生了很大的变化，那些天天刷屏、吹牛的玩法很快就会死去，线上流量的红利期已经过去，行业完成了大洗牌，开始步入正规化。正规化的表现有几大特点：第一，开始有真正实力的品牌和厂家进入，无论从资质还是品质上，规范产品质量，做真正的好产品；第二，开始进行品牌营销的系统打造，不再是一味地刷屏，品牌商更注重品牌的运营；第三，开始对团队进行规范化管理，无论从模式设计还是从销售引导上，更注重终端销售和代理商的成长，而非一味地招代理、疯狂地囤货；第四，渠道下沉，构建线上、线下结合的系统打法，让品牌的生命力更长久，而不仅仅只是做微商品牌。

这是新微商时代下所有品牌方必须要意识到的，微商已经不是非专业选手能玩的事了。最近媒体上频繁地报道，微信已经开始整顿朋友圈，那些只会刷屏的微商一定是死路一条，朋友圈还是会回归到私密分享的原点。

不忘初心，方得始终。

2017.08

目录 contents

前言 新零售与微商 / 1

上篇 微商的定义与误区

微商的定义

1.1 微商是什么？/ 05
1.2 微商、直销和传销有什么区别？/ 07
1.3 微商常见的模式和方向有哪些？/ 13
1.4 微商的优势是什么？/ 20

微商的误区

2.1 误区一 微商的产品是短命的 / 25
2.2 误区二 产品策划和包装不重要 / 27
2.3 误区三 品牌商盲目自信：我的产品是最好的 / 31
2.4 误区四 供应链无关紧要 / 33
2.5 误区五 有微商经验的操盘手才能干微商 / 36
2.6 误区六 微商就是招代理而非卖货 / 42
2.7 误区七 微商要采用多产品策略 东方不亮西方亮 / 44
2.8 误区八 微商就是疯狂地刷朋友圈 / 47
2.9 误区九 微商管理系统不重要 / 50
2.10 误区十 快速花钱做品牌 还是省钱去做流量 / 55

传统企业如何做好微商？

引言 / 63

产品定位

3.1 什么特点的产品会成为微商爆品？ / 69
3.2 如何设计产品 3 秒抓住客户眼球？ / 73
3.3 如何设计产品组成结构 轻松引爆市场？ / 78
3.4 什么价位是微商渠道黄金定价？ / 85
3.5 案例：洋河无忌品牌策划内容解密 / 96

模式设计

4.1 如何定义层级代理商的职责？ / 109
4.2 微商基础模式设计原理 / 112
4.3 微商模式顶层设计：平级、跨级、返利机制 / 117
4.4 深度剖析微商商城模式爆红的秘密 / 121

招商策划

5.1 如何做好微商项目 / 131
5.2 微商招商中三种常见的招商策略实战分析 / 141
5.3 整盘系统打法是项目成功的关键 / 154
5.4 傻瓜式招商谈判策略 / 166
5.5 如何做好会赚钱的 OPP 营销？ / 178

6 推广引流

6.1 推广六脉神剑心法 / 199
6.2 如何快速获取第一波的种子代理？/ 203
6.3 日均过千精准流量的引流渠道组合打法 / 212
6.4 如何做好企业微博运营工作？/ 222
6.5 微商日增 500 精准粉丝的实操方法 / 230
6.6 案例：酒仙网五粮液密鉴推广策略 / 236

7 产品动销

7.1 品牌化是微商渠道成熟的必经之路 / 245
7.2 如何玩转促销活动让业绩翻倍？/ 252
7.3 如何做好销售？/ 256
7.4 新手代理如何快速出单？/ 274
7.5 朋友圈陌生好友快速转化的三招秘诀 / 278
7.6 打造全能微商——高效转化各渠道引流 / 283

8 团队管理

8.1 引言 / 303
8.2 如何快速裂变千人微商团队？/ 306
8.3 如何把招商成交做到效率最大化？/ 316
8.4 快速复制卖货高手之团队核心成员培养 / 324
8.5 微商群管理常见问题百问百答 / 328
8.6 微商老大这样干你的代理谁也挖不走 / 343
8.7 如何运用微商系统实现管控销系统化管理？/ 349

下篇 郭司令微商咨询案例实战

9 案例分享

9.1 大卫博士：线下活动干得好，业绩月月翻倍 / 361
9.2 首次解密：酒仙网微商 81 天亿元回款实战录 / 370
9.3 千亿市值的洋河进军微商渠道实战笔记 / 384

附录一：客户见证 / 392
附录二：部分服务品牌 / 396

上篇

微商的定义与误区

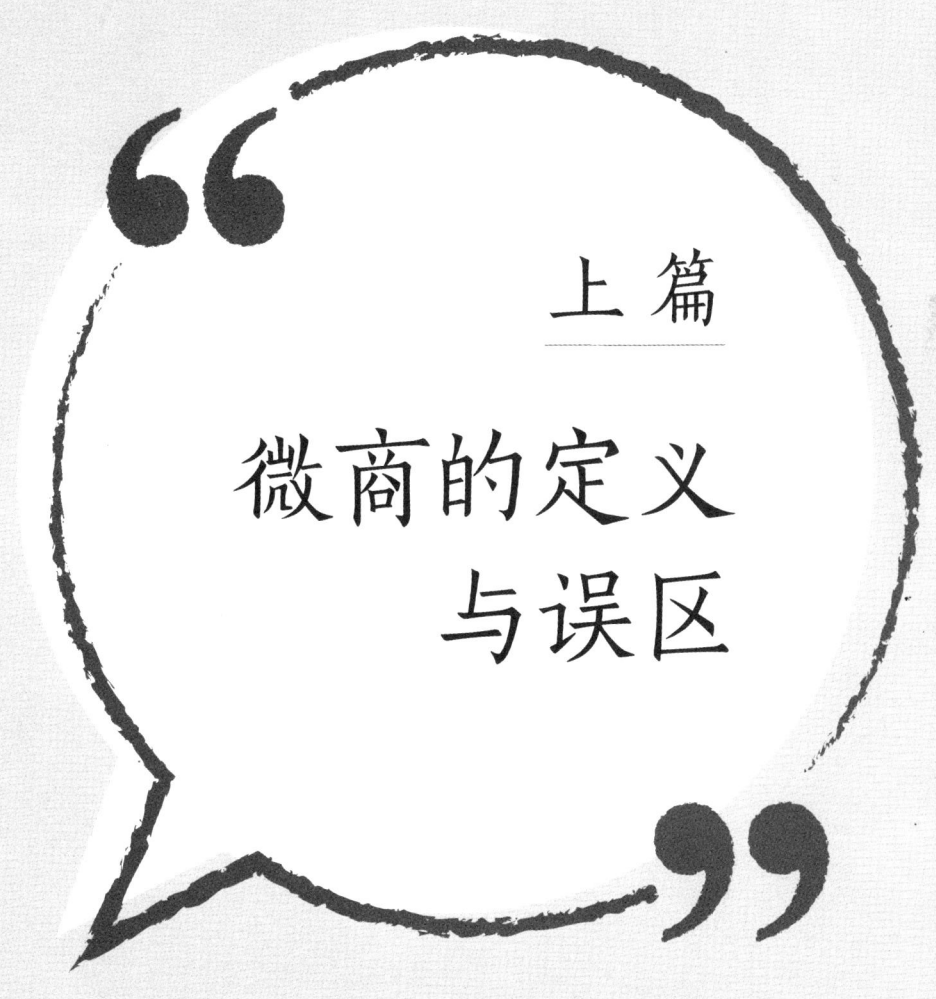

1 微商的定义

2 微商的误区

微商的定义

1.1　微商是什么？

1.2　微商、直销和传销有什么区别？

1.3　微商常见的模式和方向有哪些？

1.4　微商的优势是什么？

1.1 微商是什么？

从销售场景上来讲，微商就是借助微信、微博、QQ空间、直播等社交工具做销售。

30年前，我们做销售是以面销为主，公司开拓市场，要招募几百个销售人员进行扫楼地推式销售，从18楼一直推销到1楼，每天一个销售人员最多拜访50家客户，成交靠的是销售人员的腿。

我人生的第一桶金就是靠建立庞大的销售地推团队进行公司产品的销售，后来随着市场和竞争的变化，电话开始普及家家户户，电话销售成为更高效的销售方式，过去一天拜访50个客户，今天用电话营销，一天可以向300个人做销售，销售的地域性和成交率大大提高；但是由于市场竞争和新技术的出现，大概在2010年以后智能手机开始慢慢普及，消费者接触到的信息越来越多，很多手机开始有了过滤推销电话的功能，消费者开始厌倦电话营销的方式。当时我自己就有400多人的电销团队，不管我如何训练销售人员的技巧，增加销售线索的质量，但是公司整体的成交率都在下降，我一直在寻找新的提高销售业绩的方式，直到2012年9月份一次偶然的公司晨会，让我决定推倒重建，来上海进行第三次创业，一切都围绕移动互联网。

每一次新的营销方式的变革通常伴随两样东西：技术变革和新人群的增长。

从销售效率和覆盖人群上，面销＜电话销售＜微商销售。

腾讯的创始人马化腾在很多演讲中提到：移动互联网才是真正的互联网，PC互联网只是互联网的雏形，腾讯的一切布局都会围绕移动互联网。正是因为马化腾对互联网的深刻认知，才会出现打败PC互联网霸主QQ的移动互联网杀手级的产品微信。

媒体人喜欢看衰微商，认为微商就是传销、拉人头、卖假货、杀熟；干微商的人又喜欢神话微商，微商颠覆传统渠道，微商是最厉害的商业模式，干微商可以开跑车买豪宅、迎娶白富美、走上人生巅峰。要么极左派，要么极右派。微商只是一个借助移动互联网工具的新销售方式，是面销、电销的补充而非颠覆。

从渠道上来讲，微商的本质是社交零售。

目前零售有两种形式：传统线下和电商，而微商只是零售的一种表现形式。零售的本质是发现新的流量洼地，找到更多大规模、更便宜的流量，社交零售打破了传统零售单纯以货为中心的销售模式，变成了以人为中心，人—人—货—人相结合的模式，极大地提升传统零售品牌商与代理商、终端消费者的关系，通过人来连接人，大家基于信任，产生了购买，持续发生互动，大大降低了获客成本，提高了零售效率。

1.2 微商、直销和传销有什么区别？

微商是不是传销是由国家来规定的。在《禁止传销条例》中，反复提到层级关系这个概念，按一定规律组成层级关系只是众多传销中的一个现象，必须有非法占有他人财产的行为，才有可能涉嫌传销。比如，村级社区商店的商品，就有五六个级别并且层层加利，这是正常销售。所以说，传销侵犯的客体为复杂客体，传销常伴随偷税漏税、哄抬物价等现象。传销侵犯多个社会关系和法律客体，主要客体的要件必须有两项：（1）欺诈性（侵犯公民财产所有权）；（2）扰乱社会管理秩序与经济秩序。

传销，这个物种在西方兴起，然后传到中国。在东方，延续这个物种最好的地区是中国台湾省。20世纪90年代进入中国内地，传销从来就没有停止过。特别是一些欠发达地区，更是火爆异常，从最早的"康复得"到后来的安利之类（今天的安利已经被规范了），再到今天那些身披金融外衣的传销们。虽然做法不停变化，但核心内容永远不会变。

传销有两点是非常重要的，分别是无限放大梦想和不劳而获。

你本来就是一个普通人，或许这一辈子都没有想过要做到如何。但传销来了，他们会帮助你"展望"一下未来，让你突然间有一种前所未有的顿悟。于是，便想起了"王侯将相宁有种乎"这句话。就像是被喊醒的睡狮一样，你就再也不能淡定了。你会倾其所能为了这个千载难逢的机遇去努力。然后，再去歇斯底里地发展你周围能接触到的所有的人，因为你觉得这是拯救人家，拯救你的亲朋好友。

就像微商一开始，有一些人赚到了钱，而那些从来都没有离开过工厂半步的产业工人，被别人带到了会场，那些"成功者"会分享同一个版本的故事——之前快要"死了"，因为做了微商，取得了今天种种的结果……被害得最深的就是这些人，没有太多的见识、经验、能力，更没有太多的物质基础，正是因为他们什么都没有，所以，他们敢于赌。也正是因为他们敢于不计后果地赌，他们才会倾其所有，而且还不惜借钱，甚至是高利贷来抓住所谓的机遇。

最后，即便是做了那个品牌的很高层，又能如何？卖货和带团队不是像借钱那么简单的事情，这需要拼综合实力。于是，很多人死在了这个点上。而且，他们不会承认自己有问题，他们只会说，都怪自己当初没有坚持下来，要不然今天也会如何如何……你看那谁谁，当初还不如我呢，今天他们都已经如此成功……

从三个方面我给大家简单讲一下三者的区别，在后面模式的讲解中，我会拿出一些微商中比较火的微商传销模式，给大家详细讲解。

1.2.1 入门费问题

相同点：传销和直销都需要，绝大多数微商也需要。

不同点：

传销　较大数额的入门费，没有实质性产品，或者产品价值与价格严重不符。在交易过程中，对方不会让你留下任何的证据。你用入门费换取的产品，不可能再转手卖出去。

直销　需要较大数额的入门费，有成系列的产品，你入门时必须全价购买，所以价格比较高。交入门费后取得的产品，可以卖，但往往要偷偷折价处理，全价基本上卖不出去。你发展的下线进货是从公司进，公司给你提成。

微商　入门费比较少，产品比较少，你入门时，按照不同的级别对应的不同的价格进货。交了这笔钱，除了会给产品，还会给你一个授权，你可以销售这些产品。因为微商是最忌讳乱价的，所以代理是以较低的价格买进了货，再以市场价销售出去。你招的代理是直接找你拿货，你赚差价。

从营销策略来讲，让用户付费，可以筛选精准的客户，这是无可厚非的；对于从业者，要创业有投入，这也是天经地义的事情。但是要具体问题具体分析，不要为了"发财梦"去冒险，需要投资的一定要仔细考察，量力而行。赚钱离不开三要素：产品、客户、营销，产品是否适销对路？客户圈子你能否融进去？营销方式是否有效？传销是损子孙福的恶行；直销是少数人玩的游戏；微商属于大众，但产品选择不对，一切努力都白费！

1.2.2 发展下线问题

相同点： 传销、直销、微商都需要发展人。

不同点：

传销：介绍人进来会有奖励，另外你需要布局几条线，这几条线要均衡发展，累计业绩越大，才有可能"赚大钱"，他们往往以国家项目、资本运作、高新科技等做幌子，误读国家政策给你洗脑，灌输发财、改变家族命运等等，不存在卖产品一说，目的只有一个，就是让你不断拉人进来。

直销：介绍人进来会有奖励，直销一般实行双轨制，要发展两条线，每条线可以拿3~9层的业绩提成（返利），两条线累计的业绩会给你很高的提成和奖励。直销会卖产品，而且产品质量往往不错，但价格贵、比较难卖，销售产品的收入远不如发展下线的收入。

微商：介绍人进来直接成为你的分销商，相当于多一个人帮你卖产品，你直接从中赚取差价，不会根据代理业绩累计提成。这不同于传销和直销的多级返利返现的多级分销（金字塔模式），更像是传统省代、市代、地区代理、终端零售店这样的传统营销渠道模式。

传销赚钱的基础来自骗人的数量，只能靠拉人头赚钱；直销是法律允许的合理传销，零售蹩脚，主要靠人脉赚钱，必须发展下线（正被微商打压的三级分销，类似于直销，只是返利返现层级是3级以内，直销可以达到9级）；微商是零售与发展代理并重，零售利润高但销量一般比较小，发展代理，利润比较低但容易起量，所以微商拉人头的嫌疑比较小，这也是为什么2015年微商大洗牌的那段时间，主要靠发展代理的微商大多死了，主要靠零售的微商却活得很滋润。但微商也要警惕那些没有真本事、鼓励你大量囤货的品牌商或上级代理。

1.2.3 囤货问题

传销 不存在囤货一说，但他们会给你压力，让你拼命去发展下线，如果下线发展不起来，你投入的钱就是打了水漂，无法回收。传销卖的是发财梦。

直销 不存在囤货的问题，因为你发展的下线，是由直销平台发货。但有一个比囤货更严重的问题，那就是你有业绩压力，而且每年还需要"重销"或叫"复销"，也就是公司规定，每个级别的代理商，每年必须自己消费多少钱的货，如果达不到，会有处罚措施或者取消奖励。你发展的人的货不从自己这里出，那么自己入门的时候买的货、每年重销的货、为了达到指定业绩自己偷偷买的货，都只能由自己消化。所以，很多人赚了点钱，都换成了一堆货，然后只有偷偷地半价销售，或者根本卖不出去。

微商 一般是囤货自己卖，零售以及发展的代理，都是从自己这里拿货，可以很好地消化你自己的库存。微商行业囤货的负面来自哪里呢？主要是，上级代理或者不良厂商，鼓励代理大量囤货，甚至自己找买手或小号去买自己代理的货，给代理信心，然后鼓励代理拿出更多钱升到更高的级别，然而代理升级后囤了大量的货卖不出去，厂家不管了。

对于囤货行为，需要具体分析。大肆囤货，风险是极高的，特别是当你不确定产品的市场需求，或者高估自己的销售能力的时候，有烂在仓库的风险，或者只能折价清仓。但如果你做生意手里没有货，怎么能卖得好呢？不囤货的是平台分销，即使是合理合法的分销（不管是一级、二级还是三级），基本也没什么前途，所以，适度地囤货或者叫作备货，是没问题的，也是必需的。

1.2.4 总　结

现在的人，有两个极端：一个是太浮躁，太想赚钱，所以很多人被骗子利用，掉进坑里，教训惨痛；另一个极端是，对一切有争议的东西持敌对态度，不愿意去了解，固执而且封闭自己，对于自己不懂的、讨厌的都归为"传销"。

所以，我们经常看到很多微商负面信息，不管哪个行业都是如此。同时，我们总能听到很多很极端的言辞、怨天尤人的话语，很难想象，我行走在社会，遇到的基本是温文尔雅的人，为什么网上却有那么多仿佛来自地狱的愤怒哀嚎？

机会往往与陷阱并存，或者说，真正的机会往往看起来像陷阱，而真正的陷阱往往被伪装成机会……所以，需要擦亮眼睛去辨别、去判断，投石问路，三思而行。

如果你想通过微商进行创业尝试，也是同样的道理，在力所能及的范围，去判断机会和陷阱，对于不懂的多问、多查资料，寻找靠谱的品牌商，踏踏实实地做事情，坚持把对的事情做好，然后就是功到自然成了。不要寄希望在别人身上，让自己努力到别人愿意帮助的程度，还会怕结果不好？

1.3 微商常见的模式和方向有哪些？

微商常见的模式有十种：社群模式、层级模式、直营模式、平台模式、区县模式、会销模式、实体店模式、工程模式、商城模式、分销模式。

以下主要从三个模式给大家聊聊我对模式的理解。

1.3.1 社群模式

因为某一个兴趣点、某一个价值观、某个产品或某个人等，建立起来的品牌的社群或者人的社群。

微商团其实就是一个非常典型的社群，大家因为想学习微商、想了解微商，想了解微商卖货这方面，所以来到了微商团。来到微商团以后，就是微商团给他们提供这样的服务，他们持续在微商团这个地方做互动。

我们在这个过程中也会做一些销售的工作，比如销售一下我们更高级的课程，给大家推荐一些商品，帮品牌商对接一下供应链，帮助品牌商对接一些团队等等，这是微商团社群的玩法。当然更多的是一些做产品的，来建立一个社群去卖产品，比如酣客公社，他们建立一个有关白酒的社群，最后推荐他们的白酒，卖他们的白酒，这也是一种玩法。

当然类似这样的玩法也特别多，每个领域几乎都有。有些社群会大一些，有些社群可能会做得稍微小一些。理论上讲如果是你能做到一千人以上，那么这个社群就算是非常有力量的社群了。

建立社群的四个核心点

（1）共同的价值观或共同的关注点

别人为什么来你这里是有原因的，所以你的价值观是什么，这对于新来的人是非常重要的。就比如大家卖东西的时候，有很多人跟我讲产品，我说你的顾客是谁，他就跟我讲所有的人都是他的顾客，其实这恰恰是相反的，你的目标人群越多，证明你的产品可以销售的目标人群越少。

还有一个情况是我们在买东西的时候，商家给我们的选择越多，我们最后选择这个产品的难度系数就越高，所以不选择的可能性就越大。当面对一种产品的时候，我们只有两个答案，一个是买，一个是不买。但如果给很多种选择，不确定因素就太多了，最后导致大家不去选择。

传统的商业思维理念认为选择越多，选择的可能性会越大，因为东方不亮西方亮，因为不能把鸡蛋装到一个篮子里面，但互联网上是不一样的。互联网上不管是卖产品还是卖社群，卖概念还是卖理想，关注点越集中越好，越单一越好，这样有利于吸引到那些关注点一致、价值观一致的人。

把大家的认知能够统一起来，做更深的沟通与交流，建立更强的信任关系，这是建社群的第一个核心。

（2）频繁友好地互动

建立社群以后，大家彼此要有一些互动。还以微商团为例，比如，你成了微商团会员，我们的"精英课堂"每周二和周四晚上会有课程，是关于微商带团队和卖货方面的。每个月也会有一次"文案团"的活动，一期是21天，每个月进行一期。还有我们线下的"高手营"活动，教微商团队老大如何去带团队，如何去卖货。还有"微商首席运营官"的课程，也基本上是每个月一次，主要针对想转型做微商的传统企业主和品牌商，品牌商如何起盘去运营微商的产品、运营微商的团队、运营微商的品牌等等。

还有我们的"中国微商年度盛典"，已经举办了三届，每年一次；"运营官"和"高手营"是每个月举办一次，而且这三个都是线下进行的，面对面地交流。我们有一句话叫作"线上一百遍不如线下见一面"。

微商团的"精英课堂""文案团"这些项目是在线上进行的，所以我们线上有东西，线下也有东西，而且频次是不一样的。有的一周要进行两次，而且线上还有坐班辅导老师，每150个会员安排一个坐班辅导老师进行辅导，所以线上的辅导跟线上的"精英课堂""文案团"这三个项目基本上频次是比较高的。

线下的基本上每个月进行一次，还有每年进行一次的。频繁友好的"频繁"是什么意思呢？就是把握好节奏，如果过于频繁，每天搞很长时间，大家很容易疲惫；如果长时间不做这些动作，大家对这个事情慢慢就会遗忘，当然心可能也会不在这个地方。所以要把握好节奏，线上线下都要准备好。

还有，什么叫"友好"？友好就是大家彼此之间能有非常安全畅通的沟通交流机会，能有机会在这学到更多的东西，能够收获到更多的价值。

（3）共同的利益

大家聚在一个社群里，一定是要有所收获的，否则没有理由让大家长久地跟着走下去。世界上的三大强关系，第一个是血缘关系，与我们的父母、亲戚等这样的关系，所以大家彼此之间的信任程度是比较高的。第二个关系是通过时间建立起来的关系，比如朋友、同事、战友、同学等这样的关系。第三个是利益关系，也是最牢固的关系，血缘关系与时间关系还是需要利益关系做配合，才有机会能够把彼此之间的关系经营得更好。

社群也是如此，一个社群出现后能给大家提供利益，怎么样给大家持续地提供利益，这些是社群里的小伙伴所关心的，因为没有利益做支撑，大家是很难跟你一起长期走下去的。

（4）仪式感

一个社群要有自己标志性的动作，要有自己的符号和语言体系，有很多仪式感的训练和灌输，这些是一个优质社群必须要做的事情。你会看到有两种团队的凝聚力是非常强的：一种是宗教的团队，他们又是做礼拜，又是各种各样的仪式。另一种是部队，他们见了长官要敬礼，还有列队、走正步、升国旗等等。

当你在做社群的时候也要注意对这种仪式感的训练和表达，仪式感是提升团队凝聚力非常好的一个办法，也是最直接、最简单的办法。所以你们的仪式感是什么？在看 NBA 的时候，看看球星之间的碰面，球星之间场上的配合，而且他们经常会有一些内部才知道的手语和暗号。还包括一些粉丝团，他们也会有自己的特定符号，或者以特定的肢体语言的表现方式，来证明他们是自己人，是一起的。

这是仪式感的部分，所以想要做好一个优质的社群，就必须要做到以上四点。

当然在这个过程中，还必须要有一个社群领袖，这个领袖的领导能力和气质是非常重要的。在社群微商的操作过程中，对这个领袖的要求实际上是特别高的，对综合能力、综合素质的要求也是特别高的。一般的人可能是难以做到的，这会是一个难点。另外就是细节的服务工作能不能做好，因为这牵涉到繁多的日常琐事，这个社群的负责人或者管理者，能不能把这些琐事处理好，这也是一个社群能不能经营好最核心的方面。

1.3.2 直营模式

直营模式是你自己招很多的销售人员，不要代理商。招的销售人员直接在你的办公室里面，你负责给他们导粉丝、加粉，让他们跟这些粉丝进行沟通和互动，最终通过沟通和互动形成交易。这里面最典型的是卖保健品、卖佛教用品的，卖化妆品的也有这样做的。

直营微商的两个核心点

（1）团队管理能力

尤其是那些 90 后，他们的想法和他们想要的东西，可能是一些专业人员和管理者不一定能够给予的，因为现在能做到一定规模的创业者老板，基本上是以 80 后为主了。所以你能不能搞得定这些人是很重要的事情，而且还要规模化管理，对销售团队几百人的管理是很多人未必能做到的，而且直营的方式对一百人意义也不大，规模效应其实很难体现出来。

（2）加粉丝的通道

如果你的员工负责与客户沟通、成交，那么加粉丝的事情基本上是由公司来完成的。要是你既让他加粉丝又让他成交，这样的效率是很低的。所以加粉这件事第一步要做的是推广，用软文的方式不断地发广告，让更多人看到这个事情，最终进来。

另外一种方式就是机器加粉，当然这样做很容易被封号，对技术人员的要求也是特别高的。还有，比如说你们有强大的 IP，有账号的运营能力等等，这些也是吸粉的重要通道。比如老板本身就是网红，可以吸引到很多的粉丝，分别给到每个员工的账号上去，然后大家去成交，每一个方式、方法都是这样的。

1.3 代理模式

这种代理模式就是分级别，级别不同，拿到的折扣也不同，每个级别的代理商因为折扣不同，就有机会招募到团队，他再在团队里面分出不同的级别，实行不同的折扣，那么他在整个过程中是在做批发的事情，下面那些面对客户的小伙伴基本上是在做零售的事情。所以微商是在真正地赚钱，不管怎么样赚，只有两种方式：一种是赚取产品的差价，另外一种是赚取团队的差价。

为了避免传销，在赚取差价的时候，不要设置太多的层级，如果设计的层级太多，就很容易被别人定义为传销。所以在设计层级的过程中，很多人都把这理解为传销，就好像做了很多级就是传销，其实这个理解是错的。传销要么是拉人头，要么是利益分配，这个关联多级，是传销或者涉嫌传销的一种表现，但如果你关联的级别不是特别多，就没有所谓的涉嫌传销的说法。

层级代理模式的两个核心点

（1）模式的设计与控制

有些模式是为了裂变团队，有些模式是为了卖货，有些模式是为了囤货等。模式的设计非常关键，很多时候我们会看到某一个模式的某些方面好，其实哪种模式都是一样的，因为大家的追求不一样，诉求点不一样，所以最后所设计的模式也就不一样。

（2）团队管理

对整个团队的管理也是一个挑战。过去我们其实很难接触到这么大规模的团队，因为今天的微商都是几千几万人的团队，对微商创业者或微商老板来讲，这是非常有挑战的。所以这个时候对管理团队最应该思考的问题，第一个是管理的方式和方法；第二个是必须要进行工具化，也就是使用一些微商团队的管理软件。

比如我们开发的卖帮帮系统，其实就是在帮助大家进行更加科学的管理。比如你的数据、增长率、前后对比等等。我们会把这些东西罗列出来，然后你和整个同行业的人对比，会知道自己处于怎样的一个水平，进而去改进。这是纵向的对比加横向的对比，能够把这些数据提供给团队老大和品牌商，这样可以让大家管理起来更加科学，更加安全地帮助大家做决策，这是做微商非常有必要的一件事情。

之前的微商可能很少用工具，原因是大家招代理太容易，很多都是在囤货，囤货以后就不再管了，而今天很多大佬进来后，他们不可能去使用囤货的政策，他们更希望做健康的微商，希望货能卖到消费者手中，消费者用到，这才是核心。所以一旦不再囤货的时候，对代理的要求就不一样了。

还有，过去做微商的都是一些草根，大家要不要去管理也无所谓，但今天不一样了，今天的微商都是一些中产人士，或者自己本身过得不错的创业者，现在因为微商的机会进来了，所以对他们的管理也是极大的挑战。必须要认真地对待，科学有效地对待，否则是很难延续下去的，别人也不会持续跟你玩下去。这些中产人士或这些已经成功的创业者在进来的时候，不会选择与那些什么都不懂的人合作。

1.4 微商的优势是什么

1.4.1 对企业的优势

企业是有史以来第一次能够用这么低的成本，吸引到更多的产品或品牌的支持者，进而一起完善产品、卖产品、宣传产品。

这在过去是很难做到的，而最关键的是成本低，效果比过去还要好。所以是企业做宣传、卖产品的一个绝佳机会。你会看到，过去一个传统企业要从零做到一千万是需要两三年的沉淀才行的，但是微商不一样，微商可能是几个月就做到了，甚至一年可以做到几个亿，十个亿以上的微商也是有的。这跟过去是不一样的，不仅效率在大幅度提升，结果也是在大幅度地改变，这是过去任何一个时代所不具备的。

成本低、效果好，这是对于厂家的优势，过去要招几千人或者几万人简直是不可思议的事情，光社保这件事，成本就是厂家没有办法承担的，而且现在都是免费的，我觉得这是核心。对于这些人来讲，几乎是不需要付出成本的，只是招商的成本，更便于品牌价值观的灌输。之前很多微商因为做某个品牌会对这个品牌有强烈的认同感，会非常支持这个品牌的发展。

过去的厂家是很难联系到消费者的，厂家和品牌商要去联系消费者，基本上是通过渠道来实现的，但是现在这些渠道变成了卖货的人，这是一个了不起的进步。现在有更多的机会接触、了解消费者，倾听消费者的声音，有机会对产品做非常好的改进。

1.4.2 对代理的优势

（1）创业的成本降低了

成本分为两方面：第一个是物质的成本。以五粮液"密鉴"为例，在过去想做五粮液的代理，没有几百万元的投入，是很难拿到代理权的，而且五粮液会有各种各样的要求，但是今天，给这个项目几百几千元，就可以成为这个产品的代理，成本一下子就降低了。再比如，要开一个店铺、做一个企业，基本上要几十万几百万元的投入才能搞得定，做微商是不需要的，不管怎么对比，微商的成本都是低的，所以这是个低成本的创业机会。

第二个是技能的成本。你看过去任何一个时期的创业，都不可能做到全民创业，但是今天有机会实现了，这是个"大众创业，万众创新"的时代。为什么呢？因为这种技能的门槛特别低，过去开餐馆必须要有人会做饭，但是今天做微商不需要，你只要会玩手机就可以了。而且今天这种智能手机的发展，会让人们越来越觉得好玩和简单，大家基本上离不开手机了，所以手机玩得熟练，其实对做微商是很有帮助的。

在淘宝的时代，马云是个非常能"忽悠"的人，但是也没能让大家全民去做淘宝。为什么？就是因为很多人不会用电脑，很多地方没有互联网、没有宽带，很多人不会P图，不会在淘宝上传东西。但是今天微商通过手机这样的方式完全实现了，而且大家都还是熟练的，所以我觉得是技能门槛降低了。

（2）沟通交流更便捷了

如今在互联网上，我们很容易找到志趣相投的人，找到价值观一致的人，跟这些人进行沟通和交流。过去在线下沟通交流的过程中，因为地域的阻隔，交流的范围是很有限的，所以只能和特定的某一部分人交流，但是今天在互联网上你可以和很多人交流。你讲一场YY课或者做一场直播，就会有几百几千人，甚至几万几十万人在看、在沟通、在交流。一对一的沟通也会因为工具的便捷性提高了效率，每天可以与几十个人沟通是轻轻松松的事情，过去线下见面是很难做到这些的。

（3）有机会接触到真正的牛人

有些知名人士或者已经很成功的企业老板们，他们可能也在做微商，抑或是把微商做得很牛的团队老大及品牌商，你有机会跟着他们一起去做事，在这个过程中可以跟这些牛人学到很多东西，而且有机会直接进行沟通与交流，在过去这是很难实现的。

（4）碎片化时间的利用

很多代理，尤其是家庭主妇或宝妈们，都是在利用自己的碎片时间来做微商，让自己的碎片时间发挥更大的价值，还能实现更多经济的利益，我觉得这是比较有意思的事情。

（5）分享更多好产品给身边的人

因为做了微商可以接触到更多的人，见识到更大的世界，有机会遇见更多真正好的产品，可以把那些你看到的真正的好产品分享给身边的人，帮助他们解决生活中存在的一些问题，这也是非常有意思的一件事情。

微商的误区

2.1　误区一　微商的产品是短命的

2.2　误区二　产品策划和包装不重要

2.3　误区三　品牌商盲目自信：我的产品是最好的

2.4　误区四　供应链无关紧要

2.5　误区五　有微商经验的操盘手才能干微商

2.6　误区六　微商就是招代理而非卖货

2.7　误区七　微商要采用多产品策略，东方不亮西方亮

2.8　误区八　微商就是疯狂地刷朋友圈

2.9　误区九　微商管理系统不重要

2.10　误区十　快速花钱做品牌　还是省钱去做流量

传统企业转型微商的十大误区

2.1 误区一

微商的产品是**短命**的

其实可以换一个角度来看这个问题，不是微商的产品、微商的品牌、微商这件事是短命的，其实所有的创业都是，中国的中小企业平均寿命也只有 2.9 岁，所以微商做几年的时间最后消失，或者某一个品牌做几年的时间最后消失，这属于正常的事情。

但是微商的产品就是短命的，这种说法本身是错误的。过去，微商的产品短命有两个原因，第一个原因是价格与价值不符。1.5 元的矿泉水放到微商渠道，非要卖给我 15 元，然后我因为面子的问题，因为我们是熟人，或者因为你夸大功能等，所以我买了你的产品，但是你不能让我长久地买下去，因为你的价值与价格不符，所以这件事情是没办法持续下去的。比如过去的面膜，两元钱的面膜非要卖到一百多元，这是不可能让消费者坚持购买的，任何一个人都不会傻到那种两元的东西花一百多元钱去买的程度。

第二个原因就是产品本身的质量有问题，因为很多做微商的其实是不懂供应链、不懂产品的。他只是一味地在追求营销的效果，所以为了达到美白的效果，为了达到立刻美白的效果，敷上5分钟皮肤立刻变白了，还在那里做两边脸对比的实验等等；肌肤的快速改变一定会加一些特殊的原材料，比如重金属超标，比如加一些化学激素，都有可能会改变这些面膜的产品功能，所以看起来效果会很好，但是用的时间久了，对皮肤的伤害是非常大的。因为做运营的这些品牌商基本上很多是草根，他没办法去判断，因为他不知道加这些东西可能会有什么样的后果。每个人都想做一个长久的品牌，但是因为不懂，所以有可能是这些OEM的工厂在忽悠他们，不负责任，所以导致了产品的短命。

但是今天你会看到我们服务转型微商渠道的传统品牌洋河无忌微分子、旗帜婴幼儿奶粉、五粮液密鉴产品、湘雅采草人眼贴产品等，这些产品都是对品质有极其严格的要求，这样的产品拿出来后大家的体验感会非常好，性价比也非常高，所以这些产品不可能会出现所谓的短命情况，而且这样的产品会经久不衰。当然消费者会有审美疲劳的时候，比如说我一直在喝洋河微分子系列酒，可能喝一段时间后想换换口味，这个就不是因为产品本身短命，是因为消费者的口味发生了改变，消费者的习惯发生了改变，跟产品本身是没有关系的。大家认为微商是短命的，大多是与产品的本身有关系。

误区二
产品策划和包装不重要

为啥微商渠道要打造高颜值产品？

2.2.1 "老产品"搞不定新群体

过去在招商的时候，面临的群体大部分是 60 后、70 后的一代人，他们很多都开过门店。传统的招商针对商超渠道、特通渠道、大流通渠道，产品价格差异很大。批发市场渠道做的都是低价，产品考虑更多的是实用性。商超渠道和特通渠道对产品定位和定价的要求也有很大的差异。

今天的微电商渠道呢？微电商的大部分是由 85 后、90 后、95 后这代人组成，而且女性居多！招商群体发生了变化，"老产品"必然搞不定新群体。

2.2.2 招商场景要求产品有快速说服力

传统的招商场景大多是招商会、行业会展、电视、报纸、网站、销售人员拜访、电话等。今天微电商场景下的招商渠道是微信、微博、快手、直播等。

招商场景发生的变化，让说服的时间越来越短。过去，可以面对面说服意向客户，而今天在互联网上，离开你的时间只有3秒，觉得你有意思就会看你一眼，觉得没意思就立马关闭。即使你把信息推到了意向客户面前，但是却没有给你更长时间让你说服意向客户，你根本没有时间多和意向客户沟通，这是线上招商最为关键的一点。

招商场景无论发生什么样的变化，招商的形式和内容都没有改变，唯一不同的是，在产品设计上以及优化招商渠道的时候，能不能把这些素材在7秒钟之内让人看到，愿意打开，愿意传播？

> 如果别人看到却不愿意打开，那就是成本的巨大浪费。

2.2.3 消费群体的变化，改变了衡量产品的标准

消费升级到底是什么升级？消费升级的本质是消费行为的变化。消费行为的变化主要是泛90后群体（85后、90后、95后一批和互联网一同成长的群体）消费行为的变化。泛90后喜欢干什么呢？晒、炫、表达！晒他们的朋友圈，分享自己的生活。而其他群体则不喜欢晒朋友圈，他们喜欢分享链接。

对于产品来说，群体不一样，表达方式是不一样的。举一个过去的例子，美特斯邦威就是抓住了80后刚刚开始主张表达个性的时候，将自己的产品进行了差异化的表达，邀请周杰伦进行代言，成功地使品牌形象深入人心，是中国商业历史上难得的代言的经典案例。

（1）衡量产品的唯一标准，是有没有自传播的分享冲动

在传统企业转型微电商的时候，面对的恰恰是这一泛90后群体。所以当下衡量产品的标准，就是看拿到产品之后有没有分享的动力。互联网人最喜欢传播，在过去是没有这样的路径，今天我们有条件、有技术实现"产品媒体化"，就一定要抓住传播路径的变化，要想办法让你的产品有更多的人晒出来。

微商的品牌产品，一定要拼颜值（漂亮）、秀个性（鲜明）、树差异（独特）。如果你的产品不具备这些条件，寻找项目的人，要买东西的人，怎么可能在匆匆一划手机的时候选中你？

（2）传统渠道做得好，不代表微商渠道做得好

很多人觉得产品的包装是不重要的，认为自己的包装已经很好了，但在微商渠道却没有卖好。大部分这样的老板都是60/70后，他们喜欢用过去的思维来衡量今天的事物，思想固化，没办法适应新的变化。

今天的消费者人群已经发生改变，过去70/80后是消费的主力军，今天你看到的是一群泛90后。60后能吃到东西就OK了，70后能吃饱就OK了，80后吃品牌、吃品质，90后在吃什么？90后在吃价值观、在吃认同感。这是本质的差别。

所以这是不一样的年代，不一样的人群对产品的要求也不一样，所以现在的70/80后做产品，很难做出90/95后这些人所需要的产品。因为现在的老板，真的不懂这一群人，还拿过去的思维来做新时代的产品，是很难迎合消费者的需求的。

（3）移动互联网，永远没有第二次机会留下第一印象

有一句话叫作"你永远没有第二次机会给别人留下第一印象"。大家都知道第一印象的重要性，我觉得产品的包装在某种意义上讲，就是这个道理的真实表达，

用个性的包装、鲜明的 IP，让产品包装实现广告的功能。你的顾客在拿到你的产品的时候，如果你的包装做得足够炫，他是愿意主动在互联网上分享的，这其实就是在帮你做宣传。他们的好友或粉丝可能有几百几千个，甚至会有更多的人能看到，这就是一种广告，将产品包装做成广告的样子，是可以收到事半功倍的效果的。

还有一个关于讲产品的误区。很多人喜欢讲自己的产品有多好，功能有多强大，我想提醒大家的是，在讲产品的过程中最好是讲这个品牌的创始人。微商是以人为中心的商业模式，更多时候要去讲人的层面，没必要再去强调产品的功能，通过人来了解产品，比通过产品来了解产品更加有效、直观。没有多少人愿意去面对一个冷冰冰的产品，大家更愿意面对一个活生生的人，通过了解创始人的经历，了解创始人对产品的认知，了解创始人的价值观和经营理念等方面，通过这些方面的了解反射到产品上，这个时候产品就会显得更有价值，变得有温度、人性化。

人才是最大的 IP。产品可能经常换或出问题，但是作为老板可能很少会出问题，可能很少去换，一个个体作为一个品牌的这种势头已经兴起了，未来在很长时间内会一直存在着，比如我们过去记住了毛泽东，记住了周恩来，记住了很多伟人。未来这种人格化的延伸会更强烈一些，会有更多的机会让你看到个人品牌的重要性。微商又是一个以人为中心的商业模式，所以在未来，这会是比较重要的一个方向，而且个人品牌是能沉淀的，所以今天和明天做的，对于后天和下一年都是非常有价值、有意义的事情，但产品未必是。

2.3 误区三

品牌商盲目自信：我的产品是**最好的**

我每天都会见到很多客户，不管是出差，还是在上海的办公室，他们来找我们做咨询、做辅导等等，我看到他们的产品，也觉得非常不错，但是因为每一个人拿过来的产品不一样，每一个客户都觉得他们自己的产品全世界第一。我经常会举一个例子，很多人站在 2 楼，还老是觉得站在 20 楼一样，他觉得他看到的风景就是全世界的风景，其实 20 楼的风景跟 2 楼的风景是完全不一样的。

再举一个例子，有些人可能在村子里面一辈子没有出来过，他可能觉得这个世界上最好的车就是他们村长家的桑塔纳，觉得这个是最豪华、最棒的车。但如果他走出那个村，会发现这个世界上还有很多奔驰、宝马，还有很多宾利、劳斯莱斯，然后就会觉得这个世界不一样。所以在产品的认知上，我建议所有的品牌商都应该去买你们行业中最贵的那个产品，拿他们的产品与你的产品来做对比，贵的那个产品一定是有原因的，而且能持续地贵下去。

有些人说很多奢侈品知名品牌都是在他们那里代工的，那么人家在你这里代工，为什么可以卖得那么贵？因为别人营销的能力以及市场的推广能力比你强，这其实也是需要你学习的，你要看他们是怎么卖的，在哪些地方卖，怎么卖这么高的价格等等，这些是要学习的地方，所以要买最贵的回来做对比。

我相信大部分人如果买了全世界范围内最贵的同类产品，拿回来做对比之后，自卑感就会出来。过去没有机会看到更好的产品，消费者也看不到，但今天不一样，今天的消费者有机会发现更好的产品，而且也已经不再是为了吃饱穿暖才去买东西，他们更在意的是价值主张，更在意的是品牌内涵，即在买东西的过程中除了产品功能本身以外，更深层次的需求是什么？增值的服务是什么？你的产品有没有考虑这样的东西？

不要拿着自认为好的产品去糊弄顾客，因为他们的目的不是想买便宜的东西，也不是想被你坑，他们想要买到更在意的东西。所以你的产品是不是最好的，对他们来讲是非常重要的。如果你真正用心去做产品，是有机会可以做得更好一些的，从产品的原材料、功能、外形包装、附加值等方面，看看有没有升级的可能性。在互联网上别人找到你、喜欢你的可能性很大，但放弃你、唾弃你、"黑"你的可能性更大，所以要真诚地对待顾客，他们是能感受到的。

顾客基于对你这个人的信任，选择信任你的产品，所以一定要对得起别人的信任，让别人拿到你产品的时候真的感觉到骄傲与自豪，让他们觉得选择你是正确的。这样才会花时间和精力来帮你做宣传，让你赢得更多的客户，赢得更多的支持者。

2.4 误区四 供应链无关紧要

很多传统企业想做微商，他们找到我们团队时，最关心的是推广、模式、培训等等。但是我们最关心的其实不是这些，我们最关心的是供应链。因为微商起盘的时候有可能会特别快，你会看到很多的品牌，起盘当月就能收到很多的回款，酒仙网做到首月可以回款几千万元，采草人也是首月可以回款几千万元。所以对供应链的考验实在是太大了，因为过去的传统商业都是一步一个台阶慢慢往上增长的，突然间来一个90度的增长，而且量又足够大，一般的供应链是难以搞定的，即使大型的成熟供应链也难以搞定这件事情，因为它不可能一下子给你准备特别多的货。供应链的第一个问题就是断货，所以在这个过程中，希望大家能有一个清晰的认识。

第二个是质量不稳定，因为你要求的数量太多，所以他们就会加班加点。其实中国的传统制造业，在全世界范围内来讲还是比较低端的，所以出现质量不稳定的情况，在我看来属于正常的现象。正是因为我们看到了中国制造业的弊端，所以我们在做微商起盘的时候，也要注意这个细节。很多工厂都对你说没有问题、打保票等等，但是真正要做起来的时候，光靠嘴说打保票是没有用的，最好有法律的文书，这样对大家都好一些。即便你有法律的文书，一些工厂也会过于自信，因为很多工厂没有接受过微商的订单，在断货和质量不稳定这两个方面，会是他们最大的问题。

工厂的生产能力能否跟得上你的销售能力，这是一个非常大的挑战。一旦后期供应链稳定的时候，我相信不会出现供不上货的情况，但前期是一个极大的挑战。所以我经常会和品牌商讲，如果想要做微商，最好先把供应链搞定，其他的花钱都能够解决，但是供应链这个问题不是你花钱就可以解决的事情，所以尽量找到那些比较优秀的、有供应链能力的人去合作，甚至拉供应商直接入股你们的公司，这样的话能保证供应链安全有效。

供应链中还有一个问题就是物流，很多微商会囤一些货在代理手中，虽然代理手中是要有一些货，便于他们日常销售，但囤太多的货，有些产品是不太适合的。像物流成本特别高的产品，比如酒水领域，还有莫七七的酵素，它们是液体，运输成本很高，而且运输的难度也比较大，所以这种产品就适合直接到消费者手中，或者直接放在家里，在本地卖是比较合适的。如果要拿到货再给别人发货，中间赚到的差价基本上贡献给了快递公司。另外一些重量比较轻、物流比较方便的是可以的，关于你的产品是不是便于运输，这是一个非常重要的事情。

再举一个例子，比如说可口可乐，如果今天它的所有工厂都被烧掉了，所有的配方原料都被烧掉了，只要有可口可乐这四个字，它就可以在全世界范围内继续拿到工厂，有更多的人愿意给他们钱，有更多的工厂愿意帮他们来生产产品，他们的核心价值是那四个字"可口可乐"。在做微商的过程中也是一样，你要时刻准备着做一个品牌，但是大部分人在做品牌方面是外行，所以品牌不是谁都能做的，品牌是专业的广告人、专业的策划机构才能做的，他们会给出更多、更加专业的建议，如果有机会，可以直接找品牌的策划团队来合作。

为什么很多微商会选择我们来给他们服务？最核心的是我们的团队更懂微商的需求。传统的 4A 公司或者是传统的本土广告公司，他们也可能会把产品策划得特别好、特别炫，但更多的时候他们是在用 70/80 后的思维做产品，他们做的产品更多地在迎合线下场景的销售和需求，但今天微商场景下的需求实际上很少有公司能搞懂。有那么一句话叫作"创新者的窘境"，因为他们的工作习惯和思考习惯，可能已经决定了他们是那样的一个状况。

而我们的团队一开始就是在为微商服务的，我们有两年多的磨合，所以更加了解品牌的需求和市场的需求，能帮助品牌商快速建立品牌的价值。在这个方面我也想提醒大家，对于品牌的投入一定不要太保守，还有做产品的过程中千万不要去省钱，要知道，做这些是为了赚更多的钱，而不是为了省钱，所以哪怕只是增加 1% 的成功率，也要全力以赴地去做。

2.5 误区五

有微商经验的操盘手才能干微商

很多企业在转型微商的时候都想找一个操盘手来帮他们管理，我觉得这是错误的想法。很多人就会以自己不懂微商、口才不好或者是年龄太大等这样的借口为理由，想找到一个好的操盘手，其实不是想找到一个好的操盘手，只是不想干活，想让别人帮他干活，这才是本质。我觉得这是推卸责任的表现，为什么不把这件事情当成一件非常重要的事情来看待呢？过去你可以找到营销总监把你的货卖出去，但是今天的微商是以人为中心的，所以老板才是最大的操盘手。

商业竞争到最后一定是产品的竞争，最了解这个品牌和企业的一定是老板本人，而不是所谓的操盘手，那些所谓的套路只能起到短暂的作用，但是对产品、对企业以及对品牌的运营能力，才是主导这个项目能否长久发展的核心因素。所以我一直在强调老板才是最大的操盘手，千万不要因为各种借口或者因为自己不熟悉就想办法推卸责任，我觉得这是不负责任的表现。

从另外一个层面来讲，其实好的操盘手是很难找的，因为这跟结婚谈恋爱差不多，你需要找到合适的人能理解你的意图。我们在整个运营中看到很多这样的情况，有一些传统的企业主因为他本身线下做得还不错，或者说有一些经验的积累，在做事情的过程中特别强势、自信，往往就会拿着自己的意识去指挥别人，我觉得这是很可悲的事情。因为微商和线下还是有些区别的，不应该拿着固有的意识去要求别人，我觉得能把事情做好、以结果为导向才是最核心的。

也有一些客户，会在我们服务的过程中指挥我们的同事干活，会教我们怎么样做微商，如果是这样，那么为什么还要给钱让我们来提供服务？这本身就是一个错误的认知。但在他们那种习惯里面好像一直是这样的，他们在公司一直是老大，所以会习以为常地发号施令，接着就一直在做错误的事情。

另外，操盘手在某些领域中可能非常厉害，业绩做得非常好，但他并不见得就适合新的领域，所以很多我们看起来很匹配的男女，可能并不是最合适的夫妻搭档，微商行业也是一样的。

再一个方面，真正厉害的微商操盘手要么是自己有项目、自己去做项目或做品牌了，要么是手上已经有品牌了，这样的人其实是很难找到的，他不可能会为了一个没有把握的新项目，而放弃正在做的这个项目，这种概率是很小的。还有就是他面临的诱惑也很多，每天都会有很多像你这样的品牌商找他，各种资源丰富的、产品足够好的、支持力度也足够大的，所以对他来讲你只是他众多诱惑中的一个而已，但人家却是你的全部。

我举一个最简单的例子，有一些人会去打赏网红，比如一次给网红刷五千元、一万元的礼物，他会觉得这是非常有面子的，那么网红应该喜欢他、跟他处好关系才是。其实不然，网红有可能十几万、几十万地收礼物，你只是刷礼物的人中的一个而已，所以你在网红的眼里基本上是得不到重视的，无非就是你刷完礼物后他表达一下感谢，至于其他的深度交流或合作是基本上不会有的。

所以如果你想找真正优秀的操盘手，也基本上是这样的，反过来讲，如果那个操盘手的实力不强，其实你也没有必要找他。

怎样才能找到真正厉害的操盘手呢？分三个方面来讲一下，第一个就是老板自己去干，如果老板自己都搞不定这些代理，那么操盘手更是搞不定的，你连代理都搞不定，凭什么搞定操盘手，所以这是一个非常重要的结点，希望老板能够自己尽力一些，能够从零开始做好这件事。

一把手战略还是非常重要的。我经常在给传统企业主讲课的时候说，其实一把手策略是非常重要的，特别在微商里面，有很多的决定就摆在面前，机会稍纵即逝，很多的决定是需要一把手来判断的。比如要不要投广告，早一天投和晚一天投是不一样的，早一天开会和晚一天开会，其实也会直接决定一个项目的生死。有很多类似这样的决定，包括项目刚起来的时候，有一些人过来谈合作等等。操盘手的心态和老板的心态一定是不一样的，所以最后决策的时候也会不一样。如果老板不了解这种决策，让操盘手来对这些事情做出反应，大部分时候都已经晚了，所以我觉得老板亲自上阵非常重要。

还有，把你的项目想办法做好，做好之后自然会吸引到很多人。一开始跟那些操盘手谈的时候人家肯定不会理你，或者会跟你漫天要价，为了解决这个问题，最好的办法就是做好你自己。因为他不太相信你讲的是真的，彼此之间没有太多的信任，所以你要想赢得信任，就需要证明给人家看，证明你讲的是真的，结果会说明一切。

不管是起盘洋河无忌的项目还是旗帜奶粉的项目，大家都会觉得这些项目很好，会想能不能吸引到新鲜的团队、大的团队，刚开始的时候其实是没有大的团队愿意来合作的。只有项目起来了，才会有大团队的老大找过来，这叫锦上添花。雪中送炭的人太少，但锦上添花的人很多，所以要想让别人来做锦上添花的事，你需要先做好自己的锦缎，这样花自然就会来了，所谓"栽下梧桐树，才能引来金凤凰"。

找到操盘手的需求、找到团队老大的需求，按照他们的需求量身定做内容，给他们准备好资源和支持，这个时候他们过来的可能性就会比较大。但是很多老板搞不明白这些人想要什么，比如说有一些人需要粉丝、需要推广，你要把这些能给的东西展示出来，才有机会吸引到这些人。还有一些人可能是需要好产品的支持，有些人需要宣传方面的支持，所以你能匹配什么样的资源，是非常重要的。

关于操盘手方面，我觉得老板应该丢掉借口，自己亲自到一线去，老板作为最大的操盘手出现在自己的微商项目里，这样也会使员工、团队以及代理团队，看到希望和信心。

在跟传统企业主聊天的时候，大家通常都会问到微商团队组建的问题。关于团队组建，会有两个误区：（1）从自己身边的朋友中找人；（2）从自己现有团队里面找。

事实上身边的这些朋友只是合适的人，并不一定是适合这个项目的人才。这是两码事。而且，因为朋友情分的问题，很多事情处理起来也不方便。我们一直都在说专业的人干专业的事，找到专业的人才做事情才是最佳的选择。如果是你从外面招聘过来的人，那就另当别论了，因为对方只是为结果负责而已。别的事情，双方都可以不用考虑。

如果从现有团队中找人，这也是不对的。因为商业基因的不同，需要的人也是不相同的。原有团队成员很容易陷入过去的思维，对于新的事物难以"敞开心扉"。再者，从原有团队中挑人，对原有的团队也会带来一些不必要的影响。特别是新老项目的考核标准不一样，大家的收入、成就感、权力都不相同，会让大家产生一些厚此薄彼的情绪。

老板如果要招人，最好是能从外面招，找那种对互联网方面有认知的、感觉比较好的人，让这样的人才辅助你做项目。大家都知道一个人的"习惯"是很难改变的，很多人往往是按照旧有的思维习惯衡量今天的新事物，那么从外部找来的人加入这个项目，因为大家的想法可能会发生很多的冲突，这样有利于老板更加清晰、更加全面地看清目前所做的事。

关于如何招人，我给大家推荐两个渠道：BOSS直聘和拉勾网，这两个渠道是招互联网人才方面比较有效的渠道。招人的时候很多人会看重经验、学历等等，但我觉得招互联网人才更重要的是看网感，就是对网络的这种感觉，有很多人的学历可能并不见得很高，但是他可以把这个事情做得很好。

举一个简单的例子。过去有一些人在做代理商，在做省代、市代，但是今天的代理商直接到了某个城市的某个门面或小店，这样触角能伸得更深入一些，那么你连接得可能也会更全面一些。这种模式也更加符合主流的玩法，我看到我们的很多客户是做母婴类产品的，他们直接把母婴店的老板发展成他们微商项目的代理，店员成了老板的代理，所以店员即使离职也无所谓，他们依然还有利益的关系，团队还在。

还有母婴店的那些会员，也有机会把他们变成代理，成为利益的共同体。这样就更好地连接了这些人，和这些人发生深度的关系，其实原来是一个店，现在假设有500个会员，即使100个会员成了代理，这也相当于在线上开了100个网店，这样就会有很多的机会提高营业额。因为线下实体店不仅能让人很快地适应，还有足够的信任基础，所以对于微商的发展是有一个很好的推动。如果要求这些人经常到店里聚会、交流、分享等等，其实从某种意义上来讲也就是增加了老顾客的回头率。

其实只要拿某一个单品来做微商就好了，通过这个单品以及代理模型，可以让更多的顾客有机会来到店里，买更多其他的产品。所以从这个方面来讲，即使做微商不赚钱，母婴店的老板也应该做好这件事情，因为对于收入和利润的增加绝对不是小幅的。对于品牌商来讲，你有机会通过这样的方式，牢牢地抓住这些终端的门店，跟这些老板们形成利益共同体，然后通过终端门店这样的抓手抓到消费者，我觉得这才是最有价值、最有意义的事情。不但能够形成新的关系，还会对你其他的产品形成非常好的信任和支持，以前可能需要去谈各种政策或者要求，但是今天因为你们成了利益的共同体，你成了他的老大，他可能会为此付出更多的努力和行动。

2.6 误区六

微商就是招代理而非卖货

微商赚钱其实只有两种方式，一种方式是赚差价，也就是不管分了多少个级别，每一个级别之间的差价是不同的，级别越高，拿到的差价就会越多，进而在做零售卖产品的时候，就有机会赚得更多的利润。

另外一种方式就是管理团队，这其实也是在赚差价。比如你卖一个产品能赚一百元，你的下一级可能没有你发现这个项目早，或者没有你有魄力拿到更高级别，所以他们要一百五十元拿货，一百五十元拿货对你来讲是有五十元的利差，因此你只要管好这些人，你就可以赚到更多的钱。

不要将微商理解为就是招代理，这种说法是不完全正确的。有些人能把货卖好，而且产品复购率很高，比如眼贴膜、酒等等。

如果能真正维持 50 个客户，这些客户能持续在你这里拿货，也是非常有意思的一件事，不招代理，也一样能赚得比较丰厚的利润。

很多人觉得做微商一定能赚到很多的钱，就好像没有赚个几百万、几千万是很丢人的一样。但是他们没有想过自己是否有能力赚到那么多，如果没有带团队的能力，也没有卖货的能力，那又靠什么赚钱呢？

能够搞定代理，让更多的人跟着一起做，也算是一种赚钱的方式，而且这种方式会非常快，但是每个人要根据自己的实际情况选择适合自己的方式。如果你会卖货也会带团队，那就可以选择去招代理，去教别人来卖货。但是你如果没有带团队的能力，那就老老实实去卖货吧。其实都是在卖货，只是方式不同而已。

所以做微商未必就是招代理，我们微商团的核心价值观就是"卖好货，好好卖货"。如果最后产品全部都压在代理手中，没有到达消费者手里，无论带多大的团队，也是没有意义的，团队早晚会崩盘。带好团队的另外一个指标就是能够帮助大家把货卖出去，让团队的小伙伴们赚到钱，这才是核心。

2.7 误区七
微商要采用**多产品策略**东方不亮西方亮

微商需要多做几个产品，这是大多数传统企业做微商的一个误区。在过去做生意的时候，他们可能不知道哪一个产品会火，所以会多做几个产品或多做几个款式。因为过去信息相对来讲是比较封闭的，生产方对于顾客的了解是有限的，所以没有办法生产出渠道和客户都欢迎的产品，只能通过量来取胜。

今天你会看到，很多人都在提单品策略或单品为王这样的观念，为什么？因为今天大家用单品的策略，有机会集中所有的资源，把产品做好，把宣传做好。做好产品有一个好处，就是消费者拿到之后会有很惊讶的感觉，从而愿意为你传播。

很多人都说小米是耍猴的公司，或者小米玩饥饿营销等等，我觉得除了大时代的背景，小米赶上了一个 2G 换 3G 的换机潮，这是一个非常重要的结点，再加上小米当时的手机确实性价比足够高。那个时候三星还是卖好几千元的，包括华为、中兴等品牌，卖得都不便宜，但是小米用单机的策略迅速打开了市场。

微商其实也是一样的，传统企业的老板都是想多做几个产品，希望能多卖一些，但是你会看到能把微商真正做好的，基本上都是单品，即便有其他产品，也是先把一个产品做起来之后的事情。

比如有些代理在卖卫生巾，可能过一段时间又把产品换成了内衣，再过一段时间又会换成孩子用的纸尿裤等等，如果出现这样的情况，一定是做不好微商的。因为对产品的了解有限，在跟别人沟通时不专业，不管是面对消费者还是团队成员，信任感就很难建立起来，购买的可能性也就大幅度降低了。如果只有一个产品，你有机会更加全面深刻地了解这个产品，进而在介绍或宣传时就能做到有的放矢。

我们再回顾像小米这样的公司，你会看到他们的手机做到几千万、上亿部的时候，有了足够的规模，又推出了小米的充电宝，几千万个充电宝非常迅速地又出去了，后来的活塞耳机也几乎是这样的。因为基数足够大，所以又开始做家庭用品，包括空气净化器、净水器、插线板等等，都是小米手机成功后才有的这些产品。包括腾讯也是一样的，因为QQ做得足够好了以后，又衍生出今天你所看到的很多游戏等。

我们在做微商的过程中也是一样的，不要想办法去做那么多的品类及产品，我一直建议所有的客户就是"单品策略"，这是最好的策略，通过单品策略打爆一个单品，通过这个单品能连接到更多的小伙伴、更多的代理商，和大家建立足够的信任，输出你的品牌价值观，最后形成巨大的力量，这时再去推广更多的产品也不迟。你想一下，集中力量都不一定能把一个产品做好，更别说同时去做那么多的产品了。

在这方面，联想就是一个失败的案例，联想每年会开发出几百上千的SKU，就是手机的款式，为什么？就是在赌，赌某一个会成功，然后就靠那一个成功的产品带动足够大的销量，这本身就是错的，这是对自己的产品不够有信心，没有把每一个产品当成"唯一"的产品去打造。

你想一下，像这些巨头们都难以躲过"多产品"的灾难，何况是创业公司，更应该聚焦核心业务，所以还是要回归到理性，使用"单品策略"。争取把一个产品打爆，让更多人信任你，做好这款产品。我经常讲你所遇到的99%的问题别人都已经有效解决过了，你只需要找到那个人向人家学习，无非是学习成本多少的问题。有很多传统领域中的老板，他们可能在自己那个领域是比较成功的，所以就会变得超级自信和自我，总想要自己摸索出一套独特的打法，一味地按照自己的想法去做事情，其实你要的只是最终的结果，只要结果足够好就够了，而不是说非得要自己创造出什么样的打法。

我希望大家在面对微商的时候可以做微创新，但不要想着去颠覆微商，改变微商，其实这些对你来讲没有任何意义，就算独创一个方式出来又能怎么样，最终的目的还是要提高产品的销量和品牌的影响力。既然现在已有的模式有效，那么就直接去用好了，没有必要在模式上做太大的创新。例如很多的品牌商会开公开课，每次都会改公开课的内容，每次做得都不一样，在我看来找到有效的内容坚持讲下去就够了，没有必要老是变来变去的，其实做产品也一样。

2.8 误区八 微商就是疯狂地刷朋友圈

那些疯狂地刷朋友圈的微商都不是真正赚到钱的微商,做得并不见得有多好。在很多人的认知里微商就是疯狂地刷朋友圈,但是你看那些真正在疯狂地刷朋友圈的人会面临很多的问题,被屏蔽、被拉黑,其实他们也很郁闷,认为自己在很努力地做事情,竟然被一些特别好的朋友给屏蔽了。

我觉得朋友圈只是展示信任的一种手段,你只要让别人觉得你是值得信任的,适当地有广告出来就够了。疯狂地刷朋友圈不但不能赢得大家的信任,还会让别人反感,这是一个得不偿失的问题。比如我自己每天会写一篇长文,但是你会看到我的朋友圈非常简单,就是我生活中的一些事情,我想展示给大家的文章,偶尔会发一点广告等等,这样大家看朋友圈时不会满屏都是我,主要还是看你自己的内容是不是大家所喜欢的,这是很重要的事情。

所以我觉得微商并不是刷朋友圈，至少我不是这样的。我也算是微商，在给做微商的企业提供服务，我也会做广告，展示我们的服务，展示我们客户的一些广告，通过自媒体的方式来提供一些有价值的内容给大家。我觉得真正做得比较厉害的微商都没有在疯狂地刷屏，真正疯狂刷屏的有两类人：一类是团队老大，他们可能想通过这样的方式来给自己团队的小伙伴展示一些内容，让他们去取一些素材。还有一类是刚做微商的新人，他们可能不懂怎么做微商，觉得做微商就是来刷广告。

不管是微博、微信还是其他社交平台，我们通过这些平台和别人发生更多的关系，这其实就是在建立彼此的信任。你可以回忆一下线下的那种场景，和我们的亲戚、邻居这些人是怎样互动的，可能是彼此之间相互照应一下，相互提供一些帮助和支持，邻里之间的关系可能会更好一些，经常搞一些聚会，大家一起吃吃饭、聊聊天，相互之间帮帮忙，亲戚之间也基本上是这个样子。保持沟通的频率，逢年过节相互走动一下，组织一些家庭活动等等。其实就是在建立彼此之间的关系。在互联网上也是一样的，相互之间评论一下、点个赞、转发对方的内容，彼此之间多交流，给一些适当的建议，还可以做线下的交流聚会、聚餐等等。

但是如果你要疯狂地刷屏，非但做不好微商，还会招来一些朋友的反感和讨厌，所以适当地做一些广告就够了，重点是要展示你这个人，证明你是一个靠谱的、值得信任的人就可以了。

在微博上有很多小伙伴，他们是做蜂蜜、茶叶、山药、苹果的等等，他们会非常积极地活跃在这个平台上，然后展示他们个人的标签，去帮助别人解决一些问题。别人在买东西的时候能够第一个想到你，我觉得这才是真正的微商。很多人把微商当成一夜暴富的途径，所以会采取非常暴力的手段做这件事情。

当然话说回来其实要拉黑你的都不是你真正要成交的人，所以有一些人可能就是通过疯狂刷屏后看看是否还有人接受他，那些接受他的人有可能就是目标客户。像很多人会问我："为什么你的微博、微信的评论里面都是支持你的人，没有骂你的人？"其实很简单，我把骂我的人全都拉黑了，因为喜欢我的人我还服务不完呢，骂我的人肯定要被拉黑，不想因为他们影响我的心情。

一定有很多人喜欢你，也一定有很多不喜欢你的人，那么通过疯狂刷屏这种做法也有可能找到那些对你感兴趣的人，或许有人会觉得你这个人努力、勤奋，会因此而信任你。比如我每天写文章在很多人看来是一件非常傻的事情，而且因为每天写，所以不可能每天都写出特别好的内容，有时候也会凑个数，有时候也会写写经历、写写昨天经历过的事。其实这样的文章质量就不是特别高，但是因为我在坚持每天写，不想中断这件事情。所以，再没有质量，也要想办法写出来，当然那种质量不是特别高的文章出现后，就是对读者不负责任的一种表现。当然，可能会出来一些不好的评价或被取消关注，但是你会看到我每天不管写什么，就一定会有一大群人在坚持打赏我，不管写什么东西他都觉得很好、学到了东西，因为哪怕他只学到了一句话，对他来讲都是有帮助的，就去微博、微信上打赏我，我觉得这也是非常有意思的。当然也有一些人可能因为看到我每天坚持写文章就很佩服我，为什么每天都能写这么多，其实任何一件事情都有正反面的，所以做微商是不是真正地在暴力刷屏，对这个观点也要分两面看，如果不刷屏也能把货卖出去，我相信大多数人不会选择刷屏。

当然，也有很多不刷屏就能把货卖出去的方法与技巧，微商团的"高手营"就在教这样的方法与技巧，只要来学习就够了，没有必要自己再去慢慢摸索了。通过这样的方法已经复制了很多的微商团队老大，而这些团队老大也会把这些方法与技巧复制给他们团队的小伙伴，影响几十万人应该是没有问题的。有些人要是觉得刷屏能为自己带来客户、带来快感，坚持刷下去也是无妨的。

2.9 误区九
微商管理系统不重要

2014-2016 年，是微商疯狂发展的几年，在这几年里大家做微商会存在一个误区——疯狂地招代理。其实也没有很认真地去服务代理，不停地造势忽悠，吸引更多不明真相的人过来跟他一起做微商。

所以关于团队管理方面做得都是一塌糊涂，基本上是没有人管理的，直到微商团队的出现，微商团队其实对整个中国微商的发展起到非常重要的推动作用。其实我们给这个行业带来了很多的正能量，我们一直在强调"卖好货，好好卖货"的价值观。然后教大家用科学的方式、手段、方法、模式等，去卖货，去带团队。在这个过程中，大部分人做微商都是在微信群、QQ 群里面管理团队，没有意识到工具的重要性。结果在团队管理上经常漏洞百出，例如发错货、统计产品出货量等，如果有系统管理软件和系统管理工具，其实可以很有效地规避很多错误。

还有一种现象，很多团队老大在管钱的过程中也是没有概念的，很多时候我问一些团队老大或者品牌商，你这个月赚了多少钱，或者是这个星期赚了多少钱，他们是没有概念的，因为没有数据做支撑。反正没有货了就拿钱去进货，收到货款以后就开始花，他也不知道自己花了多少、自己赚了多少，其实这是非常不科学的。

我们的"卖帮帮"就是一个微商团队的管理工具，你发货的时候可以直接把物流单扫到"卖帮帮"上面去，其实只要你在发货的时候把订单录入进去就OK了，它可以一键给你导出来，你直接通过打印机把你的订单打印出来，然后分门别类地贴到包裹上面发出去，这是非常简单高效的。

这样做除了能节约成本，效率也是非常高的，并且出错的可能性很小，几乎是没有的，因为都是系统在干活，很多人因为不懂系统的先进性或优越性，所以老是希望能招一些人把这个活干了，但你要知道，招人的成本是非常高的，而且还会经常出错，这是关于订单方面的。

关于财务方面，每天、每周、每个月甚至每个小时都能看到自己赚了多少钱，看到自己的团队卖了多少货等等，这是能够通过系统来实现的。特别是团体的管理，其实很多的时候如果不用系统，你完全是凭着感觉去做的。没有具体的数据来告诉你，是这个月卖得好还是上个月卖得好，只能凭着感觉走，最终只能导致在做整个经营决策或是价值观引导的时候，凭着感觉胡乱做决定。

关于团队业绩方面，每个团队中肯定有一些人做得好，有一些人做得不好，怎样去判断这些人群呢，也基本上是靠感觉，很少有人能够通过数据的方式来考评。我见过很多团队老大，问他们团队中做得最厉害的是谁，他们给出的数据和真实的数据往往是有差距的。

有一些团队做得非常好，但他们和老大的关系可能不是那么密切；有的团队做得非常差，但他们跟老大的关系可能特别密切。所以最终就会导致老大认为和他亲密的那些人做得好，而他们忽视的可能就做得比较差，事实上并不是这样的。如果一开始用上了工具，就不会出现这样的情况了。另一个方面，还对你的经营决策提供了一整套的数据，横向与纵向的数据，你自己跟自己的对比，跟整个行业的对比，"卖帮帮"都会给你提供这样的数据，保障你的经营决策更加科学、更加安全。

关于团队管理方面，过去的管理特别松散，几乎没有人去管，但是今天你会看到那些找你做代理的人也发生了变化，过去的代理大部分是草根出身，但今天的大部分是中产人士。他们对于品牌商、对于团队老大的期望值是很高的，如果还继续使用那种漏洞百出的手段、放羊式的管理，是很难让大家信服的。

所以他们对于科学化的管理、精细化管理的要求是非常高的。再加上现在招代理已经越来越难了，如果你不能精细化地经营好这个团队，不能用工具来辅助你经营团队，那么你付出的成本会越来越高，一直高到你自己没有办法接受，最后导致崩盘。如果一开始不使用系统，最终很容易出现的问题就是，你的团队起来了，你着急慌忙地在找系统，就算找到合适的系统，大家也不一定会接受，因为要改变一个人的习惯实在是太难了。

我们看到很多的品牌商在把团队搬到系统的时候，是非常困难的。因为大家都没有这样的习惯，也没有这样的意识，因为你的代理其实搬不搬他的团队上去，对他们来说影响不大，但是对品牌商自己的影响就太大了，会出现效率下降、经常出错、做决策不够科学等一系列问题。

想做好微商就一定要重视这个系统，在一开始的时候就要想办法让大家用这个系统，用上之后你的团队越大，管理起来反而越容易。今天你会看到很多大团队、品牌商基本上在用微商的这种工具，为什么很多人会选择我们的"卖帮帮"，而不再用别的工具？我跟大家分享一下其中的核心原因。

很多的品牌商在选择工具的时候，会有两种情况出现。第一，想组建一个技术团队自己来开发，这样的选择会出现的问题是，品牌商把自己真正想要的系统，表达给技术人员的时候，他们往往是很难听懂和理解的，最终做出来的系统未必是品牌商想要的。品牌商花了几十万元甚至更多的钱，开发了这套系统，结果自己不用，因为感觉用不上或者用起来太吃力，所以最后还是要找到我们，用我们的这个系统。

第二种情况，有一些专门卖这种系统的软件公司，还有卖三级分销体系这样的公司，他们可能有一些影响力或者有一些知名度，也可能是熟人推荐你去买他们的这种产品。但是因为他们大部分人是技术出身，完全是按照技术的那种想法去做微商的这种工具，最后会发现他们的产品做得非常棒、界面非常漂亮，交互也非常完美，但就是对微商没有帮助。

所以，工具对微商起到的作用在我看来只有三个方面：第一个方面是订单系统。订单系统是管货的，比如产品的分类、规格、订单的形成以及最后订单的分发到发货等等，这个过程安排得是否合理。我们经常会讲到关于基因的问题，什么是基因？例如，"卖帮帮"这个产品是微商团的团队做的，因为我们辅导过上千家的微商品牌，从零开始到起盘，最后形成火爆的局面。从零个代理商到几千、几万甚至更多的代理商，我们非常清楚品牌商以及团队老大需要什么东西。所以我们做出来的系统可能不是最漂亮的，交互也可能不是最完美的，但有可能是最适合微商的。

第二个方面是团队管理系统。很多时候大家忽略了这个方面，仅仅把它当作工具，却不知道微商团队需要什么样的东西，我见过很多的工具在物流订单上下了很多的功夫，但是忽略了团队管理这样的功能。团队管理一方面是管理现有团队的销售额、出货量、人均销售量、人均月收入等，这些其实是品牌商和团队老大非常关心的，但是很多工具没有把这方面做到位，非常可惜。其实不是他们没有能力做到位，只是他们不太理解微商的真实需求。

第三个方面是关于钱。比如钱从哪里来，是卖货赚的分成还是团队的管理奖金，谁给你贡献的奖金多、谁给你贡献的奖金少，哪些团队有价值、哪些团队在进步、哪些团队在退步等。通过这样的一个报表基本上就可以看到团队上下级的整体状况。可以更有针对性地管理团队，再去优化整个团队，这是比较有价值的事情。一开始很少有人能重视这个方面，重视后才开始拼命地找这样的工具，找到后又发现不合适，于是一直在寻找，最后甚至有人就直接放弃了使用工具这样的想法。

在找微商的管理系统方面，我还是建议大家一定要找到适合你自己用的工具，还要坚持把工具用好，找到那种真正理解微商人需求的人开发出来的工具，这样才是最靠谱的。对于工具的选择我建议大家要小心谨慎，因为我们"卖帮帮"上有很多的客户，他们是从别的工具上转移过来的，我太理解他们的那种痛苦和心情了。以上就是关于企业及品牌商做微商觉得系统不重要的误区。

2.10 误区十 快速花钱做品牌还是省钱去做流量

传统企业在做微商的过程中，我经常问他们的预算是多少，很多人都不知道，因为没有这样的概念，所以没有预算。还有一些企业觉得花钱做一些宣传性的投入或者是产品的投入，往往会担心没有效果。所以我经常和客户说，其实我也比较担心这个问题。下面我们重点聊一下关于花钱的事情。

2.10.1 要敢于花钱

这个世界上会花钱的人才是会赚钱的人，钱绝对不是省出来的，一定是赚回来的。

举例，品牌商请明星站台，他会选择花几十万、几百万元请一个二流、三流的明星，但是我想告诉大家，如果要请明星，一定要请最贵的。没有什么原因，这个明星能火，能收这么贵的价钱，一定是有原因的。所以最贵的这个明星的影响力，可能会比那些几百万元的小明星的总和还要强大。比如我们的一个客户在做"杜润"这个品牌，品牌商请到的是黄晓明，黄晓明的影响力与那些三四线明星的影响力完全不一样，所以最贵的明星就是最有效的宣传，他们的影响和辐射完全会超乎你的想象，这是关于请明星方面。

还有一种情况是花钱做推广的时候，大家会觉得万一没有成怎么办，比如在微博上做宣传，其实你一开始投放一两条广告的时候，未必能够到达指定的人群，就算到达了，别人也未必看一下就能记住。所以在这个过程中你需要做一个非常重要的动作，就是持续地投下去，如果你不能持续投下去，这个广告不能长期地在别人面前曝光，那可以说是前功尽弃了。这就和烧开水是一样的，烧到90度就是失败，大多数人不知道什么时候才会到100度，那么，最简单的办法就是烧到120度。

对方看到你的次数加上看到你的内容质量等于最后信任你的程度。所以，如果你的内容质量是一样的，那么最好的办法就是增加曝光的次数，让别人能够多次看到你，或者是改变你的内容质量，让别人一次性爱上你。

当你准备做推广时，内容方面想必是已经优化得很好了，剩下的只需要持续不断地做下去，让更多的人持续地看到你。很多人在做了一些推广后，发现没有人来咨询，然后就立刻停止，这样的做法显然是不对的。因为你的广告有可能会在一周或一个月之后才开始见效，所以我建议大家在做推广的时候一定要铺天盖地地做，一定要把所有的广告预算都用上。在做广告的时候要想办法把一个平台打穿，否则是没有意义的。例如，我们在微博上花五十万，在微信公众号的传播上花五十万，在其他地方再花五十万，这样其实并没有多大意义。要把所有的钱集中在一个地方花，要么就是微信要么就是微博，这样的效果完全不一样。

很多传统企业的老板在做事情的时候，还停留在过去的那种传统思维里，认为把鸡蛋放到不同的篮子里面才安全，但在互联网上恰恰是相反的。

敢于花钱有什么好处？

请明星做广告、做品牌都是要花钱的，很多微商做品牌和传统企业做品牌，其实是一样的，就是找到背书，持续地影响消费者，持续地证明你是对的，你在做一件对的事情。你看麦当劳这么大的品牌，包括可口可乐，他们也还是天天在教育消费者，他们为什么请明星？其实也是在给自身做背书。做微商的你也是一样的，你的背书是什么，怎么能够让更多人看到并喜欢你的背书，让别人喜欢你的价值观，这些都是要思考的问题。

你看那些成功的微商品牌，他们也在请一些明星做宣传，包括在电视上的、互联网上的，还有线下的大会，都在做这样的事情。因为想成为一个长久的品牌，就必须要有足够多的力量来为自己做背书。

还有过去那些做服装、做鞋的，他们原来在做代工，后来转过来做品牌，他们的那些套路和今天微商的这种套路是一模一样的，今天的微商也和当初那些做实体、做品牌的套路是一模一样的。在做品牌这个方面，我建议所有的品牌商和团队老大，都要把属于自己的品牌做起来，团队老大做好自己的个人品牌以及团队的品牌，品牌商做好自己产品的品牌。

所以在这个过程中，我建议大家一定要勇敢地投入，因为对于品牌的建设，没有什么是比花钱更见效的。当然你也可以想到更多更省钱的方法，但前提一定是要有效才行。

成为品牌和不成为品牌之间的溢价能力是有很大差距的，对于消费者的认知等各个方面也是有巨大差异的。一般很少有人能体会到品牌价值的重要性，就是体会到品牌价值的重要性，也很难理解这样的事情，所以在做投入的时候往往是尝试性的投入。再次温馨提醒，大家在花钱方面一定要做到足够勇敢。

2.10.2 花钱要花对地方

在品牌建设、团队建设、推广宣传等方面，都是值得花钱的，而且还要花足够多的钱，因为只有在这些方面你花了足够多的钱，才能给你创造足够多的价值。

> 在花钱方面大家容易出现的问题除了不敢花，还有一个是不会花。

所以你一定要找到对的花钱方案，如果实在不知道怎么花，也可以来找我们做咨询，我们会为你提供相应的解决方案，哪些地方适合花，哪些地方不适合花，因为我们有大量的经验，能够帮助客户做出最优的选择。但如果你不想花钱解决问题，那就真没办法帮你了。

今天是一个拼速度的时代，说老大和老二打架，把后面的都打没了，这个话我们每次说的时候可能大家都很清楚，但是真正要做的话其实很难。在互联网上只有第一没有第二，所以你必须要做好你自己，争取成为行业的佼佼者，当你成为第一名的时候，你才有机会成为这个行业游戏规则的制定者，最后你的溢价能带给你的价值会远远超过你的预期，所以在花钱的时候除了要勇敢一些，还要花在对的地方。

例如，采草人的方伟，当年他们在起盘这个项目的时候，一开始也是有点忐忑不安的，不知道这个项目到底能不能成，但是他们找到第一波资本合伙人以后，就把手上所有的钱全部都花到了广告上面，在微信上做了大量的推广，在微博上也做了大量的推广，还赞助并冠名了我们当时的"高手营"。把能花钱的地方基本上想到了，而且全都花了出去，很多人说这样比较冒险，但如果你不能短时间

内打爆这个市场，时间才是最大的风险，这个事情一个星期办成和三个月办成，完全就是两个概念。

一旦你聚集的势能随着时间而削弱，一旦你不能快速地聚集起你的势能，建立起你的竞争堡垒的话，其实是很难撬动整个市场的，所以方伟的团队在微信公众平台、微博、微商团的推广，包括我个人的账号，还有高手营的冠名等方面花了一系列的钱，其实就是在最短的时间内，集中最优势的资源把一个品牌做到最大程度的曝光。

在传统品牌里面是很少有人愿意这样做的，包括产品原材料的选择、产品的包装设计等等，都是用得最贵、最好的。

那么如果说这件事情不能成功，其实你很快就验证出来了。对于创业者来说，最大的成本不是钱而是时间，如果你用了半年的时间，不管花了多少钱，最后发现这条路是错的，那跟你花几十万、几百万元一个星期就能验证出这条路是不是对的，完全是两个不同的概念。那么为什么传统企业不敢这样花钱呢？因为他们对这件事情没有概念，其实我想提醒大家的是，不管你有没有这样的概念，既然别人这样做了有效果，那么最好的办法就是去模仿，学习从模仿开始，不要去想那么多，别人的钱也都不是大风刮过来的，所以在花钱这个方面给大家举了方伟的案例。

有一些品牌花了比较少的钱，但好像也做起来了，如果做起来的时候能够乘胜追击，或者说那个时候能够锦上添花，再把广告的力度做得足够大，可能那个盘子就会打爆，就会大放异彩，成为行业中的一个小奇迹，我们行话叫"放颗卫星给大家看一看"。

我觉得无论什么时候花钱做品牌都是性价比最高的时候，2013年"桃之夭夭"这个品牌商赞助了我们的活动，在我们这儿花了好几万元，他总共花了十万元左右，在当时已经是非常响亮的品牌了。

再后来是"大卫博士"的常来，他们可能是几万、几十万地出，迅速就起来了，在这里感谢"大卫博士"常来，他也是这本书的赞助商。常来是一个愿意为价值买单的人，很佩服他们夫妇两人，本书的第四章案例会讲到"大卫博士"成功的关键核心点……到今天再看，想要做个品牌出来，需要花的钱会越来越多，但效果却比以前越来越差了。你今天会觉得贵，是因为和过去做了对比，没有和未来做对比，两年以后你再来看今天，其实是最便宜的时候。淘宝就是非常典型的例子，淘宝一开始烧直通车的时候，大家都觉得特别贵，但是今天再看五年前，就会感觉非常便宜。因此，不仅要勇敢地花钱，还要把钱花对地方。

中篇

传统企业如何做好微商

产品定位 模式设计 招商策划 推广引流 产品动销 团队管理

3 4 5 6 7 8

引 言

传统企业为什么要做微商？

传统线下生意的用人成本越来越高，工厂库存压力变大，电商渠道的广告费逐年上升，企业的销售额逐年下降，招代理、铺渠道、开直营、做电商这些方式的成本越来越高，渠道扩充越多，广告的投放费用也越多，公司的业务员逐年增加，但是公司的利润率却逐年下降。

如何让公司的销售额和利润率稳步提升，是每个传统企业面对的难题，而恰恰是微商渠道给传统企业主带来了新希望：

（1）降低库存压力；
（2）减少市场人员的用人成本，把代理商变成业务员；
（3）低成本做广告，高收益的流量回报；
（4）盘活传统线下经销商、电商等渠道的资源，微商实体化，实体微商化。

为什么传统企业转型微商很难成功？

我的观点是：

听课太多！听大咖的课太多！看微商自媒体人的文章太多！

很多微商服务机构和老师，为了收传统企业主的钱、忽悠传统企业老板，故意神化了微商渠道的建设，造了很多玄乎的微商专有词语，比如操盘手、双线打法、无敌引流模式、连赢模式、成交手等，传统企业老板听完这些词语一下子就懵了，如果仔细想想，不就是传统的招商经理、活动促销、培训、推广、客服吗，哪有那么邪乎？更有微商自媒体人写文章说，传统企业转型微商只有一条路：死路。文章的核心观点：传统企业老板的思维有问题。

大家还记不记得2013年移动互联网火的时候，有一群互联网的意见领袖提出"互联网思维的概念"，把传统企业狠狠批了一顿，传统老板都成了窝囊废。当时被媒体炒得最火的"小米手机""雕爷牛腩""情趣用品马佳佳""黄太吉煎饼赫畅""西少爷肉夹馍"，四年过后，你再重新看看这些企业当时鼓吹的"互联网思维理论"气泡个个破灭。雷军去河南考察，开始学习OPPO、VIVO的线下模式，雕爷的牛腩、河狸家经营惨淡，马佳佳转型N次失败，赫畅的煎饼和西少爷的肉夹馍其实真不好吃……

千万不要被培训和"大师"的话忽悠，传统商业的零售模式发展了几百年，电商从兴起到发展不过20年，微商只经历了三年，这个世界最优秀的人才，懂品牌、懂销售、懂渠道、懂管理的人才一定集中在传统零售行业，这些人有足够的经验和实力管理微商的团队，同时做好产品和品牌的运营。

郭司令微商咨询服务了几百家想做微商的企业，我们发现一个有趣的现象，真正能做好微商的还是那些在传统领域"牛"的企业。从 2016 年开始，纯微商的品牌项目能活过一年已经很不容易了，反而那些传统企业的品牌，比如我们服务的洋河、酒仙网、旗帜奶粉等，他们本身就是传统企业的佼佼者，刚进来的时候可能不懂，只要你把做好微商的核心和关键跟他们讲清楚，他们马上就能上手，执行力和管理水平是那些所谓的微商团队老大、操盘手的几百倍。旗帜奶粉的项目到今天还没有对外宣传招募，不到一个月的时间招募了 6000 多个顶级合伙人，而且很多是传统母婴行业的老板，这些人不需要你教他们怎么招商、卖货，你只要告诉他如何赚钱就好了，他比品牌商更懂得如何干。

传统企业如何做好微商？

做微商与做传统招商加盟相比，商业的本质从来没变，变的只是表达方式。通过这些年我们的团队在微商领域服务客户的大量数据以及我自己 15 年的传统企业的营销经验，形成了一套传统企业转型微商的实战咨询系统，这套系统有模型、有方法论、有案例、有实战，也有工具书。

微商渠道的成功运营可能需要做对很多事情，今天我站在第三方的角度提供建议：企业转型微商，有六大模块需要做好，即产品定位、模式设计、招商策划、推广引流、产品动销、团队管理。这些不能保证企业百分之百成功，至少可以让你少走弯路，成为微商成功赛道中的种子选手。

产品定位

3

3.1 什么特点的产品会成为微商爆品？

3.2 如何设计产品 3 秒抓住客户眼球？

3.3 如何设计产品组成结构 轻松引爆市场？

3.4 什么价位是微商渠道黄金定价？

3.5 案例：洋河无忌品牌策划内容解密

一提到产品，你会想到什么？

有人可能会说："我会想到产品是营销中最重要的，是企业能不能走远的核心。"
有人可能会说："产品的作用、目标人群。"
有人可能会说："产品的定位和广告文案。"
有人可能会说："产品要聚焦，集中精力打造爆品……"

各种层出不穷的说法，都很对，但是在真正的经营中并没有过多实际上的指导意义。单独举出一个例子，然后来证明一个观点，看起来都很合理。但是我们今天要探讨的是产品系统，是立体的，不是仅仅局限于微商渠道。

产品系统包含四方面

第一，产品功能
例如，产品解决什么痛点、微商渠道爆品的特点、产品的规格等。

第二，产品价值包装
例如，产品的定位、核心卖点的挖掘、包装设计、差异化优势等。

第三，产品组成结构
例如，企业中的产品链，可能互补或者毫不相关，或者部分企业单一产品的聚集策略。

第四，产品的定价和供应链
例如，产品的渠道属性，高价、低价、卡位价、微商的黄金价位，渠道的人群等。

3.1 什么特点的产品会成为微商爆品？

过去四年微商爆红的品类大致分为美妆、大健康、服饰、日化产品、母婴产品、酒类等。其中大健康产品是长盛不衰的品类，覆盖的产品有面膜、彩妆、减肥果、玛咖、眼贴、膏药、洗发水、洗衣片、牙膏、漱口水、手工皂、黑红糖、代餐粉、姜茶、内衣内裤、男女私护壮阳产品、丰胸产品、减肥减脂产品、酒类产品、高仿品、奶粉、尿不湿等等。

而这些爆红的微商产品都具有以下特点：

（1）客户购买时不需要慎重考虑，产品无需解释，价格无需解释

（2）非主流市场，价格不透明

（3）具有独特卖点，便于讲故事

（4）体验感够强，具有功效性

（5）高频低价，低频高价

（6）规格少，毛利高

（7）便于物流运输

所以选品对于传统企业转型微商非常重要，合适的品类在合适的渠道才能发挥它最大的价值。

什么是好产品？在我看来好产品具备两个特点：内在好和外在好。

内在好的三个特点：解决痛点，保证安全，高性价比。

外在品质：拼颜值、树差异、秀个性。

3.1.1 产品质量

很多时候因为微商的创业者自己不懂产品，所以他们就会听从别人的意见。但是你想想，那些生产产品的工厂老板，也是分三六九等的，他们的能力、见识、经验、实力也是参差不齐，所以你如果看错了产品，碰到不对的工厂，给你提供的产品可能真的不一定好。品牌老大也是一样的，因为见识、阅历、经验、判断能力等等，也会决定最终的选品结果。如果选择了质量比较差的产品，最后卖给消费者，消费者的反馈是消极的，那么整个链条就断了，就会形成所谓的短命的微商。

我发现了一个非常奇怪的现象，就是所有来约我见面谈一谈的人，就是产品的生产者，他们都会说自己是最懂产品的，他们的产品如何如何厉害、如何如何牛，在整个行业中他们的地位是如何高，把自己的产品说得天花乱坠，好像他们的产品就是全世界最好的产品一样。

我承认在某个领域，肯定会有一些做得非常不错的品牌和产品，但如果每一个品牌都说自己是全世界最好的，我就会觉得这是有问题的。特别是我遇到很有意思的一个现象，同样的品牌，有时候会遇见两三波人，而且都是做同一个品类的产品，每一个都会讲他自己是全国最好的，他自己的产品是最厉害的等等，会讲很多。但是因为每一家讲得不一样，所以我都不知道到底要相信谁。我经常会跟这些客户讲，我说你们每一次讲自己产品到底有多好的时候，我都暂且认为讲的是真的，按照这样的一个前提条件再谈到底怎么样去做微商。

我为什么会在意产品功能和质量呢？因为产品品质如果不够好，最后是很难长久地存活的。还有一件事情是需要提醒大家的，不管你做什么产品，想办法在这个产品上多花一点心思和精力，有些产品可能换一个包装，增加一点成分，味道、感觉等完全就会改变。

我觉得所有做产品的人，都应该静下心来，把产品做得更好一些。磨刀不误砍柴工，把产品做好，好的产品自然会说话，客户自然会帮你传播。最简单的例子就是苹果的产品，因为它的体验感实在是太好了，质量也不错，所以这样的产品就特别受欢迎，会有更多人为了买苹果甚至"卖肾"。

关于产品方面，我建议大家，如果看到某一类产品不错，就去找这个行业中最牛的那个人，就是最懂产品的，跟别人交流、沟通、学习，向人家请教这个行业的相关知识。再者，买行业中最贵的产品用来做对比，看看哪些是值得你学习的，我相信那些卖得好、卖得贵的产品，一定是有原因的，所以用一颗谦卑的心把你的产品做得更好一些，这才是有价值的事情。

3.1.2 产品功能

微商产品的功能非常重要，产品功能需要解决强痛点，给客户一个无法拒绝的理由。商业竞争的本质是产品竞争，所谓的营销、套路都是短暂的，过去的微商为什么会"短命"？核心原因是产品太差，价格太高，没法产生口碑和复购。两块钱的面膜到微商里面卖一百元，就算卖二十元，实际上也是很少有人能接受的；另一方面是模式问题，设计模式的利益驱动是拉人头，不关注产品本身，只关注赚钱，所以导致"短命"的情况出现。

比如说你的产品是祛湿的，消费者用了之后是不是真的祛湿呢？也有一些产品可能也会有祛湿的功效，但可能是消费者用了四五个月以后才会有效果，如果是这样的产品，在微商领域是比较难以被发现，难以被大面积推广，因为没有多少人能坚持这样的习惯。还有一些人的产品是代餐粉这种类型的，但是你也知道，那些不吃早餐的人，他们的生活是不太有规律的，所以像这样的代餐粉，除非是放到他的手提包里面随身携带，等想起来的时候就会吃，但是要养成这样的习惯，也是比较难的一件事，所以教育客户的成本也是很高的。再好的产品也是需要时间才能见效的，不要太神化自己的产品，要尽量选一些有足够痛点的产品，在短期内别人用了就有效果。如果没有效果，消费者是很难坚持下来的，不能坚持，就会觉得产品没有用，这样就导致了恶性循环。

做微商最重要的是人，很多人都是用短命的心态来做微商，很多微商其实没有太多的创业经历和经验，所以就借着那个势头做了微商，觉得自己是了不起的，和以前变得很不一样了，导致做出很多错误的决定。

创业的过程是很痛苦的，大部分人没办法忍受这样的痛苦。中国中小企业的平均寿命是 2.9 岁，微商出现短命的情况，我觉得也是属于正常的现象，一方面是产品质量不行，另一方面是价格不行，再一个方面是整个团队的运营模式，这几个方面的原因导致了微商项目的短命化。

3.2 如何设计产品3秒抓住客户眼球？

过去我们买产品是在线下，有几个动作叫看、摸、闻、尝，先看一看，觉得不错，再摸一摸、闻一闻，如果是吃的，会有机会尝一尝，通过视觉和嗅觉来感受这个产品。

但是互联网上是不一样的，互联网上是隔着屏幕看这些产品，所以第一印象是非常重要的。在做产品的时候很多人就存在一个误区，他们把产品设计得好像是给那些60、70年代人看的。其实互联网上的主流人群应该是80、90年代的这些人，他们是互联网用户的主流。所以在设计产品的时候，首先要考虑到这些人的感受，这是第一个方面。

第二个就是互联网上大家特别在意的是图片，你有没有在第一时间抓住对方的需求和眼球，让他有兴趣在你的文案上能多停留几秒钟，进而他有可能点开你的主页看一看，这才是最重要的事情。我对很多的品牌商都讲包装是很重要的，但实际上很少有人能重视这个事情。特别是一些传统企业主，他觉得只要产品做得好，包装再LOW也无所谓。这在传统领域中是可以的，但在互联网上，可能连看的机会都没有给你，怎么可能会让顾客购买呢？

如果你能把产品质量做得好一点，那么为什么不能把外观做得更好一点呢？我们经常讲，你永远没有第二次机会给别人留下第一印象，最可笑的是，很多的传统企业主会告诉我，"我们先这样做着看吧，等赚到钱了再去改包装。"我对这种情况一直是持反对态度的。为什么？因为你能卖得好，说明包装是大家喜欢和认可的，何必再去改包装呢？就是为了能把产品卖好，所以才要把包装做得更好一点，这是一种精益求精的态度，让别人觉得你是一个足够认真的人，你经营的是一个认真的品牌。

另外，别人在拿到你的产品的时候，他应该是会有"哇"的感觉，一定是很惊讶的感觉。这样的话，他会愿意去朋友圈晒，愿意在微博上晒，这个时候你基本上就赢了，客户愿意主动地帮你做宣传的时候，其实就是在帮你做广告。我告诉那些品牌商，产品的外观会引导客户愿意晒一晒、秀一秀，客户会觉得这是一件有面子的事情，是一件值得炫耀的事情，这其实就是对品牌最大的宣传。这样的宣传对品牌的影响是巨大的，如果你有几千几万个甚至更多的顾客，他们都愿意去晒朋友圈的时候，这会是怎样的一个结果。所以我跟大家讲，产品外观设计的投入，其实就是广告费的一部分，你在外观上增加了投入，在某种意义上讲，就是你大幅度节约了广告费，这样算下来其实是非常划算的。

产品价值包装主要包含以下两个方面：
第一，产品核心卖点——解决客户未解决的问题。
第二，产品包装——解决客户选择和分享问题。

3.2.1 产品核心卖点——解决客户未解决的问题

任何一个产品的作用都是帮助客户实现一个未实现的目标，帮助客户迈向理想或者摆脱现状。

3.2.1.1 如何寻找你的产品的核心卖点？

这个没那么简单，需要结合多方面的调研，一两句话是不可能说清的。但是最简单并且最有效的方法就是和你的目标客户待一段时间，记住一点："与其在 10 个地方待 1 小时，不如在一个地方待 10 小时，看客户从进门到咨询、再到购买的一切神情、话语的变化"。

3.2.1.2 如何把找到的核心卖点用适当的方式说出来？

写文案之前，先思考以下问题：

如何检查你的核心卖点是客户迫切想要的?
（1）我在帮助客户做一件他本身就想做的事吗?
（2）客户对现状不满吗?
（3）客户愿不愿意为这种不满做出改变？（改变成本）
（4）客户愿意发生改变，你提供的是首选方案吗？（替代方案）
（5）选择你的方案，客户是否有风险？（形象风险）
（6）如客户选择你的方案，是否扬长避短？（相对于竞争对手）

注：自检清单为"李叫兽"原创，此处为引用与普及。

3.2.2 产品包装——解决客户选择和分享问题

产品包装的目标是解决客户选择和分享问题，从以下两个角度可以去构建：

第一，货架思维——解决选择问题。

第二，社交货币——解决分享问题。

3.2.2.1 货架思维——解决选择问题

货架思维来自华与华的《超级符号就是超级创意》，我们在超市或者互联网上选择时，哪个产品能够抓住你的注意力，它胜出的概率就更大。

在货架上，目标商品在琳琅满目的货架能主动抓住客户的眼球；在互联网上，目标客户不用点开大图就知道你的核心信息。

3.2.2.2 社交货币——解决分享问题

罗胖曾经举过一个例子："一个朋友为什么要买玫瑰金6s？因为苹果6s如果不是玫瑰金，别人就不知道他拿的是6s，苹果6和苹果6s就这么一点区别，为的是炫耀的社交货币。"

社交货币有以下四个角度：

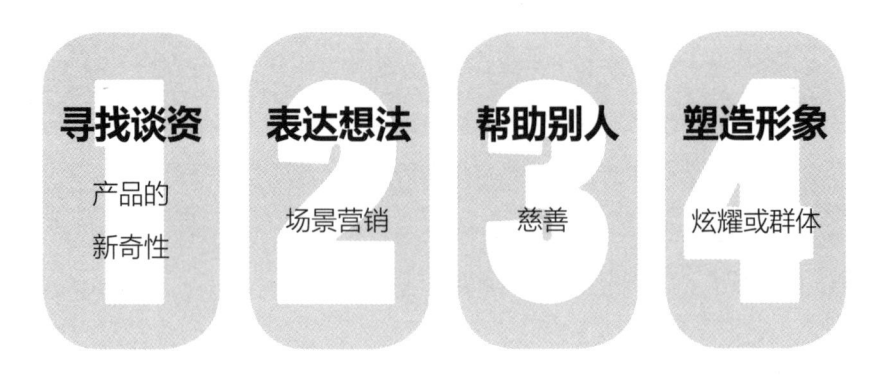

1 寻找谈资	2 表达想法	3 帮助别人	4 塑造形象
产品的新奇性	场景营销	慈善	炫耀或群体

（1）寻找谈资

"我上次买了一本三个月不看、字迹就会自动消失的书。"

"我上次买了一个放在桌面上不会滚动掉到桌下的方形铅笔。"

"我上次买了一个55度恒温的杯子。"

产品功能的新奇性，让用户获得更多的谈资。如果你的产品平平淡淡，没有什么新奇的话，客户就不会主动和朋友进行交流。

同时那些新奇的广告也能带来谈资，如"挖掘机哪家强"、"治肾亏不含糖"、"老婆肾好，老公就别想跑"、"so的一声就瘦了"。

（2）表达想法

如"洋河无忌、可口可乐、士力架、ＸＸ果汁"。

（3）帮助别人

如"蚂蚁森林"。

（4）塑造形象

如果某些产品能为你塑造形象，那么购买后你就会炫耀，向其他人宣布"我已经有ＸＸ了"。

如"DR、roseonly、迈菲琳内衣"，向其他人宣布有一个爱我一生一世的人。

3.3 如何设计产品组成结构轻松引爆市场？

我本人认为无论是大型企业、小型企业，还是微商渠道的产品组成，都应该有以下四种类型：

（1）引流型产品——解决客户问题
（2）销量型产品——解决现金流问题
（3）利润型产品——解决放大客户终身价值问题
（4）形象型产品——解决形象问题

3.3.1 引流型产品——解决客户问题

有很多这样的企业，比如生产"果蔬清洁剂""ＸＸ减肥茶""保温水杯"的企业，他们的产品单一，采用的是聚焦策略。他们是怎样解决客户问题的呢？基本上就是不断地刷广告（如微商）或者大力地进行广告宣传（你有钱你任性），效率极低。

面对这种情况最好的解决办法就是，我们设计一个引流产品，解决客户问题，优化客户体验。

【例】湘雅采草人眼贴

　　眼贴是一种体验感很强的产品，贴上眼贴，眼睛本身就是在休息状态，因此把眼贴拿下来之后，眼睛就会变得非常明亮，客户能够很容易地感受到产品的效果。对这样的产品完全可以设计体验装，大量的线上、线下赠送活动，送产品让别人来试用，用送出的体验装和客户回访与客户发生互动，促成产品销售和招商。

　　饭馆周围竞争激烈，消费者有很多选择，消费者今天来消费，不知道下次要等到何年何月，所以饭馆想了一个办法，让客户经常回头来消费。这个饭馆会赠送一张促销卡（下次来免费一道菜）给吃饭的客户，那么客户拿着，下次准备去外面吃饭的时候，会不会继续来这家饭店？

　　或者说，这家饭店再把这张促销卡投放到KTV等场所，只要在这些场所消费就可以抽奖，然后这些免费的菜就是奖品。那么，这些客户抽到了会不会来这家店吃饭呢？如果会，概率多高呢？他如果来，会只点一道菜吗？如果可以的话，你测试一下转化的概率和消费的金额。

　　就好比超市有特价产品，如鸡蛋。这家超市的鸡蛋比较便宜，楼下的大妈们都去这家买鸡蛋，然后顺带买点其他东西。

　　××微商培训机构的免费公开课、加好友发红包、转发消息到微信群送加粉秘笈等都是引流产品，帮助企业解决客户问题。这些引流产品有什么特点呢？

低成本　　　　　**高价值**　　　　　**相关性**

3.3.1.1　低成本

低成本并不代表产品的成本很低,是相对于单次成交利润或者客户终身价值来衡量的。(这里涉及转化率,转化率＝成交人数÷领取人数,如果总引流成本小于成交利润,证明可行。例如,引流成本5元,单笔利润为100元,那么20人中成交一个人就不亏。这里给我们一个启示,如果我们定位的客户越精准,我们的转化率就越高,我们的引流成本也可以因此放大,那么更能吸引大量的潜在客户。)

3.3.1.2　高价值

引流产品的成本低,并不代表价值低。即使我们赠送的产品是客户不需要的,客户也会接受你的引流产品。一定要对目标客户而言是高价值的,这样才能吸引到潜在客户。

3.3.1.3　相关性

当然我们的引流产品的设置一定要具备相关性,这样吸引的客户才精准。

并且我们还要记住下面这三句话:

(1)以客户想要的方式送出去。

(2)一定要辨别清谁才是有需求并且有消费能力的潜在客户。

(3)切忌不经过测试就大量投入。

(以上三句话很重要,请再读一遍,记住)

那么引流产品的思考方向有哪些呢?我给大家举几个例子:

A. 优惠券

肯德基、麦当劳等大品牌公司非常擅长用优惠券来引流，因为客户都知道他们一般不降价，所以有了优惠券，就觉得自己有占便宜的感觉。

有些人问："那么为什么不直接采取降价来引流呢？优惠券派送的范围有限，但是降价就可以告诉所有人，那么引流规模不就是更大了吗？"其实这正是优惠券的高明之处，认真思考一下，其实答案就出来了。

B. 试用装

这个方法在市场上也经常使用，通过效果让客户折服。某护肤品品牌就是这样，只要登录公司官网，填上信息，就能免费领取试用装5件套，然后随试用装过来的，还有客户使用见证，继续说服客户购买正品，用这个方法，成功的概率很大。

C. 切分产品链

> 如：饭店的一道免费菜、美发店的免费洗头卡、净水器公司免费送的净水器（安装费和后续更换净水芯作为利润来源）

"如果把销售看作一个点，很难很难；如果把销售看作一条线，那么将变得无比简单"。

> 例如，关于经营照相馆，一开始很多人只把拍照作为唯一的盈利方式，这就是点式销售，但是你应该把这个销售看作一条线，即进门—换衣服—拍照—洗照片—相框、钥匙扣。

精心设计产品链，然后将其中一两个环节免费，作为引流产品，吸引客户过来，那么销售会变得更加简单。（同样，执行之前，测试测试测试。）

D. 虚拟产品（互联网时代的产物）

虚拟产品的好处是边际成本为 0，如培训机构的免费公开课，免费 CD、电子书、音频等。这些我们在互联网行业屡见不鲜。

其实，为你的企业设计一个虚拟产品，你将无往而不胜。并且每一个企业都能够设立一个虚拟产品进行引流拓客。

> 如：
> 化妆品公司——开设"如何三分钟变女神"的课程
> 护肤品公司——开设"如何正确护肤"的课程
> 中医行业——开设"如何治病不求人"、"30 天让你成为家庭医生"的课程

并且这些引流产品还可以收费，但价格要相对比较低，这样加入门槛较低并且很好地筛选了客户。（设置了虚拟引流产品，别人免费引流，你却能收费并且精准引流。）

那么你现在知道设置引流产品的重要性吗？

3.3.2 销量型产品

一般通过引流型产品吸引客户过来，主要就是销售销量型产品。销量型产品的特点如下：

（1）刚需（需求大）；

（2）使用简单；

（3）效果明显；

（4）复购率高；

（5）价值易感知；

（6）利润高。

当然这只是完美型的爆品特征，很多产品都无法同时具有上述六个特点，于是我们就需要优化这些属性，通过一定的方式让产品更具有以上特征。

◎ 小米手机通过低价吸引大量的客户，然后通过广告收入或者其他辅助设备赚钱，其他辅助设备就是销量型产品。

◎ 肯德基将汉堡作为主打产品，其实利润并不高，但是通过销售店内的套餐、可乐、薯条等获得大量的利润，那么这些就是销量型产品。

◎ 沃尔玛通过天天特价，吸引客户进门，然后顺带购买的其他产品作为销量型产品，获得更大的利润。

◎ 某中医产品公司通过"30天让你成为家庭医生"课程吸引精准客户，然后销售产品，这些产品就是销量型产品。

◎ 某培训（咨询）机构将免费公开课（电话咨询）作为引流产品，然后几百或者上千元的课程（面对面咨询）作为销量型产品。

3.3.3 利润型产品

在拥有一定信任的时候，通过分析消费者的需求链，向消费者销售长尾产品（或高价产品），让客户的终身价值发挥最大化。

有很多人认为当当网卖书很牛，其实当当网的很多销售额来自销售家电的收入，这些产品就是利润型产品，客户来了，就不想走了，以后有其他需求，也来这里。

一般的美容院，基本上会通过卖卡来进行引流，然后销售店内的单次服务（销量型产品），但是他们还有其他的产品，如月卡、年卡等。

3.3.4 形象型产品

（1）突出产品形象

（2）衬托产品价值

（3）形成对比，利于销售

这个主要在奢侈品或者高档的产品中比较多，如古玩店的"镇店之宝"、LV店的"限量包包"、维多利亚的秘密(Victoria's Secret)的几万元或者几十万元的内衣……

这些都是为了突出品牌形象，并且利于其他产品销售而设置的。

你的企业的产品结构设置是否满足这些条件呢？（不一定均要满足，但是合理设置的话，在竞争市场很有利。）

3.4 什么价位是微商渠道黄金定价？

很多品牌商不知道产品如何定价，所以盲目地定价，导致在产品招商、零售的过程中，出现各种各样的问题。你会看到微商里爆款的定价一般会有几个段位：第一种段位是50元以内的，在30元左右，这样的产品很容易卖出去，价格也非常便宜，当然一般是论组卖的比较多；第二种是在100元左右，比如99、98、88、89、100、119、109、129等的价格；第三种是在150到200元之间；第四种就是300元以上的。

这四种定价方式中，你会看到200元以内的是最受欢迎的，为什么？在卖货的过程中，它的阻力是比较小的，因为顾客的思考成本相对来讲要低很多，就是顾客在思考、决定要不要买的时候，没有过多的精神压力。如果你卖一个面膜要十万元，他可能要考虑很长时间，再决定要不要买，但如果这个面膜是100元、99元的时候，他可能当机立断，这就是不同的地方。

那么为什么有些产品的价格是 300 元以上呢？因为有一些产品实在不能便宜，如果为了便宜一点可以拆开卖，比如说福益德 α-亚麻酸这个产品，如果是按照本身 60 粒卖的话，价格是比较高的，不符合微商的定价逻辑。为了适合微商的定价逻辑，他们把 60 粒的包装拆成两份，改成 30 粒的包装，这样每瓶的价格就会降下来，特约的价格变成了 199 元，这也是一种非常好的定价策略。所以如果你的产品的单价太低，就可以按组来卖，这样卖的价格可以高一点；如果你的产品的单价太高，就可以拆开来卖。

在互联网上，其实你与一个客户成交，卖给他 50 元钱的东西或者一两百元的东西，你所要付出的时间、精力、建立的信任等等，这些成本都是一样的，所以在定价的时候一定要注意策略。卖 200 元和卖 50 元其实是一样的，那么为什么不多卖一些呢？另外也节约了运费，节约了大家的时间，我觉得这是一件对的事。

过去，我强调产品定价的策略有三个：一个是高价，另一个是低价，还有一个是卡位价。

高价：认知大于事实 有利润有未来 利益永久绑定

低价：流量

卡位价：大数据

3.4.1 高价策略

消费者在购买产品的时候，他其实对这个产品没有很好的价格认知。在这个行业中，因为很多人不懂，所以认为贵的就是好的。我们经常会听到一句话，只选对的不选贵的，但其实大部分人是只选贵的不选对的。因为他不知道什么是对的，所以就通过价格来判断。

3.4.2 低价策略

用超低价的策略来吸引消费者，这种策略在淘宝上已经用到极致了，谁的价格低，谁就有可能被搜索到。

3.4.3 卡位价策略

就是这个产品你想要卖多少钱，你定的价格正好和客户的期望值是差不多的。比如顾客买一盒面膜，她认为可能也就是一两百块钱，但是你的面膜如果卖一千块钱，她肯定不会去买，卖十几二十几块，她也不敢去买。过去，我更多地建议大家去卖高价位的产品，可以把价格定得高一些，但最终卖出去的时候其实可以便宜一些。以五粮液的"密鉴"为例，总代拿货的价格大概是 153 元 / 瓶，大部分人做总代的目的，其实就是为了喝酒便宜一些，倒不是为了真正地卖酒，真正卖酒的是上一个层级，就是在联合创始人那个层级里，那些是真正在卖酒的人。过去我强调高价，是希望能够定价高一些，但是我所谓的高是相对高，而不是微商里面那些很过分的高。

你会看到真正能长久存活下来的微商其实有两类：第一类是做代购的，他们为什么能够活下来？是因为代购商品真的有超高的性价比。第二类是那些卖美食的，因为真的好吃，所以能够长期地活下来。如果不是真的好吃，大家买一次就可能不会再买了。再一个是因为他获取粉丝的能力是有限的，所以不敢把粉丝一个个骗一遍，他能持续地活下来，就证明他的东西很好吃。你看到那些卖美食的，经常在证明他在微博、微信上是能把东西卖出去的，所以买他的东西应该是可以的。当然在整个买的过程中，你会发现价钱基本上都要比线下卖的贵很多，至少要比传统的电商贵很多，但是大家为什么愿意接受呢？因为大家愿意为了好产品而付费。这是关于价格方面的。

总 结

　　本章分析了微商六大营销系统中的产品定位系统，产品定位由**产品功能**、**产品组成结构**、**产品价值包装**、**产品定价**组成。

a. 产品结构

　　（1）引流型产品——解决客户问题

　　（2）销量型产品——解决现金流问题

　　（3）利润型产品——解决放大客户终身价值问题

　　（4）形象型产品——解决形象问题

b. 产品价值包装

　　产品核心卖点——解决客户未解决的问题

　　产品包装——解决客户选择和分享问题

　　产品系统是营销中最核心的一个系统，如果你的企业是小企业，无法像大企业一样用钱把市场砸开，那么你就要好好研究产品系统。

　　给大家分享一组我们的团队帮助传统企业进行品牌设计的微商渠道产品的理念和品牌创意。

添加微信号：**7337456**

暗号：**郭司令微商力读者**

免费领取下述案例产品的品牌定位和包装设计理念。

洋河股份
YANGHE

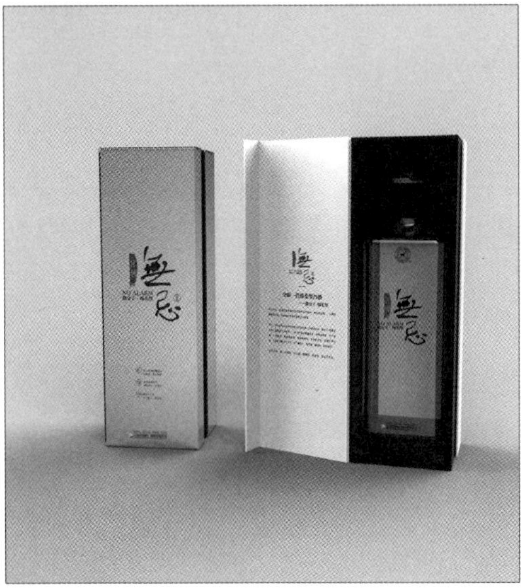

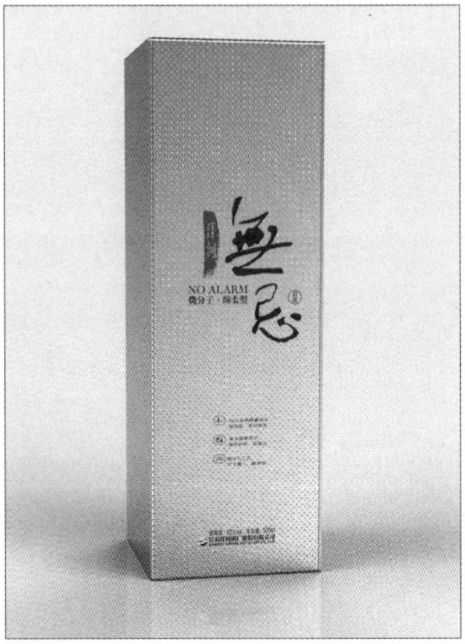

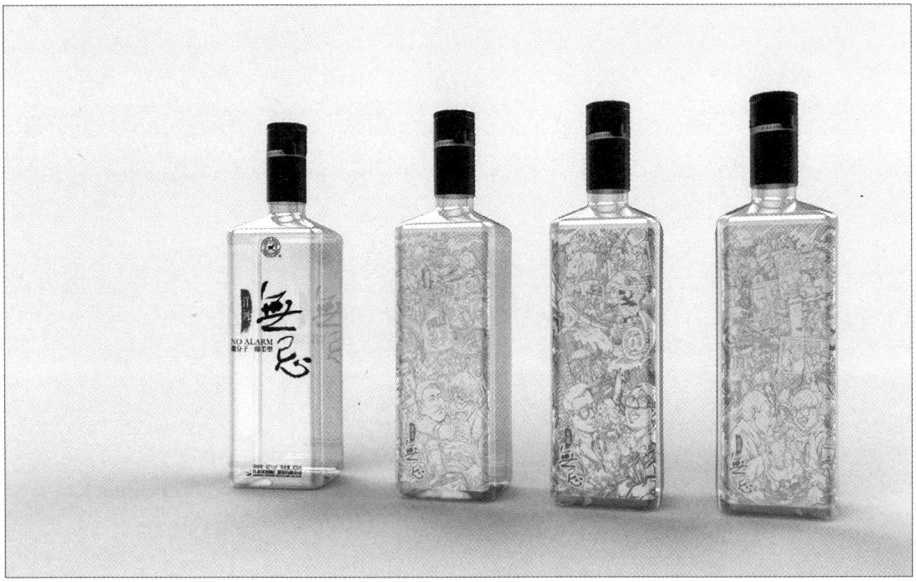

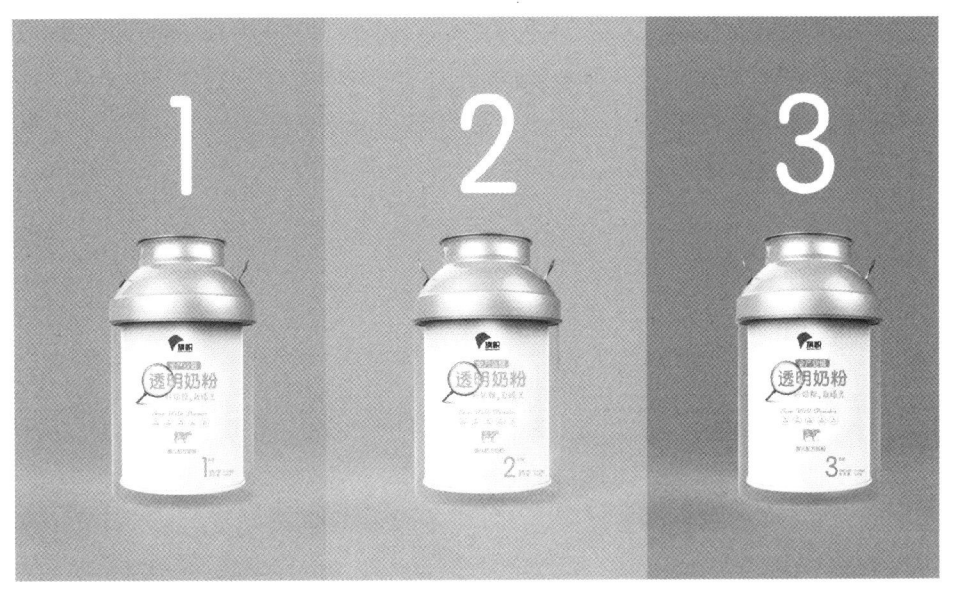

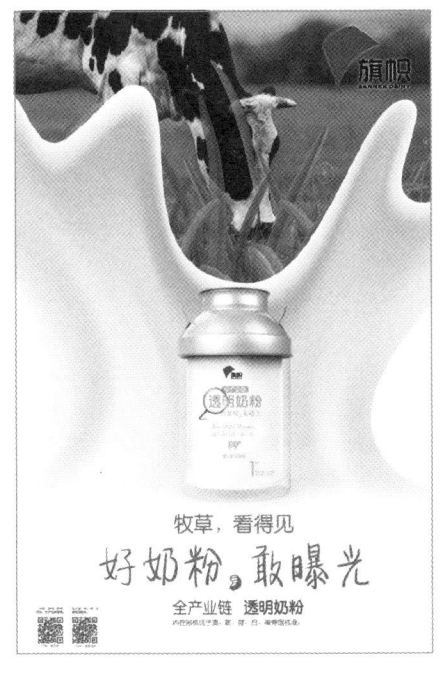

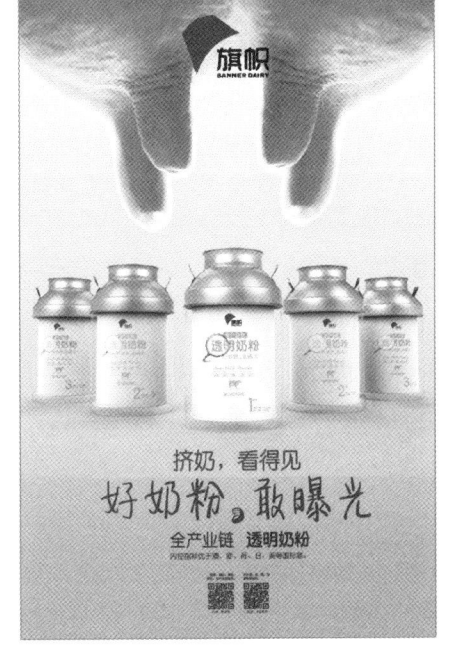

中 篇 产品定位
传统企业如何做好微商 6

好喝即好茶
香菩提
峨眉高山森林禅茶

春天礼
小罐茶
一杯茶，喝不到春天，
真正的大师，也不在于小罐，
而在于让人忍不住小灌。

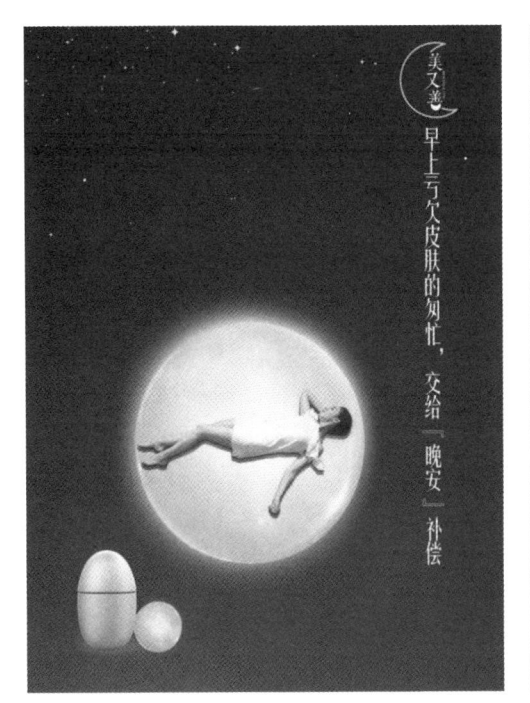

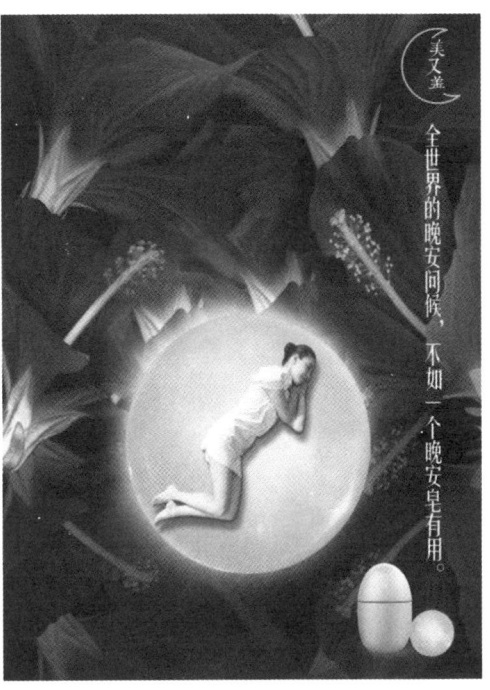

产品定位

中 篇
传统企业如何做好微商

5

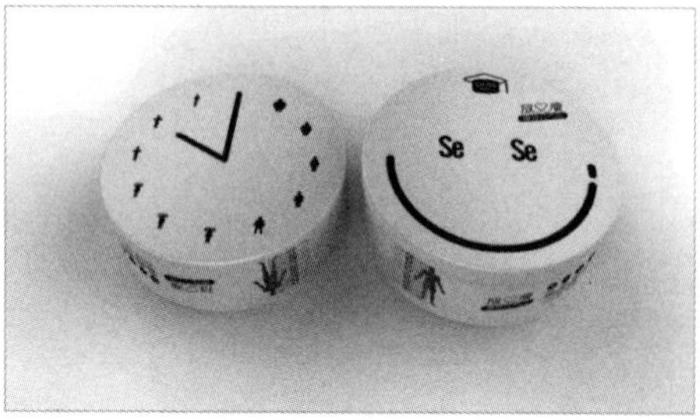

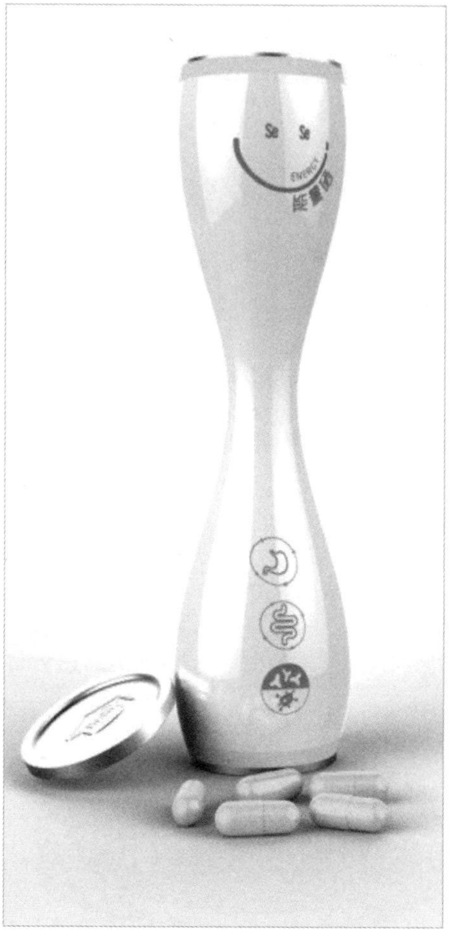

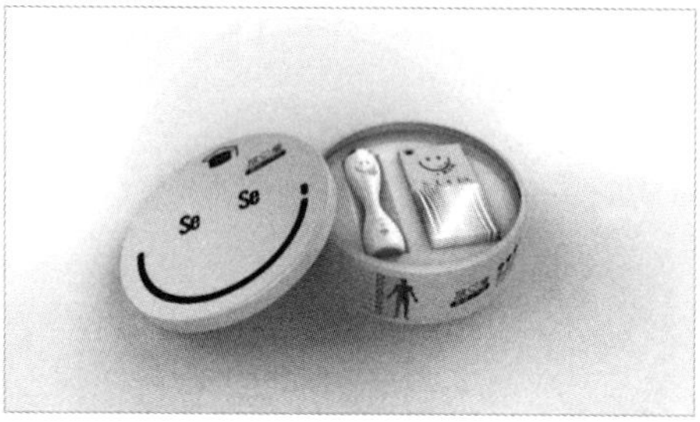

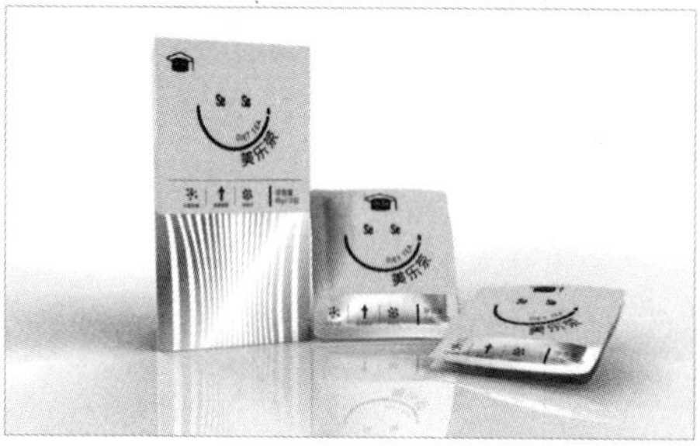

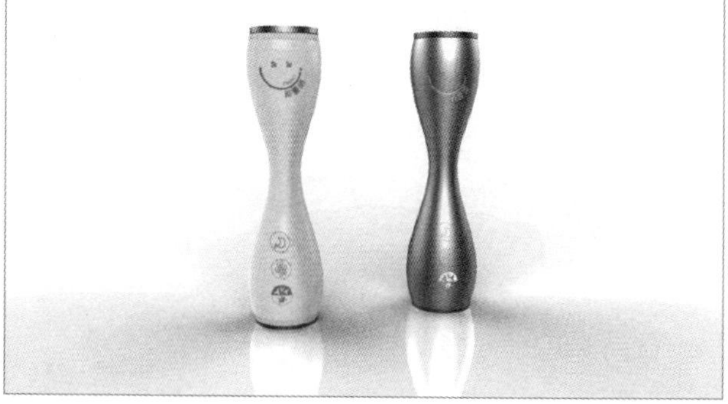

Dr.Se
硒博士

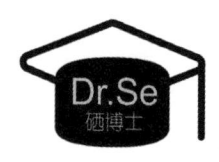

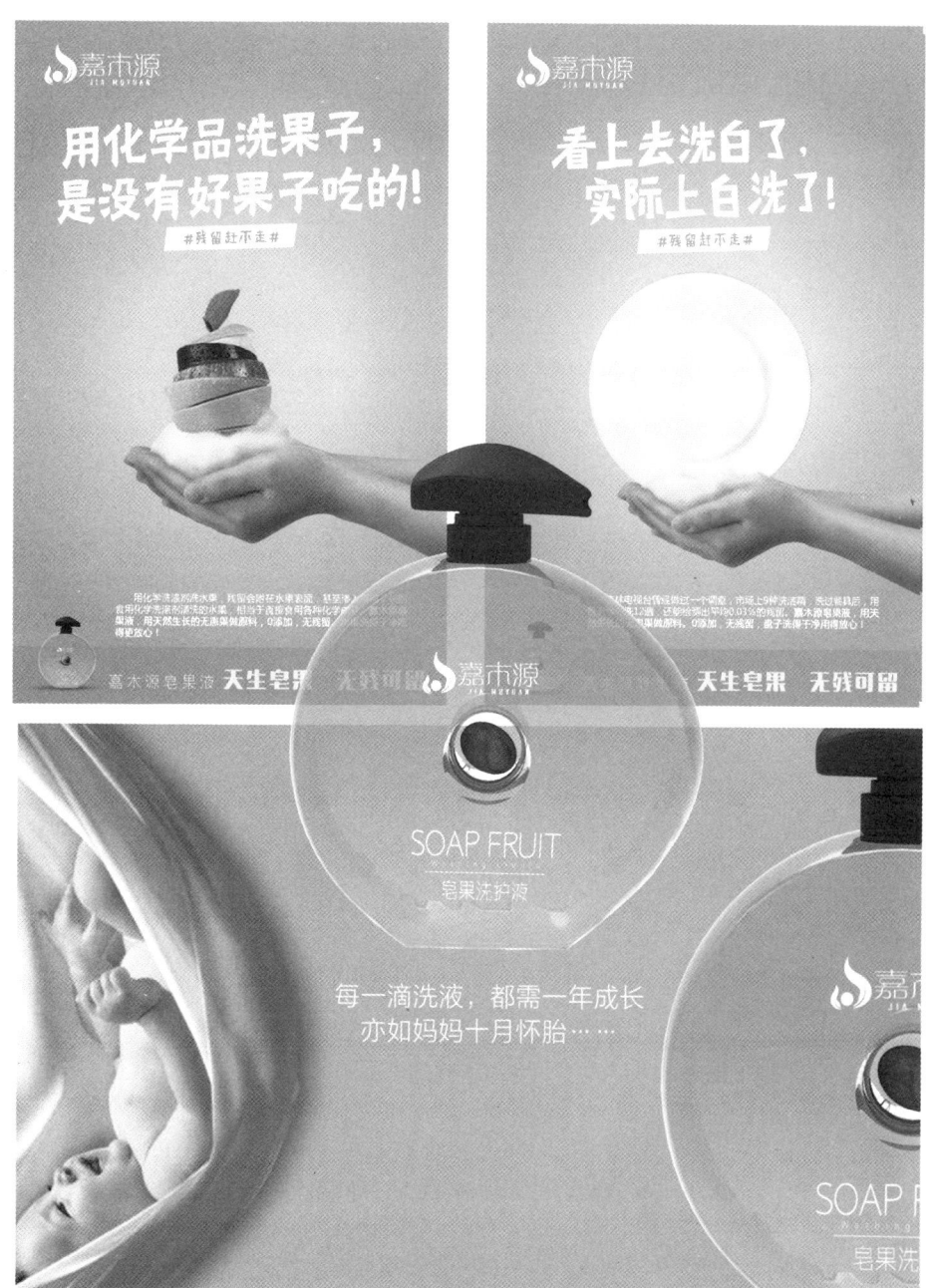

用化学品洗果子,
是没有好果子吃的!

看上去洗白了,
实际上白洗了!

SOAP FRUIT
皂果洗护液

每一滴洗液,都需一年成长
亦如妈妈十月怀胎……

3.5 案例：洋河无忌品牌策划内容解密

项目背景

随着微商作为企业发展重要的渠道之一，众多品牌企业纷纷试水微商。2015年以来，酒水企业开始陆续进入微商渠道，其中既有不知名的小厂希望借助风口实现销量的快速增长，也有出自名门的"大牌"（如泸州老窖世家小酒、贵州茅台镇百龄醉鲜竹酒、酒仙网五粮液密鉴等）希望以新品借助微商这个第三渠道实现品牌占位。尤其是我们的咨询客户酒仙网运作的五粮液密鉴，借助五粮液和酒仙网的双品牌势能，取得了不错的市场表现，代理人数在短时间内实现了快速稳定的增长，成为白酒微商的一个标杆案例。

洋河进入微商的契机

——"白酒微商成为白酒企业未来战略新兴渠道"逐渐成为白酒圈的共识

作为国内唯一拥有两大中国名酒（洋河、双沟）、五枚中国驰名商标（"洋河""双沟""蓝色经典""双沟珍宝坊""梦之蓝"）的白酒企业洋河股份也在战略布局微商渠道。洋河集团寻找到中国传统企业转型第一机构郭司令微商咨询，希望在微商渠道推广他们的新型酒品——微分子酒。

当下的白酒市场多是遵循老旧的产品定位以及市场策略，众多名酒企业不惜笔墨、纷纷讲述历史和传统的时候，洋河却"放弃"500年酿酒史不谈，反其道而行之，扛起了现代白酒创新大旗！推出洋河无忌白酒，作为洋河储君酒、太子酒的洋河无忌战略性进入微商渠道，洋河无忌不仅仅是通过"无忌"在微商渠道再一次地实现洋河的"蓝色经典"，更是要通过"无忌"推动白酒行业的革命式变革。

洋河无忌战略规划之路

——另辟蹊径，用实力让情怀落地

我们的品牌规划之路是"用实力让情怀落地"。洋河开启了中国白酒的第一次变革，提起健康白酒，人们很容易想到绵柔的洋河，自2003年的蓝色经典系列绵柔型白酒开始，洋河一直就是健康白酒的"领头羊"。2014年推出的微分子更是成为当下消费者心目中健康酒的代名词。洋河，以消费者主导的白酒行业领头羊，将再次为消费者推出具有时代意义的产品。为了实现这一目标，我们首先需要解决的是洋河储君酒到底是一款什么酒，定性、定类的方向在哪里？这款酒能为消费者带来什么好处，解决的最大痛点在哪里？我们如何向消费者传达我们的与众不同，如何让消费者更好地接受，通过什么样的传播形式能够快速占领消费者市场？

实力源于企业支持

为了实现情怀的落地，此次进军微商，洋河股份成立技术研发团队，历经五年时间研发出新款酒——微分子酒。"微分子酒"是洋河独创的拥有健康品质的白酒，洋河股份推出微分子酒的目标是打造全新的白酒品类，使之成为继"蓝色经典系列"后，公司又一个新的主导品牌，是企业发展的关键性战略产品，它是白酒的未来趋势，也是洋河的储君酒、太子酒。微分子酒将"绵柔"重新定义，微量元素多、分子小、口感好、不上头、更绵柔、更健康，满足新时代的新需求。这是一款高科技的酒，一款促进身体健康的酒，一款口感好不上头的白酒，一款你喝了无负担的酒，一款为颠覆传统白酒行业而生的酒！洋河无忌的问世，必将在行业内掀起大风潮，洋河无忌即将在微商渠道疯狂崛起！

洋河新品牌定位 —— **一款健康的白酒，非保健酒**

洋河"微分子酒"，它是一款健康的白酒，那它是不是又是一种市场上天天说的保健酒，像椰岛鹿龟酒那样呢？并不是这样，微分子酒是因为它的酿造工艺，实现微分子先天具有的保健功效，但我们不是想让它在消费者认知中是一款保健酒。根据我们前期对市场的调查，保健酒行业近乎饱和，市场格局趋于稳定。让洋河新品牌的入口越来越小、走向窄胡同不是我们打造品牌的方向。

其次，消费者对酒的需求有新的方向，但没有向"保健"偏移。调查数据显示，当被问及"您经常在哪种场合饮用保健酒？"，在一万份调查问卷中发现，64%的受访者选择家庭佐餐。相关调研公司的数据显示，高端白酒需求构成中，政务以及商务消费达到80%以上，个人家庭消费只占18%。所以，在品牌规划上以及产品定位上，我们不能跨到"保健"做小（虽然现阶段，保健酒的市场还是很火），我们仍然认定洋河微分子酒是对白酒行业变革的引领，它是为掀起白酒行业的新浪潮而生。

【一款产品的定位对于一个品牌的建立与发展是非常重要的，就像当年王老吉没有做成解渴的凉茶，而是防上火的凉茶。】

洋河新品牌策略打法 —— 聚焦·深耕·精耕

在洋河微商品牌建设方向上，微分子酒就做白酒行业的引领者，在策略上，明确阵地，聚焦资源，深耕微商渠道，精耕推广，扩大市场。

微分子酒是白酒行业的引领者，我们的阵地还是在白酒行业，那么我们如何在白酒这片红海市场进行突围呢？首先我们需要认清以下两点：

一是微分子酒是因需求而诞生，是有广泛的受众，但是"曲高和寡"，一时无法在市场占领高地；

二是消费者需要健康地饮酒，但是消费者不在意你的科技或是"微分子"概念，他们在意的是在喝酒时不会让他不舒服，在喝的过程中，可以无忌惮地畅饮，喝酒后不上头，不要担心后面的各种"窘态"，更重要的是第二天的工作可以正常。

那么，作为白酒中的"黑科技"微分子，如何能快速被消费者认知和理解？就像当年"电话"转向"手机"，"用胶卷的电影"转向"电视"，一件变革的物品如何让消费者快速地接受？这是我们面临的难题。洋河从传统的"浓香型"白酒跨出一步，开创"绵柔型"品类，现在的这款微分子酒，就是当年的"洋河蓝色经典系列"的下一代。我们并不是打造一个全新的品类，我们只是在洋河绵柔型白酒的基础上再向前进半步就可以了，多一分创新会过火，少一分前进少火候，所以半步的前进是最好的。

满足新时代的新需求，洋河微分子酒只是在洋河的"绵柔"基础上进行重新阐释与升级，因为微分子酒中的微分子，既能实现洋河的绵柔，又更加适应当下的新需求——

多：微量成分多

洋河微分子酒含有数量众多的微量成分，让酒的味感更复合，口感更绵柔，具有"40度的口感，30度的酒度，20度的后果，十分的绵柔，百分百的满意"的体验特点，好喝不易醉。

快：醒酒快

微分子酒中含有大量的小分子物质，所以，代谢快、醒酒快，轻松畅饮不伤身。

好：身体好

洋河微分子，更绵柔、更健康。它含有丰富的健康因子，尤以核苷类似物更为突出，含量足足是其他白酒的100倍以上，在保肝护肝、抗衰老、抗氧化等方面都有独特效果。

省：更省心

更绵柔、更健康的洋河微分子，让你省心，让爱你的人更省心。

微分子酒，解决了年轻人对浓香型白酒的不适应，解决了想与至亲、至交、至敬畅饮不易醉，解决酒后不舒服、头痛的忌惮，解决在喝酒时担心第二天上班的种种不适。微分子酒是在老一代绵柔酒的基础上研发出的新一代绵柔白酒，即轻绵柔型白酒。相对于市面上的传统绵柔型白酒，更绵柔、更健康、更新潮，在白酒中达到了更高境界。酒度低、口感度高的独特体验，在行业中独树一帜，独领风骚。

洋河无忌酒定位 —— **轻绵柔白酒**

轻绵柔之"轻",它是一款"轻度的白酒""轻松的白酒""年轻人的白酒",它所对应的是微分子(小分子、微量)的技术概念,对应目标群体轻松痛快的喝酒体验,对应不同以往传统绵柔的独特创新,对应未来白酒健康化的趋势。

轻绵柔之"轻",在于它的"味轻",入口柔、刺激小,在味觉上不会排斥,而是更喜欢;在于它给你的"负担轻",你喝酒后的各种担心会少很多,思想负担轻。

就像"啤酒的淡爽革命:风靡全球,年轻人越淡越要喝", 世界上最畅销的啤酒是百威淡啤。对于中国消费者而言,百威啤酒(Budweiser)无疑是被更多人所熟知的,然而它却不是全球品牌价值最高的啤酒品牌。即使百威在过去一年收获了30%的品牌价值增长率,它还是输给了自己的"小弟"——百威淡啤。百威淡啤不仅高居榜单首位,而且其高达34%的品牌价值增长率也让其他品牌望尘莫及。

轻绵柔的消费群体在哪儿?

那么我们这款轻绵柔的微分子酒的消费群体在哪里呢?这群人是那种"白酒不可少,但负担不必多",是朋友眼中的"熟男",家里的"暖男",有质感的中青年男士。

他们的年龄是25-50岁,尤其是28-35岁,收入中上阶层,因自身或工作原因需要接触白酒,喝这种酒的男人懂得照顾自己和他人健康,照顾身边的女性和家人的感受,希望减轻负担。

这群人处于人生的转型时期(结婚、生子等),更成熟,更有责任心,做事情懂得分寸和限度。即使顶着压力,也要朝着人生巅峰逐步蓄力前进,对生活懂得了更多,也更加注重生活质感。

我们希望这款酒未来的走向是"引领年轻一代的白酒市场，满足他们的需求：健康不是为了少喝，而是为了多喝"。

核心策略是：为喝酒减负！

==当你在酒桌上，你的朋友问：兄弟，能喝二两吗？你可以微微一笑地回复，先来一瓶吧！==一种震撼全场、你是主角的感觉有没有？

当你在喝酒、与兄弟们畅饮时，以前老婆说"少喝点"，现在说，"今天大家都这么开心，这酒喝后无负担，多喝一杯"，你是不是开心多一分？

以前你与老爸喝酒，老妈不时在边上左叮咛右嘱咐地说，"少喝一点，喝酒伤身"，今天老妈说，孩子多陪你爸再喝一杯，这酒对身体好，是不是幸福满满？

广告语："有酒欢·无酒患"

"有酒欢"，一是这一款酒让你以前喝酒时的不开心一扫而光；二是在酒席上喝酒更加畅快，可以大口地喝，忌惮消除。

"无酒患"，一是这款酒让你酒后没有任何的隐患（头疼、没精神、第二天不能上班等），二是在席间喝酒，没有这款酒，那是你的悲剧。

所以这款酒的各种特质与场景演绎，都在讲这款酒，在你喝酒时不再顾忌，无须顾忌喝酒伤身（这酒对身体好），无须顾忌喝酒上头（喝此酒不上头），无须顾忌第二天上班（喝此酒醒酒快），无须顾忌酒席间的沉闷（你可以喝十杯），无限畅饮，无忌畅言。

产品定位

中篇 传统企业如何做好微商

那么如何在创意上体现"有酒欢·无酒患"？

画面构建上是这样的：

品牌主海报：突出产品的创新（多一点微分子酒质，微量元素多，微分子小。因为这些创新，所以解决喝白酒的痛点，不上头，醒酒快，喝后无忌惮）

产品的海报：

- 103 -

我们从三个应用场景上展现，我们喝酒的主要对象是：

和朋友喝酒（至交）

曾经总是少一杯怕伤身体，今天可以无限畅饮，

因为无忌酒，不伤肝胆，才能尽情相照

和长辈喝酒（至亲）

曾经你喝你的酒，我吃我的饭，今天这款酒我们无限畅饮，

因为交心交肺，无需交出心肺

和合作伙伴喝酒（至敬）

以前我们都担心酒后耽误正事，今天无限畅饮，

肺腑之言，发自无忌之时

洋河股份
YANGHE
跟父亲一直没有太多话讲，
这次要让他把心底的话掏干净。
"爸，你干了，我随意……"
洋河
無忌
NO ALARM
微分子·绵柔型
无忌无伤，那跟至亲喝一场？

洋河股份
YANGHE
以前总怕喝酒耽误工作，
今天我们喝完再聊工作。
無忌
NO ALARM
微分子·绵柔型
无忌无伤，那跟至敬喝一场？

4 模式设计

4.1 如何定义层级代理商的职责?

4.2 微商基础模式设计原理

4.3 微商模式顶层设计:平级、跨级、返利机制

4.4 深度剖析微商商城模式爆红的秘密

微商模式就像盖房子的设计图纸，图纸决定了房子的构架，决定这个楼能盖多高。模式是为了驱动人性设计的，让人有劲头往前冲。模式设计得好，团队才能稳。很多品牌商错误地认为代理团队不活跃是因为培训少了、技巧少了，那只是表层的东西，本质上是模式的利益驱动错了，利益在哪里，团队就会在哪里被驱动，这和销售管理团队的绩效考核是一个道理。微商模式常见的有四种：层级模式、社群模式、直营模式、商城模式。

（1）层级模式

主流微商均采用层级制，层级一般分 4-7 级，有董事（合伙人）、总代（官方）、一级代理、二级代理等等，名称或有不同。代理之间层层赚取批发差价，以及少量零售差价。层级模式的特点之一是裂变，人越多，裂变越快；特点之二是以量计价，以量决定层级。拿货越多，价格越低，层级越高，通过晋升制度，层级之间可以互相超越。

（2）社群模式

社群营销就是基于相同或相似的兴趣爱好，通过某种载体聚集人气，通过产品或服务满足群体需求而产生的商业形态。关于社群模式建设的条件，在本书的第 1 章已经详细讲过。

（3）直营模式

直营模式是 M2C（即生产厂家对消费者）模式，品牌商自己招募销售人员，在办公室利用社交工具进行销售，没有中间代理。该模式的壁垒不在于产品，而在于持续的流量获取和后期专业服务，对流量和产品的利润率要求高。目前微商中的直营微商都是以招商为核心而非销售产品。

（4）商城模式

目前大部分的微商商城模式都是基于微信公众号和 APP。一种是品牌商自己有产品（或者直接采购厂家产品），招募分销商，如云集微店、基于微信公号的卖货商家；另一种是品牌商做平台模式，寻找商家入驻，如萌店、有赞微小店等。

4.1 如何定义层级代理商的职责？

在中国企业中，传统经销商渠道管理最牛的公司是美的，互联网公司中做线下地推最牛的是阿里巴巴，传统制造领域管理最牛的公司是富士康，为什么这些公司成为中国顶尖企业？是因为完善的管理制度。经营是选择做正确的事情，管理是把事情做正确，管理始终是为经营服务的。

管理是一种分配，就是分配权利、责任和利益。但是需要特别强调的是，你在建设管理团队的时候，必须把权利、责任和利益等分，成为一个等边三角形。

很多微商团队在设计团队构架的时候，没有分配好权利、责任和利益，导致每个层级的代理不知道自己处在什么位置，最后导致团队崩盘。在微商渠道的体系内，我们把微商代理分为三个层级：卖货（零售层）、团队（批发层）、领袖（管理层），每个层级的责任不同，他们获得的利益也不同。

将微商渠道和传统经销商渠道进行对比（见图 4.1），可知对应层级及分工：

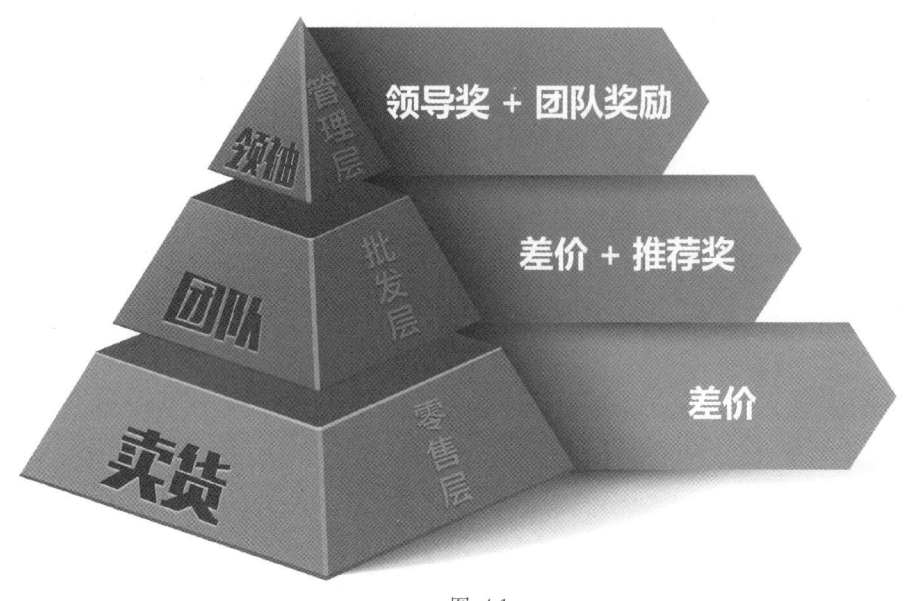

图 4.1

管理层 = 全国代理

这个层级的代理有钱、有资源、具备囤货能力，他们花钱买的是产品的独家经销权、产品的最低进价，他们把代理权卖给省级代理商，他们负责找更多的资源，他们赚钱的主要来源是销售业绩的返点，而非卖货和批发。

批发层 = 市级经销商

这层是市级代理，他们有闲钱，想找好项目，投资金额有限，主要是把产品往区县和小店铺货，赚的是批发走量的利润，他们负责寻找更多的零售渠道，同时提高渠道的成活率。

零售层 = 终端小店老板

他们直接面向消费者，是整个层级中最辛苦的，赚的是销售的辛苦钱，不仅需要卖货，还需要做售后服务，所以在设计结构的时候，他们应该赚更多的钱。

千万不要小看这样的团队职责的分工，零售行业最怕的是代理商乱价，如果代理商出现大规模的乱价，品牌很容易死亡，微商更是如此，所以如何控制好价盘是每个微商品牌必须面对的问题。过去传统经销的人数有限，而且有很明显的区域性，信息相对不透明，但是微商代理在全国都可以售卖，一旦某个层级出问题了，整个价盘就是崩塌，代理出现大面积退货和换货。

2017年5月下旬爆发的摩能国际代理退货事件，本质上就是管理层大面积低价出货，导致批发层代理退货，最后零售层的代理也不干了。举个例子，如果公司产品售价128元，零售层88元，批发层68元，管理层48元，管理层大量压货，为了清库存58元甩货，后面批发层和零售层就完蛋了，最后的结果就是团队崩盘。关于摩能国际微商红利期大量压货最后导致团队集体退货的事件，摩能国际随即又推出了棒女郎2.0的政策，在下一章的招商策划中，我会详细给大家讲解。

传统企业想转型做微商，不仅要清楚层级代理的职责，设计好代理的利润分配，明确层级中的利益驱动在哪里，而且要做好代理商的价盘控制，明确公司的最低控价底线是多少。对低于这个价盘线的经销商，必须要严厉打击。

4.2 微商基础模式设计原理

微商价格设计中有四个关键因素需要考虑：代理名称、层级价格、代理商拿货门槛、升级门槛。

4.2.1 代理名称

微商刚出来的时候，代理的名称通常是一级、二级、三级、总代、钻石、会员、黄金、省级、经销商、销售经理等，引用的名称来源于传统经销渠道、直销体系、销售团队。在微商发展的过程中，我们发现刚进入微商渠道的人主要是来自三四线城市的宝妈、大学生、兼职的白领，他们特别在意自己代理的名称。我注意了一下很多微商品牌的代理商来参加微商团线下的活动、做自我介绍的时候，特别强调我是××品牌的总代、合伙人等，名称听起来牛的品牌商很占优势。因为每个品牌内部的代理商名称都不一样，当我发现这个有意思的现象之后，我们团队在服务品牌商的时候，会根据品牌商的情况，给他们定制一批适合他们渠道的代理名称，比如针对微商渠道的人群，我们起的代理名称通常是：总裁、联合创始人、资本合伙人、董事、城市 CEO、总代、大区代理等，可能总代就是我们体系中最低级的代理，但是不了解体系的人就会觉得很牛。

4.2.2 层级价格

表 4.1 是微商制定价格体系的精髓。在价格体系中有两个方面是轻易不能改动的，第一是代理名称，第二就是进货价，其他的代理门槛、奖励政策都可以根据运营的需求做调整。例如项目起盘阶段，为了快速招到代理，通常会有一些促销政策，如半价做代理、一折做代理、一元做代理等。

表 4.1　代理价格体系设计模型

级别	价格比例	门槛（元）	首次拿货量人数差比	X月活动门槛	晋级门槛	奖励	奖励设置原则
资本（隐藏）		60万左右		策略：高门槛低入口 半价招XX 一折招XX 一箱招XX 一元招XX	一次性拿货连续完成业绩招募代理	领导奖+返利	领导奖：零售价的2%–3% 返利：20%–25%（返利/最高级别拿货价=20%–25%）
联创	10%	30万左右	3–6人			返利	
总代	15%	10万–15万	5–8人			推荐奖	一般为上级差价的一半
一级	15%	1万–2万	6–12人			推荐奖	
二级	20%	3000–7000					
特约	40%	500–1000	打包/疗程				
零售		300以下					

在上一节中，我给大家详细讲解了代理商的职责，因此在设计代理价格的时候，我们就要遵循这样的逻辑定价，可能表4.1价格比例栏中的40%、20%、15%等大家没有看懂，接下来我通过一个例子给大家讲解一下定价逻辑。

> 举例：某产品的零售价为198元/盒，公司最低的供货价为48元，设计5个层级的代理，各级代理的拿货价是多少？

解：先计算出顶层的返利，顶层设计的返利为一般零售价的5%-15%，这套计算方法只适用于那些定价在500元以下的产品。我们拿出10%做顶层返利，返利=198×10%=19.8元，以20元计算，我们能给出最高级别的供货价，即为68元。

已知联创最低拿货价68元。

层级总差价=198-68=130（元），先用130×10%=13（元）

总代的出货价=68+13=81（元）

一级的价格=81+130×15%=100.5（元）

二级代理=100.5+130×15%=120（元）

特约代理=120+130×20%=146（元）

我们重新把价格列出来：联创68元，总代81元，一级100元，二级120元，特约146元，这些数字是科学计算出的数字，但是这些数字不符合消费者的价格系统。要让数字看起来、读起来都很顺，通常6、8、9的数字是大家习惯的数字，在科学计算的基础上做微调，以数字8、9为例，联创68元、总代79元、一级99元、二级119元、特约148元，他们之间的价差即为11元、20元、20元、29元、50元，层级间差价逐渐拉大，在这套价格模型中，通常我们会把特约定作团购层，根据产品的属性，设计让消费者一次性购买一个疗程，鼓励消费者按疗程购买，即可享受7.5折优惠。

这套定价逻辑是我们根据微商渠道产品的属性制定的。当然关于定价的逻辑有很多，传统渠道的定价也是按照零售价的折扣做的，如 7.5 折、6 折、5.5 折、4 折等。

4.2.3 代理拿货门槛

微商代理货物的分配制度和传统经销商的制度是一样的，比如品牌商出货 6 万盒，品牌商找到 10 个联创，每个人 6000 盒，每个联创把 6000 盒分发给 10 个总代，每人 600 盒，每个总代再把 600 盒货分发给 10 个一级代理，每人 60 盒，一级分发给特约，特约分发给终端消费者。

通过以上描述，你会发现微商商品的流动属于金字塔形的分发式，每个层级之间有差比，一个联创要把货分发下去，需要找到几个总代，总代要把货分发出去，需要几个一级经销商，以此类推。

以五个层级的代理为例：

特约层级定义为团购层或会员层，我们会根据产品的属性，按照疗程设计拿货价格。一般设置为 500—1000 元，500 元是一个非常重要的消费价格带，如果低于 500 元，购买者通常不会觉得自己是代理，忠诚度通常很低，500 元以上的代理往上升级的概率会大得多。

特约代理的拿货量就是这个金字塔的底层基数，有了这个基数，其他层级按照人数的差比来算就可以了。但是遵循一个原则：从下往上人数的差比依次减少，人数差比的范围：零售层的人数差比为 6-12 人，批发层的差比为 5-8 人，管理层的差比为 3-6 人。

有了这个人数的差比，你就可以倒推你的其他层级的拿货量。根据服务微商行业的经验，特约价格 500-1000 元，二级代理价格 3000-7000 元，一级代理 10000—30000 元，总代 5 万—10 万元，联创 15 万—30 万元，顶级代理可以扩展到 100 万元。在这个体系中最重要的是要保证零售层和批发层的稳定，如果做直营微商，1 万元左右的代理级别是黄金价位。今天互联网金融很发达，如果想创业，通过蚂蚁借呗、京东白条、微信等很容易申请到资金；价位 3 万元以上的很难招募，5000 元以下的代理级别，如果成交率低，流量成本很难覆盖。

4.2.4 升级门槛

微商代理升级门槛常见的有三种：

（1）一次性拿货升级

（2）推荐一个同级别的人升级

（3）连续完成业绩考核升级

很多品牌商在设计升级门槛时，是凭感觉来的。选择这三种模式升级的时候，升级层级的上级代理的利益是否得到保证，很多品牌商对此没有计算。在微商团队我们经常看到这样的现象，金字塔顶端的人永远不愿意让下个层级的代理爬上来，比如联创 A 和总代 B 之间原本有 15 元的差价，一旦总代 B 升级为联创 B，联创 A 就没有利益了，所以联创 A 特别不愿意让总代 B 升级为联创，这就会出现顶层就那么几个人，厉害的人没办法上来，最后导致有能力的代理离开去了别的团队。

关于如何让顶层代理愿意帮助品牌商培养团队，让团队拧成一股绳，我会在下一节微商模式的顶层设计中，给你们详细讲解。

4.3 微商模式顶层设计：平级、跨级、返利机制

微商模式与传统经销商模式最大的区别是裂变。传统经销商体系更多是按照区域卖代理权的，做的大多是区域性的生意，全国有2853个县区，所以招募的渠道数量是有限的。微商模式没有区域限制，一个品牌商通过招商，很有可能招募到几万个代理商，渠道的铺设速度是传统经销商的很多倍。微商模式的裂变核心：平级推荐奖励、跨级推荐奖励、销售业绩返点。

> 微商顶层设计遵循六大原则：
>
> （1）上下级关系绑定，利益绑定。
>
> （2）鼓励升级，才能裂变。
>
> （3）鼓励同级、跨级推荐，实现横向裂变。
>
> （4）对于平级推荐，尽可能永久利益绑定；对于跨级推荐，建议一次性伯乐奖。
>
> （5）同级推荐的返利可以关联两级。
>
> （6）层级利润空间要足够驱动，特别是顶层的奖励大于顶层与下一层的差价。

> 举例：某品牌商有五个代理层级，分别为联创、总代、一级、二级、特约。

4.3.1 平级推荐

总代 A 下面有一个一级 B，要升级为总代 B，一旦升级为总代 B，总代 A 就拿不到进货的差价，但是升级为联创的拿货量太高，需要 20 万元，总代 A 拿不出 20 万元，他就把自己升级的总代 B 推荐给联创 C。为了鼓励总代 A 给联创 C 推荐更多有实力的总代，联创 C 愿意拿出一部分的差价，分给总代 A，作为培养费用。

（1）对于平级推荐建议永久关联，关联最好不要超过两级。虽然国家法律规定三级分销是合法的，但是微信官方还是在打击三级分销。

（2）总代以下（拿货量低于 1 万元）的代理级别就不要设计平级推荐，因为这些级别拿货量小，就算拿出推荐奖励，也不会出现裂变，如特约级别：5 盒 ×10 元 =50 元，再说如果代理觉得公司的项目是一个好项目，会选择一次性拿货升级，自己赚下级代理的差价而非拿推荐奖励。

（3）平级推荐的奖励大部分都是从上级的差价中拿出来的，这个比例很重要，给钱太多，上级不乐意，太少，推荐的代理不愿意，顶层代理的推荐奖励是公司给的返利。

4.3.2 跨级推荐

跨级推荐就是低级代理推荐更高级别的代理，我们为跨级推荐设置"一次性伯乐奖"，这个奖励模型是很多微商不常用的，因为这个模式用不好，就会发生团队内部争代理事件，自伤元气。

（1）在设计跨级推荐时，千万不要设计成很多级别都可以推荐，只能推荐公司直属级别的代理，一次性伯乐奖的奖金是公司从顶层代理预留的返利中拿出来的。

（2）跨级推荐只适合一次性奖励，不适合永久关联。因为顶级代理首次升级的货款是没有返利的，再次补货就会有奖励；跨级永久关联，就会很容易出现拉人头的嫌疑。

4.3.3 返利机制

返利机制是刺激代理补货、冲业绩最好的政策，这和销售团队的阶梯式奖励一样，合理的返利机制能够激发代理的潜能，人都是为利益驱动的，用钱管理团队是最安全的。

在这些年的团队管理中，我最深的感受是：小圈子的维系靠关系，大圈子的维系靠利益；能够真正团结人的永远是利益和胜利，而非关系和情怀。

管理的本质是解决了三方面的效率问题：

（1）使劳动生产率最大化的手段是分工；

（2）使组织效率最大化的手段是专业化水平和等级制度的结合；

（3）使个人效率最大化的手段是创造组织环境，满足需求，挖掘潜力。

管理的作用是在管理人性中最丑陋的一面，从经济学的角度看人是自私和贪婪的；从行为学的角度看，人是懒惰的。这个自私、贪婪、懒惰的人，就是我们要管理的人，通过制度管理，通过利益驱动人，微商的返利机制只针对顶层代理，就是公司要直接管理的人，它和企业管理销售团队是一个道理，定目标、给激励、树榜样，激励为主，惩罚为辅。

返利机制的奖励方式分为两种：个人业绩奖励和团队业绩奖励。

顶层返利中经常出现一个问题，个人销售业绩奖励无法满足人性的不劳而获。顶层代理的驱动性不够，这里面就会有两个问题：

（1）如果我是联创 A，我下面的总代 B 升级为联创 B，如果他的业绩跟我没有关系了，那我不愿意让他升级，更不愿意培养他；

（2）如果销售业绩的返利机制是阶梯式，如完成 500 盒每盒返利 3 元，700 盒返利 5 元，1000 盒 7 元……如果只是个人业绩，顶层代理很少愿意月底补货冲业绩，代理如果没有适当地囤货，其实是不利于销售和管理的。

在设计顶层的阶梯式返利机制的时候，我的建议是用团队业绩做奖励，做关联一级的业绩，例如：联创 A- 联创 B- 联创 C- 联创 D，他们都是顶级代理，都是从公司拿货，计算奖金的时候联创 A 的业绩 = 联创 A 自己的业绩 + 联创 B 的业绩，以此类推，关联级别太多，容易出现多级返利的情况，可能有涉嫌传销的风险。同时还有一个细节需要注意，就是联创和总代之间的差价不宜过大，顶层的返利钱一定要大于他们之间的差价，如果比差价小，联创就不会鼓励总代升级为联创。顶层返利中，合理的差价和科学的团队业绩奖励是让团队更新换代的关键。

20 年带领销售团队的经验，告诉我一个常识：只要晋升制度科学，长江后浪推前浪，后来的销售人员一定比老人干得更厉害。

4.4 深度剖析微商商城模式爆红的秘密

2017年5月下旬，摩能国际遭到自媒体的围剿，微商的商城模式又开始新一轮洗刷朋友圈。分销商城（平台）模式的微商早已经不新鲜，前有云在指尖、思埠的云微商、精品速购、韩束的嗨云商城、云集微店、萌店、有赞微小店等，商城模式再次吸引大家眼球的是来自朋友圈的一篇文章《腾讯报道：云集微店被浙江工商局罚958万，究竟是微商还是传销？》，紧接着"环球捕手"、中脉的"脉宝云"、德家的"7mall商城"等商城进入大众视野。值得大家关注的是每年的6-8月商城模式的微商都会死灰复燃，这里面有两个关键点：学生放暑假和传统生意的淡季，传销实力发展的黄金时间，今年山东大学生"李文星误入传销自杀事件"，传销再次被大家提及，国家开启了一系列打击传销的行动，同时微信官方也选择了一刀切的政策，云集微店、环球捕手的微信公众号无一幸免。本节我就以"环球捕手"为例，给大家深度剖析微商商城模式为什么会一夜爆红。

环球捕手到底"牛"在哪里？

作为一个负责的营销人，作为一个创业者，当然会留意市场上的风吹草动，市场上只要有新兴的事物出来，必然会引起创业者、自媒体人的关注和评论。

那么环球捕手到底是因为做得好、被别人眼红所以引来流言蜚语，还是真的有问题？

我个人的感觉是：都有！

对于环球捕手背后的投资家是否是真的、是否属于忽悠我不评论，因为市面上的观点都是聚焦在这方面，对此没有继续分析的必要，并且最终是怎么样的，只有时间才能证明。所以作为创业者、营销人，我们到底应该关注的点是哪些呢？我觉得应该是分析背后的人性、此事带给我们的帮助以及警示。

那么环球捕手为什么会火起来？我觉得有以下五点，并且这五点都是商城模式的微商快速发展起来的潜规则。

（1）高势能，微商好这口
（2）产品无差异，模式为王
（3）洞悉人性，减少拉人头的"罪恶感"
（4）拉人头分销模式，微商大佬好这口
（5）代理转换周期短，发展迅速

下面是环球捕手的模式和利益分配机制，代理分为三个等级：

分享达人

申请条件	支付 299 元技术服务费，即可成为永久的分享达人
分享达人的 5 大权益	注册即可获得 30056 优惠券或者大礼包一份 **自购省钱**：自己购物获得返利，平均为 16% **销售收益**：分享销售商品获得佣金，平均为 16% **管理收益**：可获直属分享达人佣金收益的 25% **培训收益**：推荐直属分享达人，获得培训费用 100 元

经理

经理晋升条件	招 20 个直属分享达人 包含直属，团队总分享达人达到 60 人
经理的 4 大权益	**自购省钱**：自己购物获得返利，平均为 16% **销售收益**：分享销售商品获得佣金，平均为 16% **管理收益**：获直属团队直属分享达人佣金收益的 25% 　　　　　　获直属团队所有分享达人佣金收益的 20% 　　　　　　获直接育成经理管理奖金收益的 30% **培训收益**：自己邀请直属分享达人，获 200 元 　　　　　　直属团队新增分享达人，获 100 元 　　　　　　直接育成经理团队新增分享达人，获 15 元

总监

总监晋升条件	总团队（包含育成经理）分享达人达到 1000 人 育成经理 2 人及以上
总监的 4 大权益	**自购省钱**：自己购物获得返利，平均为 16% **销售收益**：分享销售商品获得佣金平均为 16% **管理收益**：获直属团队直属分享达人佣金收益的 25% 　　　　　　获直属团队所有分享达人佣金收益的 20% 　　　　　　获直属团队所有经理管理奖金收益的 30% 　　　　　　获直接育成总监管理奖金收益的 30% **培训收益**：自己邀请直属分享达人，获 250 元 　　　　　　直属团队新增分享达人，获 150 元 　　　　　　直属所有经理团队新增分享达人，获 50 元 　　　　　　直接育成总监团队新增分享达人，获 10 元

4.4.1 高势能，微商好这口

环球捕手号称是雷军、徐小平投资的，这些大名鼎鼎的大佬作为背书，制造一个超高的势能，消除大家的顾虑，人们会想"这么牛的人的项目，不会有什么问题的"。

"明星代言"、"演唱会"、"年会"、"网红"等，这些都是微商惯用的造势的工具，并且浮躁的微商人就喜欢选择有以上因素的产品来代理。

这是环球捕手火的第一个原因，消除顾虑，吸引围观群众。

4.4.2 产品无差异，模式为王

因为环球捕手销售的是市面上原有的品牌产品，所以大家判断这个项目的时候，基本上就不用像代理其他产品一样去考察产品一系列的资质，只要模式好，就直接投入。

如果有一个平台类似于淘宝商城，销售的都是市面上的同样的产品，然后这个平台的会员费是500元，只要成为会员，就能享受消费金额全返，那么这个项目肯定会更火。因为产品同质化，所以看模式的吸引力，模式越吸引人，参加的人就肯定越多。

4.4.3 洞悉人性，减少拉人头的"罪恶感"

激起一个人欲望的前提是暴利的返利。只要有减轻"罪恶感"的话术，就将引爆一个人肆无忌惮的拉人模式。

因为产品是同质化的，所以在参与者的大脑中，肯定会存在"人人都需要购物，在哪里买不是买，并且还比市面上的便宜"的想法，所以即使他分享出去，他也认为他拉你进来，并没有忽悠的，因为这是人人都需要的，他并没有做出欺骗别人的事情。

4.4.4　拉人头分销模式，微商大佬好这口

微商今年不景气，因为靠模式赚钱的微商慢慢地进入停滞状态，回归到零售上。他们的收入也下降，他们什么都没有，只有人脉。所以，只需分享出去，对方成为会员后就有提成，这钱来得多快啊，因此微商大佬是第一个行动的，传递到自己的团队里，快速变现。

只要微商大佬分享出去，一定是能赚钱的，所有靠模式发家致富的微商大佬们，没有任何顾虑，果断地分享出去。这种自上而下的模式，必然会快速发展，他们只需要说"在哪里买东西不是买东西，还能赚钱呢，并且还送300元现金券（高于7倍金额才能用，也就是2100元），只需分享给自己的3个朋友就能回本了"。

小微商的意志是薄弱的，"赚钱欲望 + 被隐藏的罪恶感 = 疯狂"。

但是大家有没有发现，如果我单纯地问你：

"花299元成为会员，你以后买东西能便宜点，但是你只有消费满2100元，才能把这300元完全用出去，也就是说，你想把钱用完，必须再消费1800元"。

这时候绝大多数的人不会去成为会员，只有想成为分销商、拉人赚钱的才会去成为会员。而成为会员的那一批人根本不是想去消费的人，只想拉人，陷入这样的死循环。因为金钱数量是恒定的，有人赚钱，必然会有人做替死鬼。

我相信并且坚信，你现在进入，你一定会把会员费赚回来，但是你拉的人能不能赚呢？如果能赚，他拉的人呢？必然会有更庞大的人群为你买单。赚的钱是通过别人的会费买单，那么必然会出现一大批的买单者，并且随着赚钱的人多了，买单的人会越来越多。（钱是守恒的，一方赚得越多，另一方亏得越多）

这钱确实好赚，但你愿意成为那个帮人制造谎言、让人入局的编织者吗？当然，有很多人是愿意的，因为能赚钱嘛。核心在于成为会员的至少90%不是想成为消费者，因为金钱是守恒的，必然会有人因为拉不到人而成为买单者，并且数量会比赚钱的人多得多。

金字塔顶端的人可能需要 1000、500、200 人的会费为他买单。

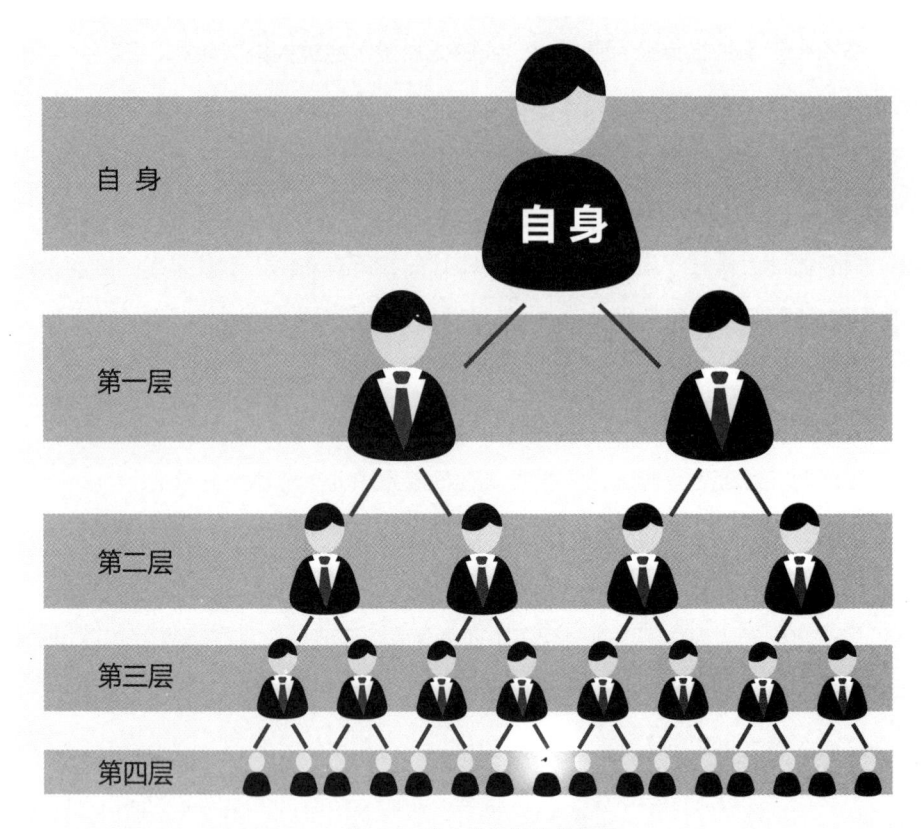

图 4.2 以自身为基础的伞图

就凭这一点，这个模式一定会在发展到一定规模的时候取消，剩下的就是买单者，然后慢慢将所有会员转化成客户或者资金链断裂，弄得一地鸡毛。

4.4.5 代理转换周期短，发展迅速

一般微商的代理流程与环球捕手的代理流程看似相同，均为：教育—成交（使用）—好评—代理。但是两者的代理转换周期却完全不同。

微商

教育—成交（使用）阶段：这个产品是否真的有用？需要较长的教育阶段，并且信任难以建立，转化率低，所以这里的时间至少需要一个月；

成交（使用）—好评阶段：这里的时间跨度因产品而异，因人而异，转化率也会受到影响；

好评—代理阶段：也需要一定的时间。

这个周期很长，可能需要 3 个月，甚至更长，这个过程中需要考虑的因素太多了。

环球捕手

教育—成交（使用）阶段：因为产品是市面上能买到的，所以根本不需要太多的教育；

成交（使用）—好评阶段：产品同质化，只能看价格，因为价格比市面上低，所以好评是高概率的；

好评—代理阶段：只是一念之间而已，不需要承担任何责任，既然是会员了，有这个特权为什么不做？

这个周期很短，可能就只有一星期，并且有些人可以跳过某些流程，因为产品是市面上有的，并且便宜，产品卖点很容易被感受。

所以，我觉得这是它快速火起来的主要原因（云集其实也类似）。

以上 5 点是环球捕手快速成功的原因，也是快速死亡的原因。就像一把剑，越锋利，必然容易伤到自己。这个模式的设计其他行业较难复制，同质化产品＋更低的供应价格，让模式疯狂生长。

第一，如果环球捕手的产品是自营品牌，不可能出现这样的火爆局面。

第二，如果环球捕手不是拥有更低的价格，让人忘记自己在拉人头的"罪恶感"，不可能出现这个火爆局面。（大家可以想象，一个更低价的同质化产品，即使没有三级分销，也一样很受欢迎，但是 300 元的优惠券需要花 2100 元才能用掉，注定单纯的消费者会很少。）

不知道是否会被"打脸"地预测一下：
（1）很快，会取消或降低会费奖励制度；
（2）同时，优惠券的门槛会降低；
（3）如果 1、2 没发生，注定会有传销的嫌疑，被国家查处。

最后，他们将微商的优点集于一身（势能＋爆品＋分销模式），这个项目的操盘者赚钱能力很强，但营销能力很差。操盘微商修炼出来的能力是赚钱能力，根本不知道企业存在的意义。一个企业是由于解决一个社会问题而存在的，如果没有带来实在的利益，单纯依靠模式来赚钱，注定只会"火"一段时间，没有使命感的企业是不能长久的。

能做起一个项目并不"牛"，是否能持续发展才重要，而持续性发展的前提绝不会是模式，而是企业背后承担的社会责任带来的产品。（微商领域一下子做起的项目太多了，但是没有可持续性，死亡，有些微商发展很慢，但还活着。）

阿里巴巴的使命是"让天下没有难做的生意"，为商人解决问题。360 的使命是"保护互联网安全"，为网民解决问题；而你正在为社会解决什么问题？

有时候你赚钱的速度没别人快，可能仅仅是因为你更善良。

5 招商策划

5.1　如何做好微商项目？

5.2　微商招商中三种常见的招商策略实战分析

5.3　整盘系统打法是项目成功的关键

5.4　傻瓜式招商谈判策略

5.5　如何做好会赚钱的 OPP 营销？

从前有个农民，他有两个儿子。有一天他给了两个儿子每人一把锈了的柴刀，让他们去山上砍柴。一个儿子到了山上就开始干了起来，十分卖力；另一个儿子却跑到邻居家借来了磨刀石，开始磨刀，等到刀磨好了，他才上山。等到太阳下山的时候，两个人都回来了，先砍柴的儿子扛回了一小担柴，先磨刀的则扛回了一大担柴。父亲就问打柴多的儿子，你没有先上山，怎么砍的柴比先砍的多呢？他回答说：磨刀不误砍柴工啊，刀没磨快，怎么能很快地砍柴呢？这个故事就是说：准备好了工具，做事情才可以事半功倍。

"工欲善其事，必先利其器"，品牌商想做好招商，首先要准备好的就是招商工具包。准备招商工具就是磨刀的过程，只有把刀磨好了，才会在招商中无往不利。微商渠道准备的招商工具包就是传统线下渠道给代理准备的门店VI、宣传单页、门店外面的易拉宝等，招商工具包是为了使代理商更清晰地理解项目，便于代理商快速裂变。

5.1 如何做好微商项目？

招商物料主要由以下内容组成

招商文案	一篇项目 一篇个人 IP 一篇项目与个人 IP 的组合
招商 PPT	一套讲项目 一套讲产品
招商 H5	简洁地展示项目核心内容
招商海报	从各个方面展示项目优势
培训课程	文案培训体系 流量培训体系 团队培训体系等
转化话术	傻瓜式成交话术
活动政策	帮扶政策 裂变政策 升级政策等

5.1.1　会赚钱的招商 PPT 书写逻辑

招商 PPT 是根据项目的优势梳理文档，主要作用是方便代理商做线下会议讲解，使招商文件标准化。招商 PPT 的核心点是：让听众觉得这是一个赚钱的好项目，给别人一个此刻要加入项目的理由。

会赚钱的招商 PPT 由三部分组成：一套项目介绍、一套产品介绍、一套创始人介绍。

对于产品介绍和项目介绍大家都容易理解，为什么要做创始人的介绍？因为在社交渠道推广一个新品牌，推人比推品牌更容易。微商渠道更多的是在和人发生关系，个人品牌会更容易被人记住，就像罗永浩刚创办锤子科技的时候，更多是用个人 IP 帮助企业传递品牌形象，小米的雷军、格力的董明珠、万达的王健林、阿里巴巴的马云等都是靠这样的方式做互联网时代的品牌传播。品牌是冰冷的，人是鲜活的，消费者和代理商更愿意与人打交道。

我们的服务团队的项目经理在帮助企业书写招商 PPT 的时候，是有一个无敌成交的套路，这些套路在乔布斯的苹果发布会、马云的演讲、线下会议营销等被发挥得淋漓尽致，销售型演讲的大部分套路是来自一本经典的麦肯锡工具书《金字塔原理》，S（情景）—C（冲突）—Q（问题）—A（解决方案）的讲故事结构化思维逻辑。如果你对销售演讲有兴趣，推荐两本演讲的工具书《金字塔原理》《乔布斯的魔力演讲》。

（1）在撰写 PPT 的时候，我们通常从五个维度寻找材料，去支撑整个销售型演讲的逻辑

▲ 旗帜乳业招商 PPT 　　　　　　　　▲ 汪仔饭招商 PPT

①市场篇：我为什么要选择做你的品类而非其他微商品类？

　　核心要点：市场空白、产品市场大、目标人群精准、消费者无需教育、复购率高等。

②产品篇：我为什么要选择做你的品牌而非你的竞品品牌？

　　核心要点：品牌实力强、产品的优势多、产品的功效灵、产品的包装酷等。

▲ 宝掌堂招商 PPT 　　　　　　　　▲ 酒仙网招商 PPT

③资源篇：我为什么要跟着你干而不是其他团队？

核心要点：市场成熟等收割、公司的操盘团队强、工厂供应链强、帮扶政策好（明星代言、引流机制、线下培训会）、与优秀的微商咨询团队合作（郭司令微商咨询团队）、微商团队管理系统（卖帮帮）等。

④模式篇：我跟着你如何赚钱？如何轻松赚大钱？

核心要点：模式简单公平、投入小、赚钱容易、零门槛、低风险、高回报、满足人性的不劳而获等。

⑤行动篇：我为什么要此刻加入这个项目？

核心要点：限时特惠，如20万元的代理权限时2万元、加入有福利，如拿货送旅游、给客户无法拒绝的理由。关于特惠政策，在下面的OPP招商会中，我详细给大家讲解。

（2）销售型演讲推动成交五步骤

① 解除抗拒点（我和你一样，没加入项目之前，我也曾有过这样的顾虑）
② 找到痛点（客户的恐惧点、不做的痛苦和后果）
③ 放大痛点（伤口撒盐，放大恐惧）
④ 推动成交（给出解决方案＋特价限时推动）
⑤ 安抚客户（你的选择是无比正确的）

5.1.2　一篇招募 1000 个代理招商热文的撰写实录

招商文案是什么？是网络推广的销售信或广告单页网站，也就是线下招商手册的线上版本，文字要生动活泼，也可以理解为把招商 PPT 要讲解的内容通过文章的形式写出来，通过百度广告、微博粉丝通、公众账号派单、今日头条广告等，展示在目标客户面前。

一封优秀的销售信通常有三部分：企业老板或者操盘手个人介绍、产品塑造、项目利益点塑造。向大家推荐一篇 2017 年上半年在微商朋友圈火爆的招商长文模板，打开微信，搜一搜"你还天天挤公交车，他们一个月就赚辆车，不看又穷一年！"的文章。

想了解更多微商销售信的模板，比如洋河无忌、旗帜奶粉、湘雅采草人、酒仙网等招商销售信，可以添加微信：**7337456**，暗号：**郭司令微商力读者**。找作者郭俊峰的助理免费索取。

▲ 酒仙网招商长文

a.一篇有力的微商招商销售信，撰写的时候要注意三个要点：深挖客户痛点、勾起客户的兴趣点、解除客户的抗拒点。

（1）深挖客户痛点
　　① 产品的品类势能已死（比如面膜）。
　　② 团队流失，代理被挖走，招代理难。
　　③ 缺乏完善的培训体系。
　　④ 产品质量差，包装LOW。
　　⑤ 公司给予代理的支持不足。

（2）勾起客户的兴趣点
　　① 微商爆品，大品牌做背书（如洋河无忌微分子、旗帜奶粉）。
　　② 模式独特（如合赢模式、帮扶政策）。
　　③ 公司扶持政策（如送代理、管培训、奖励等）。

（3）解除客户的抗拒点
　　① 产品是否会火，是否要大量囤货。
　　② 操盘团队的实力，运营能力强。
　　③ 小品牌、新品牌缺乏信任状。
　　④ 代理门槛高，风险高。
　　⑤ 扶持政策：流量、培训、推广。
　　⑥ 供应链和产品的把控能力。

b. 销售内容写好之后，优化文案的打开率是少不了的技术活，社交网络中信息是碎片化的，如何在信息流中，3秒钟吸引到客户？如何提高推广文案的打开率和二次传播率？

影响推广文案打开率和传播率的是：标题、文章排版、内容。

（1）标题关键词

① 与情绪有关：揭秘，爆料，震惊等。

② 与钱有关：红包，赚钱等。

③ 数字类：日赚1万，12个技巧。

④ 实用性和收藏性：必看，如何，怎么样，必备等。

⑤ 和名人、名企、热门等关联。

（2）文案传播的三要素

① "标题"影响文章的打开率。

② "版式和内容"影响阅读量。

③ "价值和共鸣感"影响关注率和转发量。

▲ 洋河无忌招商长文

5.1.3 如何利用朋友圈优势做好 H5 传播？

5.1.3.1 招商 H5：勾起，引起注意

招商 PPT 和长文是为了做线下招商会和朋友圈投放用。然而，如果要在朋友圈分享和传播，那么短时间内引导用户接收到有效信息更重要，招商 H5 不是整个项目和产品的详细介绍，吸引人来了解才是目的。

▲ 美又善晚安皂 H5　　　　　　　　　▲ 汪仔饭狗粮 H5

5.1.3.2　短文案 + 招商海报：攻心，信任状，日常教育，逐步转化

　　主要是持续曝光，推动成交，主要是在朋友圈使用，针对犹豫观望的那些人。对市场怀疑的，给他们看市场；对品牌怀疑的，给他们展示品牌实力；对培训怀疑的，给他们看团队的培训实力；对招商怀疑的，给他们看招商结果。调性统一，目的就是加强意向代理对品牌的辨识程度和认知程度。

　　招商前期，朋友圈短文案的核心作用：主打信任状。

（1）专家背书
（2）名人背书
（3）权威机构认证
（4）团队见证
（5）客户反馈见证
（6）活动和促销

硒博士招商海报 & 短文案 ▶

短文案：
减肥方法不对，不是反弹就是受罪！要么食欲丧失要么暴饮暴食？体重变轻或者身体出毛病？反弹再反弹反而比从前更重？别再瞎减了！试试放心瘦"瘦身减脂包"，特别添加硒，加速机体新陈代谢，助力脂肪燃烧，同时还能养肠护胃补元气，高效瘦身力减肥，健康变瘦！硒博士美乐茶联合创始人内招火热进行中，卡位时间X月X日-X月X日！

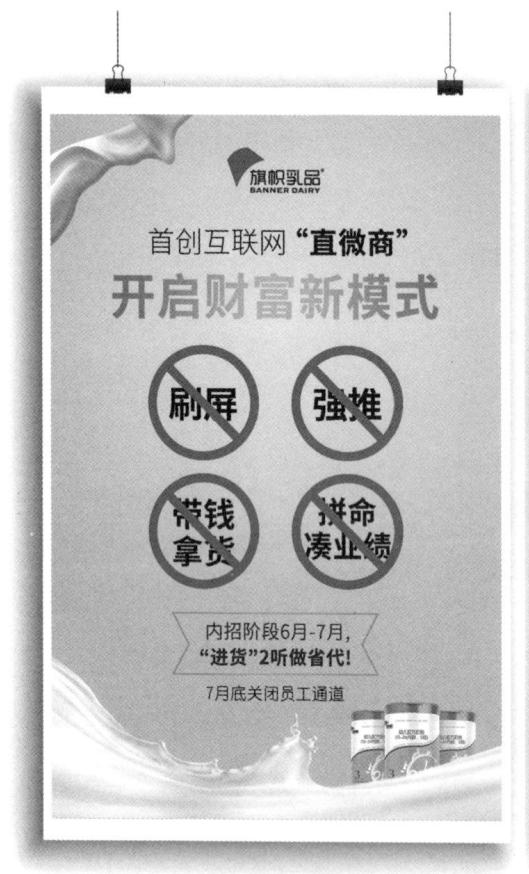

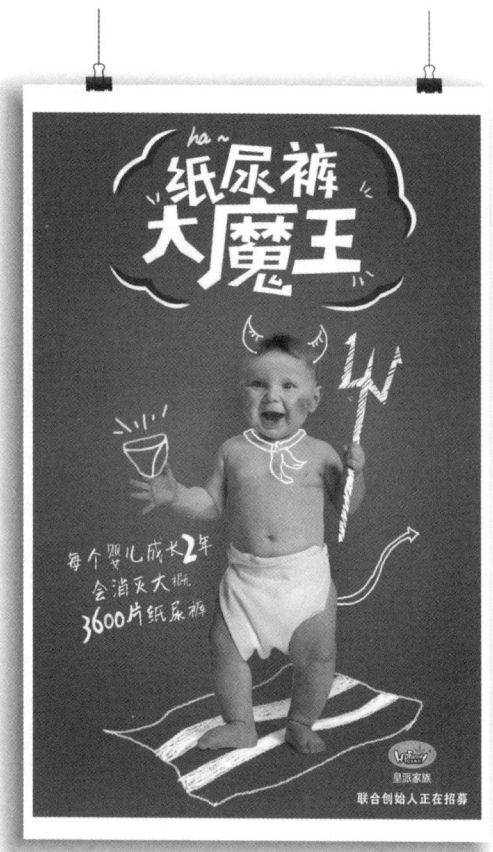

▲ 旗帜奶粉招商海报　　　　　　　　▲ 皇派家族纸尿裤招商海报

当然，招商前的工具包，不仅只有这些招商物料，而且还要做好招商成交的准备工作，比如代理商的前期培训课程（如朋友圈打造、文案培训体系、引流培训体系、团队培训体系等），销售团队转化话术（如傻瓜式成交话术），品牌招商前期的活动政策规划（如帮扶政策、裂变政策、升级政策等）。这些内容我在后续的章节中会一一讲到，大家要认真地读书，做好笔记。

5.2 微商招商中三种常见的招商策略实战分析

微商招商分为四阶段

项目起盘 ▶ 代理裂变 ▶ 深耕 ▶ 品牌化

项目起盘常见的三种打法：

（1）从顶层开始招募，自上而下的招募方法。

（2）从中间层开始招募，通过限时活动，让中间层通过推荐中间层代理升级到顶层。

（3）从底层开始招募，自下而上招商，逐层升级。

针对这三种方法，我通过三个微商项目的实战案例给大家做一个简单的解读，给模型，给方法论，给案例。每个项目起盘的时间点不同，企业的资源不同，没有对错之分。好的战略需要有好的战略执行力和辅助措施，才能发挥最大的价值。

5.2.1 湘雅采草人：
如何用低门槛策略快速招募顶层代理？

从顶层开始招募，自上而下的招募方法，适合具备以下特点的品牌商

（1）从高到低，逐级招募（先开口进人，然后筛选过滤）

（2）限名额，限时间（营造紧张氛围）

（3）特权，特惠（低门槛，招代理送代理）

特点：起盘快，适合招募种子代理，要求操盘手有驾驭能力

湘雅采草人代理模式

代理名称	价格	进货量	金额	首次招募
零 售	129元			
特 约	90元	20盒	1800元	
一 级	70元	300盒	21000元	
总 代	60元	600盒	36000元	
联 创	50元	2000盒	100000元	3000元保证金
资本合伙人（隐藏）	40元	7000盒	280000元	1万元保证金

※ 注：价格非真实代理价格

以湘雅采草人为例，他们起盘的时候把自己的代理分成几个级别：第一个是资本合伙人（图片中隐藏），第二个是联合创始人，第三个是总代，第四个级别是一级，第五个级别是特约，大概是这几个级别。在2013年、2014年微商招商的时候都是从基层往上招，比如说先招特约，然后鼓励大家升级做一级，然后再鼓励大家升级到总代、联合创始人、资本合伙人，一路走上去。但那个时候是因为草根特别容易招到，所以大家都在使用这样的策略。到了2015年下半年，特别是2016年的时候，这样的策略基本上走不通了，到2017年的时候，如果还使用这样的策略来起盘，就已经没戏了。

所以2016年我们发明了一个从上往下招的方式，也就是采草人、酒仙网都在用的一种方式。采草人最开始使用的策略是先招资本合伙人。招资本合伙人的时候，标价是非常高的，大概是一百万元，当时招了将近50个人，有人觉得这个项目还是不错的，就来做了。当然因为一百万元的门槛会过滤很多人，那么这个时候，方伟就把门槛调成一万块钱，你只要交一万块钱的保证金，就可以成为资本合伙人，这个时候大家觉得占了很大便宜，所以最终很容易就把招商的工作完成了。完成以后方伟就给大家开会，讲这个项目的具体内容、为什么要做湘雅制药的眼贴、上市公司的背景、投入的资源、投入的力量、实力等等，把这件事情给大家讲得特别清楚，让这些资本合伙人特别振奋，愿意跟着他们一起走下去。

第一轮结束之后，他们开始用身边的资源尽可能多地找到下一轮的人，也就是联合创始人。联合创始人的要求大概是30万元，但是如果你要进来做，因为当时货还没有生产出来，所以说交三千元保证金就可以了。大概一个月的时间他们总共发展了440个联合创始人，再加上资本合伙人，差不多500人左右，这是一个非常漂亮的开局。正好赶上十月一日，他们做了一个活动叫买五赠一，这个时候又进来了一些人。从这以后，再也没有"交三千元钱成为联合创始人"的优惠了，资本合伙人也不对外开放了，如果要进来，就只能是非常高的门槛。

这些人在运营一段时间以后，自然而然地总代和特约都到位了，所以整个七千人的盘子，经过几个月的努力就形成了。很多人就很好奇，说为什么要用这么低的门槛让大家进来呢。其实是这样的，因为你没有机会去跟一个陌生人讲很多废话、讲很多你的广告，只有让他交钱了，跟你有了联系，你才有机会跟他讲一讲、聊一聊。只有跟他深度地聊了之后，他才有机会认可你的项目、认可你的做法。

所以这种招商并不是说一定要收多少钱，招商是在招人而不是招钱，如果你能招到一群对的人，钱自然就来了。所以这是很多人不能走出来的误区，我们2016年、2017年一直在讲这样的做法，但很少有人能理解，其实，我们这样的做法是蛮成功的。同期起盘的还有姜茶君，后来的糖煲煲等等，他们的收效也不错，首月的回款也是几百万元，这是非常对的一种做法，学习从模仿开始。很多人觉得我们能提供的服务是一种模式，但并不是这样的。我们服务过很多的微商，见证过很多微商是怎样一路走过来的，有大量的经验可以教大家规避风险，少走弯路，能够增加大家成功的可能性，而不只是给大家设计一套模式。

5.2.2 棒女郎：
如何借助新产品实现老团队新盘子的迁移？

起盘方法：顶层代理从老团队迁移，通过打爆中间层招募的方法，这套招商打法适合具备以下特点的品牌商

（1）前期有一定的代理商基础，种子选手能力强
（2）中层升级到高层的门槛容易达到
（3）限时特惠，裂变升级
（4）分时段招商，以招人为核心

特点：起盘稳，团队裂变慢；
适合发展到一定规模的团队；速度慢

明星版棒女郎 2.0 政策

级别	价格	箱数	总价
执 董	40 元		
总 代	53 元	6 箱	19080 元
VIP	70 元	1 箱	4200 元
会 员	90 元	6 盒	540 元

升级为董事的条件：总代招募 13 个总代，可以升级为执行董事。

5.2.2.1 棒女郎打法的背景

过去两年中，棒女郎是 9 个代理层级，在微商流量便宜的时候，大量地投入广告资源，疯狂地囤货，大量的货物在中层的代理商手中，动销几乎没有，靠的是代理商自己使用，最后导致出现代理商大面积退货的现象。

（1）为了解决这样的问题，特推出明星版棒女郎 2.0 的产品，核心目的是解决代理商手中的货物，产生动销。

这套模式适合已经有微商团队的品牌，遇到了动销难、团队不活跃的情况，通过升级产品，推出新措施帮助代理出货，激活团队，这也是微商从疯狂地压货、单纯地用广告招代理，到重视运营的必经之路。

（2）棒女郎升级产品的 7 大卖点：明星代言，产品升级，功效升级，包装升级，福利升级，系统升级，利润升级。

（3）起盘打法：卡位中间层，老团队转移新盘子。

5.2.2.2 棒女郎的打法

A. 什么是卡位总代？

总代的正常价格是 19080 元，招募的时候实行卡位，你给公司交 800 元，公司给你预留一个总代的位置。总代级别的价格是 19080 元，你下面发展了 800 元的卡位总代，累计达到总代级别（19080 元），即可不花钱做总代。比如你招募了 200 个 800 元的卡位总代，其中有 13 个总代顺利补齐全款，你就可以直接升级到执行董事级别。除此之外，你还可以获得 6·18 明星演唱会的门票、海外旅游的机会。（通过明星和旅游，刺激代理出货。）

B. 推动 800 元成交的措施

800 元卡位的好处如下：

（1）零风险，轻松卡位无压力。即使全部卡位的代理都没有做总代（补足全款），你也没有出钱，就可以根据实际收入的金额选择级别，如你收了 10 个 800

元的卡位代理即 8000 元，你只需要向上补齐 19080 元，即可成为总代，向下做 VIP 会员。

（2）不用自己花 1 分钱。如果满 30 天，你下面有 23 个人也卡位总代，你就等于有了 24 个人 ×800>19080 元，你自然升到总代级别，享受总代政策。

（3）多层收益，高回报。不仅可以向公司推荐同级别代理，从他们的销售额中按比例提成，而且招募到公司指定的人数就能升级，享受更低的拿货价、更高的层级价差。

C. 现在加入的好处

（1）现在卡位，有机会获得国外游的机会。

（2）还可以参加 6·18 明星演唱会。

（3）老代理可以享受定制优惠方案。

（4）可以获得价值 19800 元的培训课程。

D. 我卡位之后不知道怎么做？

（1）公司全程扶持体系，线上培训，线下推广。

（2）手把手教你运营：如何刷朋友圈、吸引粉丝、销售、做地推？

会不会有囤货的压力？公司有严格的价格管理体系；有控货保证金；利用公司 APP 实行线上订单式管控；无须代理囤货，公司一箱代发。

如果有代理乱价了怎么办？利用风险保障金、取消授权等相应处理措施严格控制价格；授权二维码溯源体系，可追踪产品来源。

E. 我会得到什么？

明星代言（性感女神朱茵）、6·18 明星演唱会门票、高回报利润、奖金分红、定期游学、海外游、APP 运营系统、市场严控机制。

> **顺便介绍一个曾均兄弟在运营官课程上分享的藏御堂二十八泡的案例**
>
> **负风险微商模式的卡位玩法**
>
> **第一步** 设计一个 9800 元的总代产品，实行卡位政策，只收 800 元。
>
> **第二步** 设计一个 800 元的超级启动套餐 (4 盒正装 +2 盒体验装 +1 条毛巾 + 顺丰快递 +0 风险承诺)。你购买 800 元的套餐，可以先试用 2 盒体验装，如果觉得产品好，你再使用正装。如果用完体验装后不满意，你把 4 盒正装寄回来，公司给你退 800 元。
>
> **第三步** 推出"补足全款，可以参加公司的微商领袖计划的培训"的措施，会有 40% 的人补足全款。
>
> **第四步** 密训结束，开新品发布会 + 明星代言的事件活动，让剩余的代理急需补足全款，70% 的人愿意参与，同时也会有 1% 的人退 800 元（其余的做了低级代理或者购买）。
>
> **第五步** 活动结束，恢复门槛。
>
> 仔细思考一下棒女郎新的措施，也是利用这套模式来操作的，只是把这样的模式做了一个升级。

5.2.2.3 明星版棒女郎全渠道品牌

（1）市场前景大、性价比高、安全有效：人人都需要。

（2）明星代言、强大的卫视引流、线下沙龙会、培训会、地推引流：空前力度的宣传推广。

（3）手把手 1 对 1 运营培训、强效拓展、营销策划的支持、图文定时发送：高效优质扶植模式。

（4）高效防伪、APP 系统、ERP 系统管控、货品追踪、乱价处罚机制：全方位保障体系。

（5）海外游机会、定期游学、6·18 明星演唱会：诸多福利专享。

（6）平级招募返利、晋升级别赚差价、卡位名次赢现金：多层收益。

（7）能力评估、限时卡位、平级招募、累计晋升：代理零压力。

（8）培训体系完善、实战经验丰富、案例剖析到位：销售无需经验。

5.2.3 随便果：
拥有百万代理商，微商自下而上裂变的打法

起盘打法：从底层开始招募，自下而上招商，逐层升级，这种裂变打法适合具备以下特点的品牌商

（1）品牌实力强，行业领先，引导代理从卖货做起
（2）线上线下搞活动，鼓励升级，运营团队能力强
（3）鼓励平级、跨级推荐
（4）1元成代理，招募最低级别

特点：起盘稳，更适合换项目，做团队迁移。
对裂变的要求高。

随便果代理模式

代理名称	价格	进货量	金额	推荐奖励
零 售	128元			
三 级	90元	20盒	1800元	
二 级	75元	300盒	22500元	
一 级	60元	540盒	32400元	5元奖励
总 代	45元	2000盒	90000元	2元奖励

在 2013 年、2014 年的时候，从下往上打的这种方式很棒，因为微信流量处于红利期，但是到 2016 年、2017 年的时候，从下往上打的方法已经失效了。既然失效了，是不是从下往上打的方式就不能用了？如果是这样的策略，在这个盘子已经起来的时候用，其实也是一个非常不错的选择，因为有很多的人是抱着试一试的态度，他没有太多的钱，也不敢投太多的钱，他不知道这个品牌怎么样、产品怎么样、后期的培训服务怎么样，会有很多方面的担心，所以一直犹豫，没有动手。如果你给了一个相对来讲比较低一点的门槛，比如当年大卫博士的常来，他们做的时候 399 加 1 块钱就可以成为代理，所以一元做代理这样的策略就会吸引很多的人，这些人有可能是他的顾客，也有可能是准备做微商的人，但是进来以后跟他讲产品有多好、培训服务有多好、公司的支持有多好等等，这些人可能会在感受到这个价值以后做一些升级。

但是在 2016 年、2017 年起盘的微商，还是要把这个势做起来以后再从下面往上打，然后把身边那些不太相信的人、在犹豫的人，通过一些低价的策略，跟他发生深度的互动，最好能进行一些线下的交流和见面。这个时候让他深度地了解你的产品，了解你的项目，了解你的团队，他的那种顾虑和障碍可能就会打消，这是从下往上打的部分。

但是不管怎么样打，其实这些都是套路，所有的套路中我觉得最大的套路就是真诚。在 2013 年、2014 年、2015 年，很多人在造假图、造假的发货单、造假的顾客反馈，我觉得这些都是非常不科学、不理性的做法。你今天只要在互联网上，你就是裸奔的状态。所有的人理论上讲都是可以看到你的信息的，你只要留下痕迹，就永远抹不掉。所以千万不要说谎，一定要真诚，有什么就说什么，有什么就表达什么，不要把你没有的东西也表达出来。不少做微商的人为了招商，为了招代理，就不择手段到处坑蒙拐骗，当初承诺的很多东西，在真正要落实的时候一概不去兑现，这是非常麻烦的。

5.2.3.1 随便果百万团队裂变倍增模式

A．总代升级条件

硬性指标：首月销量超 2000 盒，第二月 6000 盒，第三个月一次进货 2000 盒。

软性指标：团队 100 人，一级直属代理 5 人以上，不乱价，硬性条件必须完成，才能做总代。

注：一级 A 推荐一级 B 给总代 D，总代 D 奖励 5 元/每盒给一级 A；

一旦一级 A 升级为总代 A，一级 B 回到总代 A 的下面；总代 D 可以拿到"总代 A 出货，公司奖励 2 元/每盒"的奖励。

B．代理招募打法

（1）从 3 级代理 20 盒开始招募

3 级代理的进货价格 90 元，你决定从 3 级代理做起，拿了 20 盒货，也就是 1800 元。自己吃了 1 盒，觉得很好，你把好的感受告诉周围的朋友和在微信朋友圈分享，朋友觉得不错，也想解决一下自己多年便秘的老毛病，也想瘦一点，皮肤好一点，排排毒素，于是找你拿了一盒，你卖给他 128 元。于是，你的生意开始了，第一笔收入 128-90，你赚了 38 元，做随便果月入 5 万、10 万，甚至 100 万元的代理商都是从赚第一笔 38 元开始的。

（2）体验式营销：鼓励三级代理送产品给周围的朋友

可能很多小伙伴说，我没有那么多钱，既然你也认为 1800 元是一种负担，那我可以告诉你不适合这次商机，不适合做微商。也有小伙伴认为 1800 元我有，但我怎么挣钱？我也可以负责地告诉你，用 1800 元做大生意是不可能的。

什么营销都是有方式、方法的，随便果的方式如下：

1800元=20盒，1盒为15颗，合计300颗，以4颗为基准，搜索自己的QQ好友、手机通讯录、微信号，找到75个目标客户。

详细统计，你的75个目标客户中，哪些是零售客户，哪些是代理的重点客户。分析出来以后，一定要制作一个表，认真地再分析一下，并把这个表交给我，我帮你再过一遍。等分析结束后，开始行动，把300颗果果分享出去。

等300颗分享完毕，3-4天后，开始拿出表格一一进行回访。等你做到这一步，已经开始成为真正的微商。75个客户，按我们统计出来的数据，75%-85%的人会给你回馈，你现在应该做的是重点跟踪这75%-85%，75%-85%的客户中有17%的客户会有兴趣想代理，但他们同样是有你当初的想法，你就可以按你所做的教给他一遍。这样你肯定会出来4-6个代理。

到这个时候，很多小伙伴也纳闷，我没有利润，已经赔了1800元，其实我告诉你，你不是赔了，你是开始准备做二级的时候了。二级起步是300盒，价格比三级更有优势，那我问问你，100盒二级零售你的利润是多少？这4-6个代理会拿走你多少货？你告诉我，你还会压库存吗？

（3）鼓励代理升级、拿货，实现底层裂变

如果你做了一段时间，每月就零售一盒两盒，只能停留在3级水平，每月赚点零花钱，2000元左右，我是不建议你长期做这个生意的。因为只是赚点小钱，还要发朋友圈信息，还要沟通、介绍，还要寄快递。当然，如果你愿意，我也没意见。

所有进来做微商的朋友，我们都是来这块蓝海赚大钱、经营事业的！

二级代理一次性提货300盒，一级代理一次性提货540盒，如果级别一样，就没有钱赚。如果你一直是三级，你朋友因你介绍，也从三级做起，这个时候你

就可以考虑升到二级，赚取差价。这个生意是级别越高越舒服的生意。如果你下面同时介绍了一个朋友做了二级，这个时候自己就要以最快速度做到一级代理，赚取差价，把成本降到最低。

既然选择了，就用心去干，犹豫太多，只会慢慢把耐心给磨灭。打造属于自己的朋友圈，开启我们果果的疯狂模式，从"心"做起。

如果你也是一级，你的朋友也是一级，平级的情况下，把他暂时推荐到总代那里提货，总代会给你每盒 5 元的奖励。也就是你朋友当月要是下单 1000 盒，你可以赚 5000 元，别小看这个钱，你又没出钱，也没销售，啥事都没有，就给你 5000 元。一般稍微勤奋用心的代理都想要升一级。等你做总代，他会重新回到你的队伍。如果你的推荐代理做到总代理了，自己还是没有上去，那么公司会感谢你的推荐，给你一盒 2 元的奖励，如果你推荐的这个总代一个月完成 20000 盒的数量，你当月就可以有 40000 元的奖励提成。等你做到总代的时候恢复每盒 5 元的提成。

※ 以上棒女郎、随便果相关资料来源于网络，作者整理汇总。

5.3 整盘系统打法是项目成功的关键

为了提高项目成功率，您需要在项目启动前，反复通过沙盘推演全盘的计划，按时间顺序将项目的各个关键点规划清楚。如果没有把握，还必须有备用计划。

如何合理利用人脉资源、流量推广的控制、线下活动、招人拿货动销的关键政策，都是项目计划中的核心点。

根据第二部分项目的招商打法，每个操盘团队都要对项目进行三个月的具体规划，匹配企业资源和推广资源。接下来我以旗帜奶粉为例，展示一下我们的项目经理金秋同学为旗帜奶粉设计的项目整盘运营招商计划。

旗帜奶粉
运营招商计划

5 月份项目运营重点

一	二	三	四	五	六	日
1	2	3	4	5	6	7
8	9	10	11	12	13	14
15 组织试用活动	16	17	18	19	20	21
22 公关投放	23 高门槛招募预热	24	25	26	27 招募开始有惊喜倒计时	28
29	30 端午节相关平台活动	31	1	2	3	4

5月15-21日：

内部组织试用活动，需要发布信息。对于试用并反馈的用户，建群、开公开课、讲项目。

5月22-27日：

郭司令微商咨询团队执行公关投放，品牌相关新闻。

5月23日：

朋友圈开始发布招募预热信息。

5月30日：

相关平台活动正式启动。

5月27-31日：

朋友圈发布招募开始倒计时。

品牌商准备工作

1. 完善操盘团队，明确操盘团队分工。
2. 资源分类统计，并制订开发计划，明确重点开发的资源。
3. 操盘团队微商账号的注册和内容的铺设。
4. 操盘团队人物宣传照拍摄。
5. 准备软文、视频等素材，做网络公关的投放，增强信任背书。
6. 内部试用活动。
7. 公开课，向大家讲一讲品牌故事。

郭司令微咨询准备工作

1. 执行公关投放。
2. 招商 H5，长文，PPT（27 日提交）。
3. 内招期朋友圈文案撰写。
4. 线上沟通资源转化 10 天工具包。

5 月份项目运营重点简介

内部试用活动

活动任务：
300 罐奶粉试用
1. 收集 200 份以上的反馈素材
2. 借员工的朋友圈收集潜在代理
3. 为后续的招募活动提前预热

参与条件：
1. 员工不能参与
2. 欢迎以下几种人参与：
   ① 3 岁以下孩子的宝妈
   ② 医务从业人员
   ③ 育儿师/营养师或此类经验丰富的人
   ④ 乳制品行业从业人员
   ⑤ 自媒体有较多粉丝的人
3. 根据反馈质量，给员工和参与伙伴都发奖励

品牌公关传播

搜索引擎/门户网站/垂直网站
1. 数百篇次发布
2. 覆盖主流搜索引擎的百科问答

6月份重要运营节点

一	二	三	四	五	六	日
29	30 端午节 相关平台活动	31	1 低门槛招募信息内部发布	2 青年节	3	4
5 环境日	6 招募倒计时+品牌主题游玩信息发布	7	8	9 品牌主题游玩免费送产品信息发布	10 主题系列代理show	11
12	13	14	15	16 参观游玩现场签约	17	18 父亲节
19 公开招募信息发布+微博流量引入+周末游玩培训参观告知	20 每天6名新加入代理打款截图、个人风采show	21 夏至	22	23 参观游玩现场签约	24 网红直播	25 网红直播
26 周末游玩培训参观	27 2000元保证金升级2600 网红直播	28	29	30 低门槛关闭倒计时10天 参观游玩现场签约	1 网红直播	2 网红直播

5月30日：
宝宝树平台活动正式启动

6月1日：
君乐宝+旗帜员工开始发送内招朋友圈信息

6月6日：
招募倒计时10天。此后持续发布刺激信息

6月16-18日：
游玩活动+参观工厂，现场签约

6月19日：
引入微博流量，先做**试用活动+公关宣传**，再**公开告知招募"城市分公司总经理"**，逐步引入宝宝树流量

6月29日：
宝宝树平台活动1个月收尾，引到现场参观

6月20日：
开始宣传已经成交的代理

6月27日：
联创保证金升级2600元

6月30日：
低门槛关闭10天倒计时
每周一告知周末活动，周末组织旅游参观+网红直播

品牌商准备工作

1. 内招期间朋友圈文案撰写、设计与发布（以 [郭司令微咨询] 为主）
2. 线上流量承接转化
3. 设计与执行坝上草原 + 旗帜工厂参观 "旅游产品"
   - （1）游玩项目
   - （2）工厂参观介绍与对比实验
   - （3）讲项目
   - （4）魏总讲解产品、奶粉认知误区、国内外奶粉生产对比、牛乳的好处
   - （5）现场签约（签约仪式），支付宝/微信，2000 元做联合创始人
   - （6）拍摄合影、短视频
   - （7）赠送产品，不让代理空手而归
   - （8）代理商拿货赠送活动现场公布
4. 持续收集已成交代理的信息
5. 持续发布新加入代理的风采
6. 组织每周末参观
7. 活动信息告知
8. 倒计时信息发布
9. 新流量承接，老流量跟踪

郭司令微咨询准备工作

1. 协助制作内招的讲课课件
2. 解答招商过程中遇到的问题
3. 公开课演讲稿
4. 品牌商发送给代理的 "代理工具包"（给联创的，讲项目、账号打造与引流、培训总代卖货技巧）
5. 线下活动主题策划
6. 协助提供线下活动项目介绍文件
7. 一个月朋友圈主要内容规划及一周朋友圈内容撰写
8. 将代理录入卖帮帮系统
9. 垂直网站投放 + 行业 KOL 社交媒体投放 + 当地媒体投放
10. 筹备招总代计划
11. 活动文案撰写与海报设计
12. 线下活动主题、文案、物料

7月份重要运营节点

一	二	三	四	五	六	日
26 周末游玩培训参观	27 2000元保证金升级2600 网红直播	28	29	30 低门槛关闭倒计时10天	1 网红直播 参观游玩现场签约	2 网红直播
3 周末活动告知	4 2600元保证金升级2900	5	6	7	8	9 低门槛招募结束 参观游玩现场签约

随后发布代理商招募PK，角逐城市总经理
前50名送"新西兰旅游+考察国际乳业现状"

7月4日：

保证金升级2900元

7月9日：

低门槛招募结束

发布代理商招募PK，对前50名奖励新西兰旅游活动

7月10日：

启动招总代计划

核心推广内容说明

如何引起消费者注意

婴儿奶粉的认知误区
习大大视察，给予厚望的**中国奶粉脊梁**

⬇

如何认知旗帜奶粉是好奶粉？

判断奶粉的标准：挂杯小白点；成分的生牛乳（有什么、没什么）。
来自工厂的证明：一体化2小时，75℃冷杀菌；一次成罐。
消费者的体验：口感、气味、孩子爱喝。

为什么重视买奶粉？

来自书上：活性免疫物质的利益
但绝大多数奶粉都没有

⬇

横向比较国外奶粉生产

牧场，进口奶源

⬇

世界最好的奶在中国
旗帜，中国乳业的旗帜

渠道
- 权威媒体
- 行业专家
- 营养学家
- 权威育儿师
- 其他 KOL
- 明星

旗帜招商流量转化示意图

流量来源
员工辐射客户群　宝宝树试用者　宝宝树 KOL 粉丝
微博投放人群　网红直播粉丝
公开课人群　新代理辐射人群

短期转化
10 天转化系统　公开课转化

长期转化
朋友圈内容
工厂参观
运营活动
福利活动

旗帜微商项目代理商

旗帜层级代理名称

传统经销体系 + 分公司体系
独占性的名称
紧密、安全、创业

- 大区合伙人
- 城市分公司 CEO
- 城市总代理
- 市一级代理
- 特约代理

主要工作事项

筹备期
（5月4日—31日）
充分准备

1. 价格体系设计
2. 操盘事项与时间计划
3. 招商运营计划
4. 招商学习资料包
5. 团队介绍、视频＋图片拍摄
6. 社交账号设立与内容铺垫
7. 公关推广，做公信力
8. 内部试用活动＋收集传播素材
9. 项目定位策划
10. 招商文件制作（PPT、长文、H5）
11. 第一阶段招募的朋友圈内容准备
12. 10天流量转化系统文件（含话术）

内部招募期
（6月1日—18日）
18日现场签约
内部资源整理与转化
初步建立核心团队

1. 网络试用活动（宝宝树平台发起）
2. 联创招商工具包（给联创的，讲项目、账号打造与引流、培训总代卖货技巧，项目运营）
3. 网络流量转化执行
4. 坝上草原游玩＋工厂参观（实验，演讲，现场转化，现场动员代理招代理）
5. 针对经销商进行地推

外部招募期
（6月19日—7月9日）
每周末参观签约
外部流量引入与转化
完善核心团队建设

1. 垂直网站投放＋行业KOL社交媒体投放＋当地媒体投放
2. 各个市级代理招募（每个市5个，最终角逐市分公司总经理）
3. 网络流量转化
4. 坝上草原游玩＋工厂参观（实验，演讲，现场转化；现场动员）

销售考核期
（6-9月，7-10月）
从代理加入之日起3个月
优选团队

1. 通过考核，筛选已经招募到的代理，优选团队
2. 树立榜样，广泛传播
3. 建立完整的招商讲师团
4. 线下城市分公司新代理培训活动

一个优秀的微商运营团队需要什么样的团队构架？

好的战略需要好的团队去执行，团队的执行力是整盘系统打法的核心要素，计划永远赶不上变化，制定好规划和目标，边执行、边调整。

优秀团队的核心构架：

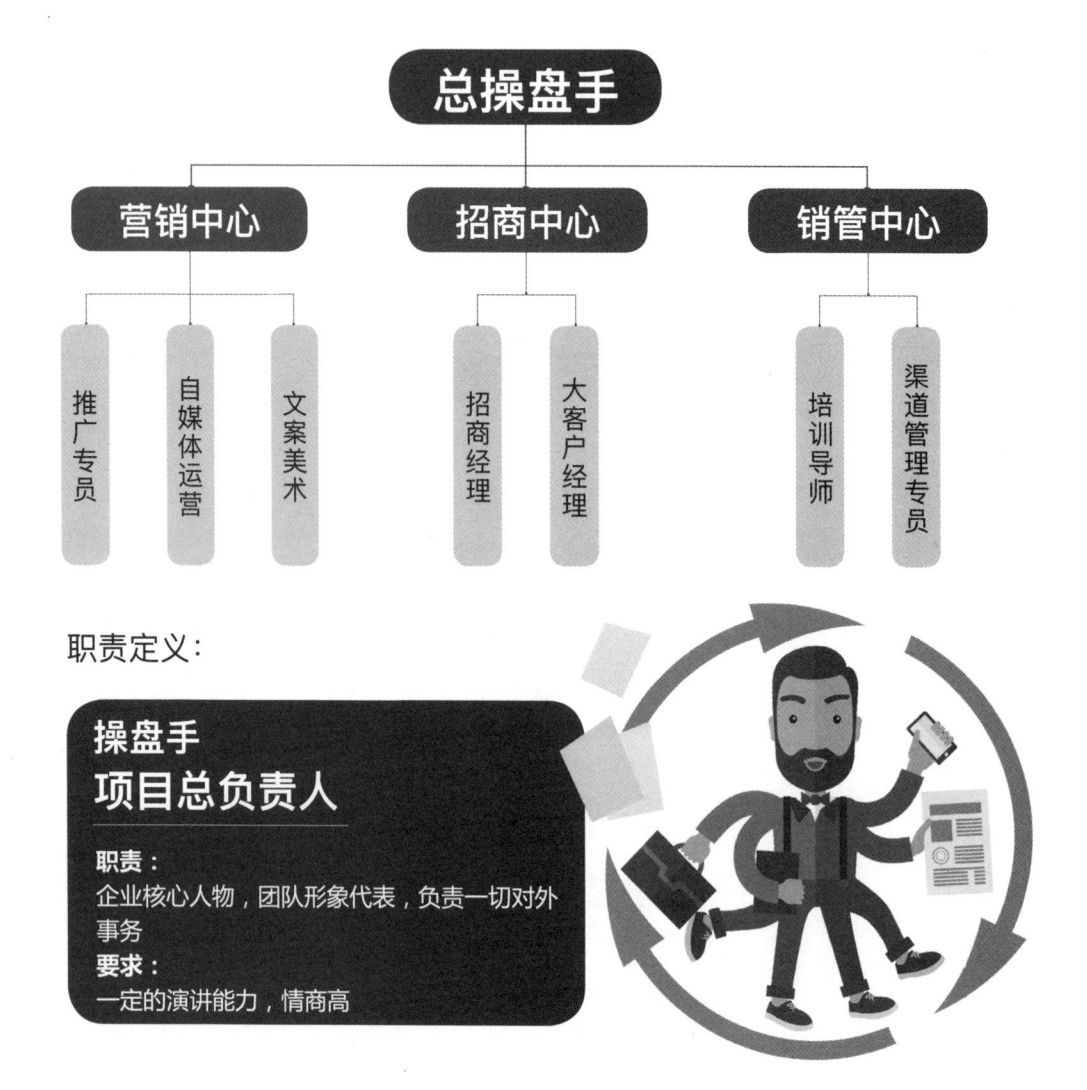

```
                        总操盘手
            ┌──────────────┼──────────────┐
         营销中心         招商中心         销管中心
        ┌───┼───┐        ┌───┐         ┌───┐
       推  自  文        招  大         培  渠
       广  媒  案        商  客         训  道
       专  体  美        经  户         导  管
       员  运  术        理  经         师  理
           营                理              专
                                            员
```

职责定义：

**操盘手
项目总负责人**

职责：
企业核心人物，团队形象代表，负责一切对外事务

要求：
一定的演讲能力，情商高

营销中心：营销总监
职责：营销和传播
要求：熟悉推广和运营，有团队管理经验

① 推广专员
职责：品牌、产品推广执行
要求：熟知各推广渠道及推广方式，或曾任职于网络推广公司，尤其懂付费推广

② 自媒体运营
职责：自媒体账号运营管理，擅长把控热点
要求：有一定文字功底，有自媒体运营经验

③ 文案美术
职责：负责品牌、产品、团队日常文案撰写及宣传海报制作
要求：有文字、美术功底，最好在广告公司任职过

招商中心：招商总监
职责：项目讲解，流量转化、运营
要求：优选保险、直销或者传统企业招商工作管理者

① 招商经理
职责：将营销中心引入的流量进行转化和维护
要求：优选保险、直销或者传统企业招商工作者

② 大客户经理
职责：对接和维护大客户
要求：有一定公关营销能力

③ 线下 OPP 会议策划
职责：负责线下会议的组织和流程梳理
要求：有组织线下 OPP 会议的经验，传统会销公司的人员优先考虑

销管中心：运营总监
职责：负责代理渠道运营、团队管理、销售考核、销售培训等
要求：懂运营，有销售团队管理经验，带过大团队者优先

① 培训导师
职责：进行各类技巧培训
要求：有培训和讲课的相关经验，做没做过微商不是关键

② 渠道管理专员
职责：代理商群的日常管理，课程通知、政策传达与监督，问题收集
要求：有一定的销售经验和管理社群的经验

5.4 傻瓜式招商谈判策略

5.4.1 招商中常见的问题与话术总结

5.4.1.1 招商原则
原则一：不要试图苦口婆心地说服别人。
原则二：我们只招募同频者和志同道合者。

5.4.1.2 招商方法
激发欲望——赚钱、机会、风险。
欲擒故纵——创业行为，不可轻易做决定。

5.4.1.3 招商步骤
步骤1：理解项目模型——自己会讲；
步骤2：掌握招商要点——重点讲什么；
步骤3：分析个人圈子——列名单；
步骤4：预约沟通谈判——挨个谈判。

1 理解项目模型【自己会讲】
招商项目：自上而下地招商
建立团队：快速搭建分销体系
熟悉项目：认真详细地研读《项目介绍》

2 掌握招商要点【重点讲什么】
现状——目标人群的现状
传统企业主、微商团队老大（老微商）、小白创业者
机遇——移动互联网最后的风口
学习、尝试、机会、圈子、抱团
风险——可控、可承受
创业风险低、个人主动性、资源、执行力决定未来
趋势——无店铺经营+组合经营

3 分析个人圈子【列名单】
列名单：搜索自己的通讯录、微信、QQ、微博、直播
分类别：企业主、微商、小白
排顺序：第一目标、第二目标、第三目标

4 预约沟通谈判【挨个谈判】
预约：电话介绍、微信互动
文案：项目介绍、招商文案
面谈：家、办公室、公共场合
约谈：跟总部沟通、上海见面
成交：简单、直接、快，马上进入工作状态
带领：前期带领，你是怎么做的和理解的，就带领他理解和做

5.4.1.4 招商话术

（1）有项目（产品）愿不愿一起做？
——介绍项目、预约面谈机会

（2）我为什么要干这个事儿？
我的现状：过去、现在
项目背书：人、产品、格局

（3）兼职尝试
我是兼职做的，时间自由；
我的目标是：收入超越现状，我就全职。

（4）你看过《项目介绍》，有哪些疑点？
不要讲解项目，只回答疑点

（5）你们这不是拉人头做传销吗？
是的，所有的营销都有拉人头的成分
一个传统大牌项目启动：全国招商会—大区代理—省级代理—市级代理—县级代理—零售门店—消费者
销售的本质是：卖产品、做服务、建口碑

（6）我怎样才能建立我的团队？人怎么来？
这个需要你自己想
当然更需要我们的协助和引导，否则品牌方准备的大量的资源、筹备、背书就没有意义了
建立团队就是主观能动性＋资源利用

（7）最终动销问题如何解决？
体验＋购买＋使用＋口碑转介绍
这就是解决动销问题的基本方法
只有基数"足够大"，才能真正解决动销问题
基数＋卖货培训指导

（8）我第一批需要进多少货？
不是你需要进多少货
而是你能动销多少货和分销多少货
一方面取决于你想拿什么级别
一方面取决于你做这个是准备如何起盘

（9）我不会带团队怎么办？
借力＋学习
前期你可以用人格魅力＋借力
借力就是借助品牌方的力量帮助你带团队，同时用你的"人格魅力"来稳定团队。自己也要不断融入圈子交流、学习，保证后续同频和引导

（10）有销售任务吗？完不成怎么办？
有
完不成，降级或者退出
考核任务会有3个月的缓冲期，10、11、12月缓冲期

（11）我想试一下，做不好，多久可以退钱？
申请退出
一周内（6个工作日）货、款、押金结算清楚

（12）需要经常到上海开会、培训吗？多久一次？
自愿
开会、培训是你觉得有需要，对你有价值，你就去，没有价值你可以不去。
销售一切以结果为导向
创业一切以赚钱为目的

（13）线上的培训多久一次？
目前的计划是一周一次
后续根据情况安排通知
每周二、四晚上都有微商系统课程培训

（14）微商卖货、建团队，国家有哪些法律法规约束？
微商产品需要完全符合国家要求的法律法规
商标、备案、公司、厂址、企业资质与证件需要完全符合国家规定，这个产品包装上和企业资质包内有完整的资料
微商只是渠道不同，其他规定都一样
至于个人纳税和发票，目前各行各业基本一致

（15）我拿的货，卖不完可以退货、退款吗？

可以

首先你要根据你的级别和分销、动销能力拿货

如果遇到特殊情况，需要退货、退款，需要你承担20%的损失

（16）每个级别、每次、每月订货，最低订货量有要求吗？

有

级别不同，每月的销售任务也不一样，品牌方给予的价格和政策也不一样，所以对每月、每次的进货量也是有要求的。

联合创始人，每次5箱，每月25箱；总代，每次1箱，每月5箱。

（17）假如你们的产品出问题，谁负责？

所有因为产品质量而造成的问题，都由厂家负责

（18）产品订货周期是多久？会不会老是没有货？

周一到周六每天下午16：00之前的订单，当天全部发出，请注意根据地区查收快递单号。

缺货情况不能保证100%不会发生，但是我们会做好提前通知。

缺货对谁都没有好处。

（19）品牌方会不会"逼"我们囤货？

不会

代理商的级别不同，进不同级别数量的货是必要的，但绝对不能囤货，级别不同，货物的进销存数量也不一样，不管什么级别，产品在一个月内卖出，才是最根本的，否则双方都没有意义。

（20）我们下单，找谁付款，运费由谁承担？

下单，卖帮帮系统上下单

只能通过上家下单，不可越级下单

运费由下单方承担

（21）前期市场推广，公司有哪些产品试用方面的支持？级别不同，支持力度有多大？

详见促销支持海报，不同时间，力度不同。

（22）订货、付款，有没有发票、合同和收据？

联合创始人和总代有专用的订货系统"卖帮帮"，直接下单、付款；

一级和特约直接找上级下单；

联合创始人和总代有合同、收据、系统账号和授权书；

一级和特约有收据和授权书。

都没有发票。

（23）我不想发朋友圈怎么办？

那就不发，我建议你还是要每天在朋友圈发2-3条的。

禁止刷屏，发朋友圈主要是让别人了解你，知道你是谁？你在做什么？你目前的状况如何？

来吧，我们一起干！！！

5.4.2 种子代理各类资源开发建议与谈判策略

5.4.2.1 目标对象洽谈工作安排

可开发资源统计，列名单，每个人至少列出 20 个可开发名单，并标注重点开发资源（列清楚类型，对应哪种类型，明确洽谈目标和策略）。

通过各种手段深度了解名单人员的现状。

第一轮：沟通洽谈，核心目标先收保证金。收完保证金，约其面谈。

第二轮：面谈，讲招商 PPT，让他练习讲 PPT，练好就回去招募联合创始人。

明确可招募的联合创始人类型，教会他们各类型的谈判策略，让其根据这些类型列名单，每人列 ×× 个。然后开始持续这个动作。

在谈判之前，先给大家简单剖析一下传统渠道和旧微商遇到的困境。

传统渠道的困境：

（1）传统广告投放成本高且基本无效
（2）在手机上做营销，根本找不到自己的客户在哪里
（3）线下门店房租、人工成本逐年上升
（4）传统经销商销货能力急速下降且越来越难管理
（5）电商红利消失，进入下半场，淘宝、京东开始清场小品牌

旧微商的困境：

（1）招代理难，招募不到有实力的代理商
（2）团队流失严重，裂变速度慢，死亡速度大于加入速度
（3）产品无动销，底层代理卖不出货
（4）造势，洗脑式培训，搞旅游活动……这些套路通通失效！！！

了解了这些痛点，你才能在谈判的过程中，做到有的放矢，所谓"知己知彼，百战百胜"。

5.4.2.2　各类目标人群的谈判策略

（1）对微商有认知，接触过微商圈子的老板

痛点：想干又不知道怎么干，蠢蠢欲动，通过圈子在了解、接触但尚未行动；觉得自己干，不一定干得起来。

切入点：找到共同的目标就是为了赚钱，这个时代就需要大家抱团作战，资源共享、抱团发展、共同赚钱。

主要突破点：资本合伙人，让他放弃自己独立做品牌的想法，大家一起共同做才能做起来，而且要借用更强大的资源，让他相信，现在只有这样做才能做成。现在是传统大品牌进入微商的最好时机。给他资本合伙人的名头和身份，让他以公司合伙人的感觉去招募联合创始人。

目标方向：资本合伙人，开发联合创始人；推荐资本合伙人。

PS：资本合伙人和联合创始人是品牌商代理系统中的顶级合伙人，属于管理层。

（2）500人以下小微商团队

痛点：团队不卖货、赚钱少，团队裂变慢，流量少，因为量不大，在多数品牌下不受重视。

切入点：如何从月赚2万元到月赚10万元？

主要突破点：

① 我们整合如此强大的资源，给支持、给方法，让你3个月内就实现团队人数裂变到1000人，轻松月赚10万元以上。

② 我们有专门的 5 大系统打造，帮助你打造一支有战斗力的微商团队；

③ 有百万咖神打造计划，有微商操盘手打造计划，满足你对未来发展的想象。

④ 强有力的信任背书，产品市场空白，我们就是来收割市场的，你是愿意跟我们一起收割市场还是被别人收割。

目标方向：联合创始人，开发联合创始人。开发 15 个联合创始人。团队内部招募 3-5 个，在外部开发 10 个。

(3) 500 人—1000 人中型微商团队

痛点：团队不卖货、赚钱不稳定，团队裂变慢，流量少，老想单干，争强好胜的欲望开始显现，甚至开始在想做自己的品牌。

切入点：如何快速裂变为 2000 人团队，实现月赚 30 万元甚至更多？

主要突破点：

① 打消他做自己品牌的想法，微商草根的红利时代已经过去，现在进入的是传统大牌微商红利时代。

② 讲清楚这个时代背景下如何才能赚到更多的钱。跟有实力、有前景的大牌合作甚至操盘。

③ 我们的实力，足以保证让你轻松实现月赚 30 万元。

④ 我们有专门的 5 大系统打造，帮助你打造一支有战斗力的微商团队。

⑤ 有百万咖神打造计划，有微商操盘手打造计划，满足你对未来发展的想象。

⑥ 传统大品牌进入微商领域，就是来收割市场的，你是愿意跟我们一起收割市场还是被别人收割？

目标方向：资本合伙人 + 联合创始人或者只是联合创始人。根据对方资源和格局而定。

（4）1000人以上微商大团队

痛点：团队出现管理瓶颈，团队人才培养梯队跟不上，想单干品牌或已经开始单干品牌。

切入点：实现人生梦想和价值的方向有多个：1个叫作自有品牌，1个叫作在更大的平台上操盘大品牌，和大品牌一起实现大梦想。带着团队里真正优秀的小伙伴实现月入100万元的梦想。

主要突破点：

① 打消他做自己品牌的想法，微商草根的红利时代已经过去，现在进入的是传统大牌微商红利时代。

② 讲清楚这个时代背景下如何才能赚到更多的钱。跟传统大牌合作甚至操盘。

③ 我们的实力，足以保证让你轻松实现月赚50万元甚至100万元。

④ 我们有专门的5大系统打造，帮助你打造一支有战斗力的微商团队。

⑤ 有百万咖神打造计划，有微商操盘手打造计划，满足你对未来发展的想象。

⑥ 有实力、有前景的品牌进入微商领域，就是来收割市场的，你是愿意跟我们一起收割市场还是被别人收割。（洽谈侧重点根据对方的情况来定）

目标方向：资本合伙人 + 联合创始人。一定要让他的收益最大化。

(5) 网络营销、网络推广、SEO、自媒体大咖、电商圈子里有影响力的人物

痛点：有一定粉丝，变现赚大钱难，而且是希望持续赚大钱，最好月赚100万元。

切入点：找到共同的目标就是为了赚钱，这个时代就需要大家抱团作战，资源共享、抱团发展、共同赚钱。我们干活，你提供资源，然后你每月"躺赚"100万元。

主要突破点：

让他明白，我们有实力，而且是传统大品牌、正规军进入微商领域，我们和微商团郭俊峰、郭司令微商咨询团队以及修正制药，再加上网红资源、明星经纪等资源，就是希望他加入，让这个资源应用得更充分，通过他这个端口更直接地接触到目标群体，而且招来的，全挂在他名下，持续分红。只要招募×××个联合创始人就可以实现。

微商团队我们来带，不用他麻烦，当然如果他愿意带，也非常好。只要他在，就一直分红。他负责提供资源，然后自己躺着赚钱就行。现在的情况下，做一个品牌多难，多繁琐，谁做谁知道，投入又很大。让他放弃自己独立做微商或做品牌的想法，大家一起做才能做起来，而且要借用更强大的资源，让他相信，现在只有这样才能做成。现在是传统大品牌进入微商的最好时机。给他资本合伙人的名头和身份，让他以公司合伙人的感觉去招募联合创始人。

目标方向：资本合伙人+联合创始人或只是联合创始人，开发联合创始人；推荐资本合伙人。

（注意：这里的洽谈，根据洽谈对象的级别相应调整，如果级别不够，就降低月赚目标值，谈法不变，目的是往联合创始人方向洽谈即可。）

(6) 曾经做过微商，做得也不错，但后面没持续的人

痛点：团队散掉，没做得太成功，但混过圈子，资源仍在，人品不错，口碑不错。

切入点：如何简单迅速地把原有资源充分利用起来，重新赚大钱。我们共同的目标就是为了赚大钱，这个时代只有大家一起抱团，才能有更大的机会。

主要突破点：

① 我们整合如此强大的资源，让他明白，我们有实力，而且是传统大品牌、正规军进入微商领域，我们和微商团郭俊峰、郭司令微商咨询团队以及修正制药，再加上网红资源、明星经纪等资源，就是希望他加入，让这个资源应用得更充分，通过他这个端口更直接地接触到目标群体，而且招来的，全挂他名下，持续分红。给支持、给方法，让他3个月内就月赚××万元以上。大家一起做才能做起来，而且要借用更强大的资源，让他相信，现在只有这样才能做成。现在是传统大品牌进入微商的最好时机。给他资本合伙人或者联合创始人的名头和身份，让他以公司合伙人的感觉去招募联合创始人。

② 我们有专门的5大系统打造，帮助你打造一支有战斗力的微商团队。

③ 有百万咖神打造计划，有微商操盘手打造计划，满足你对未来发展的想象。

④ 传统大品牌进入微商领域，就是来收割市场的，你是愿意跟我们一起收割市场还是被别人收割。

⑤ 资本合伙人，让他放弃自己独立做品牌的想法。

目标方向：资本合伙人或联合创始人，开发联合创始人。开发15个联合创始人。每个联合创始人月完成××盒销售。

(7) 听过微商但对微商无认知的传统行业的老板或公司高管

痛点：肯定听过微商，知道微商很赚钱或很疯狂，有想法、有认同但完全不懂也不知道如何下手，但又觉得微商是个机会，想抓住。

切入点：找到共同的目标就是为了赚钱，这个时代就需要大家抱团作战，资源共享、抱团发展、共同赚钱。

主要突破点：

让他明白，我们更专业，专业的微商我们来做，他负责提供资源，然后自己躺着赚钱就行。让他放弃自己独立做微商或做品牌的想法，大家一起做才能做起来，而且要借用更强大的资源，让他相信，现在只有这样才能做成。现在是传统大品牌进入微商的最好时机。给他资本合伙人的名头和身份，让他以公司合伙人的感觉去招募联合创始人。

目标方向：资本合伙人，开发联合创始人；推荐资本合伙人。

(8) 类似有跟产品相关行业资源的人，重点是如何撬动这个行业

痛点：肯定听过微商，知道微商很赚钱或很疯狂，有想法、有认同但完全不懂也不知道如何下手，但又觉得微商是个机会，想抓住。但基本上没开展大的行动。传统门店的生意越来越难做，成本越来越高。

切入点：找到××传统行业的痛点，门店成本高，利润空间持续压缩，但是我们共同的目标就是为了赚钱，这个时代就需要大家抱团作战，资源共享、抱团发展、共同赚钱。

主要突破点：

让他明白，我们更专业，专业的微商我们来做，他负责提供资源，然后自己躺着赚钱就行。让他放弃自己独立做微商或做品牌的想法，大家一起共同做才能做起来，而且要借用更强大的资源，让他相信，现在只有这样才能做成。要么放弃现在××的店，降低成本，然后专业做××生意。要么就是专门干个项目，而不是仅仅在自己××店卖，告诉他，他就是这个城市的总经销（联合创始人），负责开发这个城市的市场，这个城市所有的××店都是他的市场。然后告诉他方法，现在是传统大品牌进入微商的最好时机。给他资本合伙人的名头和身份，让他以公司合伙人的感觉去招募联合创始人。

目标方向： 联合创始人，推荐联合创始人。

上述的谈判方法，是我们的项目经理针对修正氧趣臭氧油项目做的梳理，只是谈判思路，仅供大家参考！

5.5 如何做好会赚钱的 OPP 营销

对于生日聚会、家长会、同学会、老乡会等场合的演讲，能够顺畅说话，或者丢个梗，让人开心就够了。

对于职场、工作汇报、周会、月会、年会、表彰大会等，99%以上面对的是内部人，不结巴，说出的话让人听得懂，围绕工作内容，不偏离主题就行，简洁自然比啥都好。

有一种演讲，大家耳熟能详。如乔布斯和雷军等的产品发布会，奠定行业格局，推动自家产品的大卖，激发粉丝的狂热等等。

今天和大家分享一种特殊的演讲：OPP，它号称是世界上最能够赚钱的演讲。苹果和小米手机的产品发布会就是其中的一种。

5.5.1 OPP 营销是什么？

什么叫 OPP？有两种说法：

（1）是 Opportunity 的缩写，英语是"机会"的意思，OPP 的意思是机会营销。

（2）是 open people 的缩写，open 是"开启、开发、打开"的意思，people 是"人类、人民、人们"的意思；合起来，OPP 就是"开启人们的购买欲望"，从而给人们发财或消费的机会！

很多人认为 OPP 主要是指直销企业的营销培训。

这肯定是偏见。我参加过很多企业的 OPP 营销，但没有一家是直销企业。

不管 OPP 来自哪里，它就是各种各样的会议营销，就是一种能够收款的演讲。

包括：招商会，上门演讲成交，产品发布会，拍卖会，招标会，路演营销，等等。

不管是销售人员，还是创业公司的 CEO，都需要上门给客户介绍自己的产品。

不管是面对几个人的演讲，还是面对成百上千人的会销，OPP 营销才是真正让你脱颖而出的最佳路径。

5.5.2　OPP 的五大特点

5.5.2.1　密闭而有气场的空间

OPP 会议，必须要维护一个统一强大的气场，让客户能量场聚集在一起。主办方选择的地方一般是在离闹市区比较远的酒店、度假村、风景区等。对于参会人员，由公司安排接待车辆，统一接送。

即使在闹市区主办，酒店也要选择有一定封闭性、没有外面声音、也没有人来人往干扰的空间，最好是酒店独家举行你们公司的会议。

即使是你孤身一人到客户公司做成交拜访，你一样要提醒客户，"我讲课期间，不允许有任何打扰"，包括接听手机、进出会议室、随意闲聊等。

5.5.2.2　提前圈定有效客户

提前锁定有效客户，目的是提高 OPP 现场成交率。

OPP 营销，是一步一步筛选有效客户。很多人以为，会场决定一切。这纯粹是胡说。

如果把营销比作烧火，那么在会议现场，只是比较关键的一把大火，要烧得很旺，让客户有刷卡的冲动。

邀请客户参加会议前，已经对客户的基本情况非常了解，精确把握客户的意向，这相当于文火慢炖，为会议营销做好前期所有铺垫。

所以，没有 OPP 会前的文火，OPP 现场的大火也不会成功。

从整个营销过程来看，OPP 现场的大火相当于成交时的"临门一脚"，却是关键的一脚。

5.5.2.3　OPP 成交流程模式化

（1）建立信赖；

（2）塑造价值；

（3）解除抗拒；

（4）要求成交。

所有营销，都是建立在双方信任的基础之上，有信任才有回应，才有后续的跟踪销售。很多销售新手，见人就推销，成功率肯定非常低。

只有打开心扉，你和你的产品才会进入对方内心，这时，就要塑造公司产品或服务的价值。这需要独一无二的密码，就像阿里巴巴说"芝麻开门"，密码对上号，宝藏的门自然开了。这就是在前面进行提拉的力量。

接着，通过抗拒点的瓦解，突破客户的心理排斥，搬开客户面前的巨大障碍。

客户感觉非常自在、想轻松，在无障碍的氛围下，最后，直接要求客户成交。

这四个核心模块的设计，环环相扣，遵循人类心理学规律，不能够颠倒或错乱。还有更详细的技巧和流程，我将后续撰文详细介绍。

5.5.2.4　OPP 的成交关键在于设计一套无法抗拒的方案

OPP 营销是个体系，最终是通过 OPP 的形式把公司的产品和服务推销出去。

所以，全部的落脚点在于成交方案。

这套方案的关键是：在现场购买的价值高于平时购买的。换句话说，买同样的东西，现场购买花费的钱更少。不然，客户为什么要来参加会议购买呢？

举例子：电视购物也在玩这一套，约定3天之内打进电话订购某产品，就可享受500元的优惠，否则就会有失去的痛苦。

主讲人把产品的价值塑造起来，然后，公布一套非常有诱惑力的方案。

举例子：一套化妆品，有三个单品，洗面888元，润肤588元，保养388元，平时销售合计1864元。但这次OPP现场，只需要支付1188元，差不多六折。这就足够诱惑参会客户。

5.5.2.5 OPP营销的核心是一场培训会

OPP就是一种会议营销，既然要开会，一定是一对多的培训会。

举例子：很多服装品牌的订货会，先给客户培训一些行业和终端店铺经营的专业知识，然后导入订货方法，其目的是鼓励客户多订货。

换个角度说，OPP，就是一场演讲会。但是，它比演讲更高级的是，它不是为情怀而演讲，也不是为演讲而演讲，而是为了销售，为了成交而演讲。

OPP是一种应用广泛的营销模式，不管是消费品，还是商业品，甚至商业模式的推介，都离不开它。

操作成功的OPP，效率极高，短期内让公司收获大量现金，还趁机宣传公司的品牌。

OPP，就是一种销售的演讲，一种成交的演讲，一种赚钱的演讲。

学好OPP，赚钱很容易；想学演讲的人，就要把成为OPP讲师作为追求，成为营销的主角。

5.5.3 OPP 营销的成功标准

> OPP 的成功标准是什么？收款为王。

商业世界，从来不避讳谈钱。

OPP 营销，就是提着刷卡机收钱的，人们常说：现金为王，就是这个意思。

OPP 收款方式有三种：收意向金，收定金，收全款。

OPP 有针对消费者的 C 端会议营销，也有针对经销商的 B 端会议营销。针对 C 端，全款为主；针对 B 端，定金为主。

OPP 有一次性销售，就是这批客户或这批产品或这些项目是一次性交易，比如齐白石画作拍卖会，比如高速公路广告位招标，或者比如家庭按摩器的会议营销。如果金额大，以定金为主，如前两个例子；如果金额小，以全款为主，如后面的例子。

如果 OPP 营销是一次加盟商招募大会，会议本身只是品牌招商的第一步，招到加盟商后，后期还要持续跟踪和服务。这就需要持续性营销。此类 OPP 以收定金为主。

有时候，为了评估客户是否合格，以收意向金为主，方便会后评估并筛选优质客户。如果你是不合格客户，想做也不行，会把意向金退还给你。

不同的参会群体，不同的招商模式，决定了收款方式的不同。

现在，我们来更深入地了解两类 OPP 的收款模式。

我认识两个代理商，在六月，在同一家酒店举行双面呢的冬季招商。第一家来了 200 多个客户，收款 400 多万元。另外一家来了 200 多个客户，收款 100 多万元。这是收取预付款方式，到了冬季上货时，还需要补足余款，才能提货。

显然，第一家招商更加成功，收款多少是衡量这类 OPP 成功的唯一标准。

这是一类 OPP 营销的收款标准。

还有另外一类 OPP，不是直接收取全部现金，而是收定金或合同保证金，以签署多少份合同或意向合同为成功标准。

当然，不管是正式合同还是意向合同，都要以收取合同履约金或意向金为标准。如果没有收取一分钱现金，那么所谓的合同等同于废纸。

所以，即使是以成交合同来计算，收款多少也是一个重要标准，合同签署多，收款也多。

最后总结，不管是收现金还是签约，针对 OPP 有个计算公式：

OPP 成交率＝成交人数 ÷ 参会人数

成交率越高，OPP 营销越成功。

最后，讲一讲加盟性品牌的 OPP 收款策略。许多餐饮、服装和建材品牌，都以特许加盟为运作方式，在品牌发展成长期，也就是快速招商加盟阶段，都会进行招商会营销，即 OPP。我在传统营销行业耕耘多年，经历过很多次加盟招商会 OPP，也亲自主办过 OPP 会议。

流程举例：

全程 OPP 会议是通常的流水线作业模式，我这里不是说模式，而是说其中的收款要害。

① 先进行一场华丽的时装走秀，让你一饱眼福，从而让你"眼服"；

② 再设计诱人的招商政策，让你心服；

③ 接着，招商专员上场，一对一沟通，让你口服，承诺签约，最终吸引客户现场签约和付款。

订金一般收取 1 万 -5 万元。但可别小看，未来这些加盟商一一开业，每家每年回款 100 万元，如果当初签约十家，一年产值就达 1000 万元。进一步，如果客户持续经营三年，这一批招商会的最终产值效果至少 3000 万元。

收款策略是有技巧的。所以，加盟模式的 OPP 会议是用较少定金捆绑未来三年以上的产值。

OPP 会议多有价值啊！

这也是很多处于扩展期的品牌进行 OPP 营销的根源和原动力。

5.5.4 OPP 营销的成交机制

爱因斯坦说，要是你不能够言简意赅地解释某种理论，那就说明，你自己都还没有理解透彻。希望我的阐述能够让你豁然开朗。

5.5.4.1 成交机制

上一节，我们讲到 OPP 营销的成功标准：收款为王，以收到多少钱为标准。

怎样做到现金为王？这就涉及成交机制。

什么是成交机制？就是 OPP 营销的内在运作原理。俗一点说，就是让客户掏钱的动力，不管是勾引还是吸引，是诱惑还是魅力。

有哪些成交机制呢？

我总结为"一个核心，六个理由，三套方案"，通过这一系列套餐，客户心跳加速，掏钱动作更加流畅。

5.5.4.2 一个核心

挖掘公司产品的核心价值，提炼公司产品的超级卖点（原则上价值无限大）。

> 比如：林肯 MKZ 的天窗就是一个超级大卖点，因为这是一个可以打开的一体式全景天窗。在配有全景天窗的车型里，也就只有林肯能有这么霸气的天窗。
>
> 比如：我闺密有个美容项目，它非低价产品，但从性价比来说，绝对秒杀很多化妆产品，你买 10 瓶兰蔻都达不到这个效果。

这就是产品或模式内在的吸引力，相当于产品或服务的内功，没有这个基本功夫，后面的方法发挥不了作用。

5.5.4.3 六个理由

要让 OPP 营销成功实现，就需要设计不可抗拒的成交理由。

OPP 本质上是承诺经济，我给你承诺一些好处，激励你当场决定购买。

要让客户在现场即做出购买的决定，有哪些手段呢？

（1）现场降价

> 比如：同品质产品，平常市场价为 1998 元 / 单位，现场 7 折，付 1398 元即可享受。

（2）打包销售

你单独购买我的一款产品，我正价销售。在 OPP 会议现场，如果购买套餐，我可能会有很多优惠。

> 比如：加盟型 OPP 营销，如果你现场签约，支付合约保证金 2 万元，公司赠送价值 3 万元的产品。
>
> 比如：某厨具品牌现场活动，油烟机、燃气灶和热水器三件套，单卖的总价格需要 6458 元，如果整体购买，一套只需要 4888 元。

（3）令人惊喜的赠品

送赠品有三个窍门：一是客户最需要的，二是很难买到的，三是价格不高。这才算得上惊喜。

我记得有很多商家销售衣服或内衣，赠送女士袜子，说真心话，这有吸引力吗？满大街都是。

（4）风险逆转

这一招被称为瓦解客户内心的杀手锏，是解除客户内心障碍的"绝杀"。它瞬间把客户的风险降低到最低。

经典话术是这样的：你们今天安心下单，如果使用不满意，一周之内无条件退款。

面对心仪的产品或服务，你还会犹豫吗？刷吧，刷吧，反正不好可退钱。

（5）提供后续更多的服务

对于特许加盟体系来说，做OPP营销，主要是在品牌拓展初期，需要大力举办招商会。

> 比如，我代理一个教育项目，在OPP营销中，特别强调签约后，公司承诺每两月开一次代理商培训会议，提升代理商的领袖意识、经营意识和业务水平，同时，公司辅助每个代理商进行现场成交。

对于新入行的人来说，这个诱惑非常大，既有自我成长，也有业务成长。

> 再比如，格力空调，强调"一年包换，全额补偿；十年包修，终生无忧"。这既强调了后续服务，还强化了风险逆转法则。格力空调就是懂人性的专家。

（6）及早导入或使用产品带来的投资回报分析

> 比如，化妆品OPP营销会上，你给经销客户分析，如果经营本品牌，从店铺租金、人工和进货成本、销量等方面来分析，3个月内可收回投资（具体分析方法另文说明）。

为什么要给参会客户做投资回报分析？

每个投资者，都对未来满怀期待，但又充满不确定性，通过投资回报分析，加强他们的确定性认识，卸下对未知的担忧，从而增强成交的动力。

5.5.4.4 三套方案

仅靠理由或技巧，比较单一，不成体系，所以，还需要成交方案。OPP营销有三套常用成交模式：

（1）卡模式

即整体打包，销售价格更低。也称为打包模式。

比如公司销售三种产品，A、B、C 价格分别为 388 元、588 元和 888 元，打包价格就是 999 元，优惠很大。

（2）超市模式

即购买 A 产品送 B 产品。

有两种情况：

① 买大送小，比如买黄鹤楼酒，送二两小瓶酒。

② 买此送彼，比如买按摩椅，送按摩棒。

（3）系统模式（也称为工程模式）

即买产品送服务。

大家最熟悉的是买空调，送安装。最近格力空调将安装工的安装费提高 100 元，是为了留住真正的安装人才，提升服务质量。

以前，办公室购买了一台大型打印机，公司又想装样子，又想节约，结果买了二手机。造成什么结果呢？隔三岔五，打电话让对方维修人员来维修，反正是免费服务。结果办公室文员都快崩溃了。

通过"一个核心，六个理由，三套方案"，才能够实现 OPP 营销的目标：收款为王。这样，才能够算得上一堂成功的 OPP 营销。

5.5.5　OPP 营销的执行流程

随着对 OPP 步步解剖，关于 OPP 的很多细节开始浮出水面，对 OPP 的认识也加深了。

OPP 营销（主要是会议营销），从来都是烧钱的事。从酒店会场租赁、前期人员拓客、后期礼品准备，到成交方案的设定，甚至利益的让渡，都是真金白银的开销。

企业不是慈善机构，大量烧钱的同时，是希望有所回报。但这不是随口说说，需要严格的 OPP 营销流程与执行。

OPP 讲师在讲课流程中，纯粹就是收款大王，所有步骤围绕着他。所以，成交流程就是收钱流程。

―――――――――― OPP 营销【执行 9 部曲】――――――――――

（1）建立信任

一切营销，归根结底始于相信。相信公司，相信团队，相信产品，甚至相信 OPP 培训师，才会有成交。

所以，营销的第一步就是建立信任。

通过哪些途径建立友好的链接？

> 比如，你可以借用种子客户的成功案例，可以找技术权威进行专家证明，找官方授权证明，找知名人士认可，找媒体来进行正面报道，甚至公司和产品的各种荣誉包装等等。

建立信任的过程中，有两点提示：多使用有利的数据和生动的效果图，这样增强信赖度和说服力。

（2）塑造价值

建立信任后，不是马上要求成交。而是塑造公司、品牌、产品等的价值，把自己打造得高大上，才会让客户仰望。

> 举例：脸上长斑是非常顽固的皮肤病。很多人祛了一辈子斑，还是斑痕累累。我知道有款面膜，纯中药，无毒副作用，专业祛斑 18 年，效果非常好。OPP 讲师就可以祛斑为核心，塑造独特的价值。

（3）深挖痛点

塑造价值是从自身着手，这是一种拔高功夫。相反，深挖痛点，却是从客户身上找问题，是一种打压技术。两相比较，我们的吸引力显著增强。

如何深挖痛点？有以下四种方法：

- 客户现状痛苦投射
- 未来美好画面投射
- 使用与未使用者之间的比较
- 此刻失去的压力

（4）确认需求，并激活需求

通过塑造价值，挖掘痛点，双方的差距明显加大。看一看，我们产品这么好，你又这么痛苦，这就是差距。有差距，就有需求，你只需要帮客户找出需求即可。

通过以下三步，找出二次购买需求：

① 测试有效客户的数量；
② 测试客户的需求容量；
③ 通过对客户的教育，激活需求。

（5）不可抗拒的成交方案

客户需求得到确认，说明客户的胃口被你吊得很高，是满足他们的时候了。

如何满足他们？

有三套实操法则：一般销售的方案不宜多，公布的方案基本有三套，但是核心方案是第一套，核心方案要重点推荐。

具体可参考上一节的内容。

（6）提前解除抗拒点

你以为你的方案提出来后，客户就认账埋单？如果销售这么简单，就不需要 OPP 营销了。

你提出的任何方案，客户都会挑剔和怀疑。人类天生的防御心理决定客户不会接受你的方案，不管你的方案多么完美。

客户不想买的理由有很多种，可归纳为以下七类：

| 没时间 | 没效果 | 价格贵 | 操作难 | 不需要 | 没带钱 | 能否退货 |

通过旁征博引，你要融化客户，阐明客户的顾虑是多余的，一点一点瓦解对方的抗拒式城墙。

智慧的 OPP 培训师明白：客户所有的理由可能不是真的，甚至只是一种习惯性防备而已，过多解释反而不好。

这时，就需要己方拿出独门绝技了。

（7）风险逆转

客户所有不买的借口、抗拒点都被你解决了，如果你要收钱，还差一步。我们都知道，钱在自己手上，才是最重要的。

所以，现在进入收钱前的关键一步：客户关注的是付钱后的风险。

那么，有哪些风险逆转方式呢？

上节只讲了一点：退钱。

常见的有：退退退，不满意就退货；换换换，不满意就换货；或者，有任何问题，就修修修；等等。

具体包括以下六种：

退货承诺　换货承诺　维修承诺

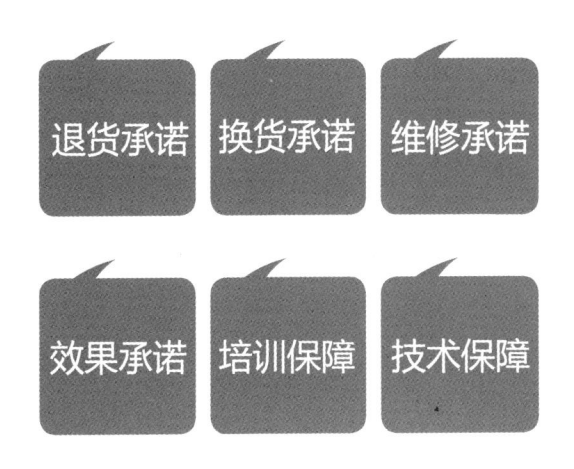

效果承诺　培训保障　技术保障

这是让客户放下最后的戒备心理，全面放松，为下一步收款做好准备。

（8）要求成交

最关键的收款步骤来了：要求付款，前面的步骤都是为了这一点。这一步俗称为"临门一脚"。

成交方案一般有全款式成交和订金式成交两类。对于 B to B 模式，金额较大，使用定金方式；对于 B to C 模式，金额较小，一般直接支付全款。

这个时候，有两个关键点要把握：

一是刷卡机、票据和财务人员要万事俱备，只等收钱；

二是要安排足够的成交推动人员，让更多行动力不强、犹豫不决的人掏出钱包。

OPP 营销之火烧得旺旺的，就需要准备好钱袋子和扎紧钱袋口子。

（9）OPP 营销收尾工作

有的生意人，钱一收就变脸！你有这样的体验吗？

越到最后，细节越重要。要让客户回家睡觉时，都还在笑，感觉今天有了最舒服的交易体验。

同时，很多人只知道八步曲，这些都不完整。

收尾工作有几个点要把握：

① 现场刷卡成交，客户上台见证；

② 要求客户转介绍；

③ 如果是商业客户或大单客户，邀请客户进餐；

④ 营销人员送客，并在之后致电询问是否安全抵达。

──────── OPP 营销【执行 9 部曲】────────

学习，贵在举一反三，不然世界上的知识永远学不完。学道理，重在一通百通，正如俗话说：隔行不隔理。

聪明的读者可能已经发现，OPP 营销『执行 9 部曲』是把万能钥匙。

怎么说呢？

这 9 部曲是从人性与欲望的角度来说的，适用任何场景，如向投资人展示项目、个人销售、销售代表上门演讲、说服对方相信自己的主意等等。

OPP 会议营销，关键是会议执行。严格按照这个流程，确保 OPP 营销有效进行，并顺利收款。

首先，问各位一个问题。在演讲中，最重要的是谁？有人说是组织者，有人说是客户，有人说是团队，从 OPP 营销体系来看，这些都重要。

虽然说整个 OPP 会议有很多准备环节、实施环节，需要很多辅助人员、后勤人员的支持，每个都缺一不可。但是，我却以为，在一场 OPP 营销中，OPP 讲师才是最重要的，他是控场性人物。

为什么呢？

今天，我不单纯分享 OPP 讲师的重要性，而是通过对比的方法来说明 OPP

的核心人物：讲师。

和谁对比？和普通讲师对比。

现在，我们就来看看 OPP 讲师和普通培训师的区别。事实上，他们有着天壤之别。

表面上看，都是讲课，都在培训，但内在动机与目的、控制权、流程、追求和责任感完全不同。

5.5.6　OPP 讲师和普通培训师的区别

5.5.6.1　从会议目的来说

OPP 讲师的目的是销售，而普通培训师的目的是培训。

培训的重心在于什么？传授知识。销售的目的呢？在于成交。一个是传教士，一个是成交手。

普通培训师的目的比较单一，传播知识。OPP 讲师除了传播知识，更进一步要求成交，并且，传播知识是方法和工具，目的是为了成交。

这样讲，大家是不是有很清晰的感觉？

5.5.6.2　从控制权来说

OPP 讲师是整个会场的权力核心人，而普通培训师只是一个工作角色。

我们知道，一场 OPP 营销不是三五个人就能够招呼得了，用兴师动众绝非虚言。一场三五百人的会议营销，有统筹策划，有后勤，有业务，有财务等。会议现场，还分主持、主讲、音控、啦啦队、成交助理等。（关于会议功能小组，有机会再讲）

整个会议现场，OPP 讲师绝对是现场的主宰、会议的操盘手，所有人、事、物和流程都听他的。就因为，他会随着现场的情况随时微调讲话内容，并活跃气氛。一场 OPP，成交的关键就靠讲师。

相反，普通培训师传授知识，培训结束，就算是完成任务了。

5.5.6.3 从流程来说

OPP 讲师，每一句话都不能错，必须按流程去办，而普通培训师并没有这么多的限制。

看了上一节的读者，可能有深深的印象。OPP 会议流程有严格的推进次序，那是公司、品牌和产品与客户建立信任、产生链接、勾起欲望、满足需求、实现合作的过程。

整个流程，必须环环相扣，步步为营。知道为什么有的 OPP 非常失败吗？有性急的 OPP 讲师，跳过某个环节，比如建立信任，比如风险逆转，比如瓦解抗拒点，最终效果不好，还埋怨人，找不到理由。

而普通培训师，没有固定程序，没有特别要求，可以随心所欲地讲解。我听过很多课程，老师会直接说，这一节开始讲或晚点讲都可以，看老师的安排，甚至心情。

5.5.6.4 从最终产出来说

OPP 讲师追求结果，而普通培训师追求效果。

这一点和第一点相关。OPP 讲师是以销售为目标，自然追求结果。俗话说，一切以结果说话，没有结果，就没有说服力，表明讲师是失败的。虽然说，并非所有失败的 OPP 都归结为讲师的原因。

普通讲师追求效果，有个说法比较贴切：很多讲师追求嘴上快乐，场面气氛搞得非常好，但听众离开后，快乐感顿无，有种一无所获的感觉。

所以，有效果不等于有结果。

5.5.6.5 从责任层面来说

OPP 讲师必须对课程和销售的产品负责，并且对学员使用产品负责，而普通培训师只需要对课程负责。听起来匪夷所思吧？是的。

很多培训师课程讲完就结束了，学员的学习效果及后期的使用效果完全与他无关。

专业的 OPP 讲师完全不同，对培训内容要负责，产品要有效果，后续使用也要跟踪。

因为，OPP 讲师在会议上承诺的，后期必须兑现。固然，这个承诺不是必须由讲师兑现，因为，这完全是公司和品牌的行为。但此时，讲师完全代表公司。

这也是前面说过的，OPP 营销是承诺经济。

OPP 讲师与普通讲师的五大区别

| 会议目的 | 控制权 | 流程 | 产出追求 | 责任面 |

OPP 讲师，目的是通过培训，影响观众心智，促成交易。一切培训都是道具和工具，与客户成交、让客户付款才是"王炸"。

所以，不要认为你会培训，就可当 OPP 讲师了。会讲课，只说明你具有一半的功力，而 OPP 营销对讲师的要求会更高。

关于 OPP 讲师演讲术，如何实现成交，涉及人性的心理控制，是 OPP 行业的绝对秘密，后期有机会，再给你解密。

6 推广引流

6.1 推广六脉神剑心法

6.2 如何快速获取第一波的种子代理？

6.3 日均过千精准流量的引流渠道组合打法

6.4 如何做好企业微博运营工作？

6.5 微商日增 500 精准粉丝的实操方法

6.6 案例：酒仙网五粮液密鉴推广策略

在第一章中给大家普及过知识，微商的本质就是在做社交零售，而零售的本质就是流量和信任，即谁能发现更便宜的流量，并且很容易解决信任问题。过去大家先做传统线下渠道，后来做电商，再后来发现了微商渠道，每一次新的销售渠道的实现都伴随着新的人群的进入。微商的出现，本质上是社交网络和智能手机的兴起，让原本不方便触网的人进入了手机端的互联网。虽然 PC 互联网发展了将近 20 年，但是它的普及程度、便利性、操作性与移动互联网相比差很多，PC 电商的"瓶颈"恰恰是网民不增长了，获客的成本太高了。微商在 2013-2016 年之间都处于微信的红利期，一个大流量的平台获客成本极低，但是今天随着微信人数的负增长，微商的红利慢慢消退，做微商获取流量的成本从原来微信派单的几毛钱变成了几十块钱，多的可以达到几百块钱。

6.1 推广六脉神剑心法

根据这几年郭司令微商咨询团队服务客户的招商经验，我们总结了一套微商推广引流的"六脉神剑心法"，这套方法在很多品牌的招商中得到运用，效果极好，获客成本低。

6.1.1 一个核心：招商

对于品牌商，招商是一个长期的工作，招商就是在建渠道，传统品牌想建设，至少要花两三年的时间，才能把传统的2853个区县全部覆盖。与传统经销商渠道相比，微商的渠道建设会更快，但是微商渠道的生命力和成活率远远低于传统经销商渠道，因为传统线下渠道有稳定的流量，可以辐射周围三公里的人群，门店本身就是信任背书，成交周期相对长；纯粹微商渠道做销售，你需要稳定的流量进入和流量转化的周期，微商实体化、实体微商化是现在炒得比较火的概念，我理解的微商实体化不是在大型的 Shopping Mall 开店，而是建立实体的客户和代理服务中心，形成流量聚点，方便销售和服务。

对于品牌商而言，想建设好微商渠道，要把招商当作常态化去运营，而不是单纯地在项目起盘阶段投放一些广告，找一些代理，招到一部分代理广告投放就停了，完全依靠种子代理商去裂变，这样的招商思路，很容易让整个微商项目死掉。重金投入招商，微商项目操盘第一年，一切推广引流的核心：招商！招商！招商！重要的事情说三遍。

6.1.2　两个方向：微商圈子和行业圈子

企业刚进入微商渠道，最核心的工作是节省时间，找到对的人和你一起干活。前期广告投放的思路，以精准投放为核心，成交周期短，团队信心容易建立。我建议投放的两个方向是微商圈子和行业圈子。投放微商圈子的好处是广告投放出去，不需要解释，别人就知道你是做微商招商，比如我的微博、龚文祥的自媒体账号、茶道长的微商行业账号、勇哥的微商春晚展会等。行业的圈子，比如你是做化妆品的，你自己懂化妆品，你很容易通过你的专业知识和品牌影响力，吸引到合适的人跟你干。微商是什么？怎么干？这个不重要，重要的是你给他讲清楚如何赚钱，他不需要你教他干活。

6.1.3　三个阶段：筹备期，招商期，运营期

推广的三个阶段和项目运营的阶段是相匹配的，筹备阶段准备推广的文案和渠道建设、前期信息流的铺设、竞争对手投放的策略、流量精准测试、客服成交话术梳理等；招商阶段就是放量投放，根据投放和回报比例做调整，如果你的投放比例可以达到1∶2，就是投1块钱可以收到2块钱，结合企业的成本核算有盈利，就应该开足马力去抢钱，因为流量只会越来越贵。

6.1.4　四个步骤：信任背书，招商引流，品牌知名度，品牌影响力

品牌广告和流量广告是相辅相成的，关于品牌和流量广告的投放比例，分众传媒的创始人江南春，在定位大会中提出了"三七投放"原则：在品牌初创期，应该是70%拿来做流量，30%做品牌广告，随着品牌慢慢成熟，品牌广告要占70%，流量广告占30%，最后企业一定是靠品牌赢得市场。

流量广告就像男人吃伟哥，吃完马上见效，但是持久力不够，治标不治本；品牌广告就像吃六味地黄丸，短期没有效果，随着时间的积累，你的体质慢慢在变好，持久才是硬道理。

6.1.5　五个维度：产品、团队、品牌、模式、资源

建设微商渠道的过程，本身就是品牌建设和团队成长的过程，根据市场的反馈不断地优化产品体验，完善团队的构架，建立品牌认知。一旦品牌有认知，必须不断地拓宽渠道，单纯只依靠微商渠道很难建设品牌，微商只是零售渠道的补充而非颠覆，传统线下渠道、电商渠道、传统媒体的广告投放都是很有必要的，只要进入主流渠道，把产品推向主流人群，你才有机会成为品牌，成为客户心目中的第一选择。

小米曾经依靠社交平台起家，是互联网思维的开创者，但是小米今天也开启了OPP和VIVO的模式，请明星代言，在最好的综艺节目和户外做广告的投放。社交网络辐射的人群是有限的，今天大部分人群还是在线下，准确地说是三四五线人群，消费升级来自于他们，而非一二线城市，只有线上和线下结合在一起，才能真正地提高效率，降低成本。

6.1.6 六种形式：公关、海报、视频、网红直播、线下活动、搜索入口问答

信息流的覆盖和公关内容的传播是一个长期的过程，与今天相比十年前做品牌更容易，过去传统做营销讲究"三个一"原则：

第一个"一"：找国内牛的广告策划公司帮你设计一套营销方案，提炼出核心的广告语。

第二个"一"：找到当红最火的明星做代言，建立品牌形象。

第三个"一"：找央视做广告，做品牌背书。

当年央视的标王品牌就是这样建立起来的，吴晓波的《大败局》中详细地讲了中国第一批民营企业的大起大落，一批倒下，另一批又站起来。以下广告曾被中国人评为三大低俗广告："脑白金——今年过节不收礼，收礼只收脑白金"；"妇炎洁——洗洗更健康"；"恒源祥——羊羊羊"。不管你多么讨厌，但是这样的广告在那个时代是有效的，通过铺天盖地的广告在客户的心目中建立品牌。

社交网络的出现，让人们的时间趋向碎片化，过去的广告方式在今天已经不那么有效了。人们获取信息的渠道越来越多，你的广告很难精准地推送到客户面前，需求变得多样化，在传统广告投放中，你只有投放在一流的媒体上，你的投放才有效，比如奔跑吧兄弟、极限挑战、快乐大本营等。只有国内前几名的综艺节目，你的广告投放才有价值。

今天我们广告投放的六种形式，和在央视投放的思路是一样的，抢占客户的心智资源，在社交网络的不同平台都能让客户看到我们的品牌。单一的投放是很难形成品牌价值的，只有在用户能够触达的所有平台做展示，你的广告才会发挥最大价值。

6.2 如何快速获取第一波的种子代理？

6.2.1 微商获取粉丝的两大误区：粉丝不花钱和天天找粉丝

何为粉丝？如果你把"粉"字做一个拆分，粉＝米＋分，米的意思就是钱，分的意思是分享利益，所以要想获得粉丝，第一要懂得花钱，第二要学会分享利益，只有这样别人才会"粉"你。

获取粉丝不花钱的时代已经过去了，或者说从来都没有出现过，就算你去广场做地推，你也需要买几百个气球，如果有孩子想要气球，就免费送，让孩子的母亲扫你的二维码，这也是成本。你想把招商工作做好，在选择做流量方面，我推荐你花钱获取粉丝，虽然有成本，但是客户精准，节省你的时间。

什么是好的引流模式？

（1）操作方法要足够简单，流量足够多；

（2）这样的方法对人的要求不高，销售团队可以轻松复制；

（3）方便规模化投入，大家比拼的是执行力和死磕的精神。

能满足以上三个条件的引流模式才是好模式。找到适合自己的引流模式，品牌商只需做好两件事：不断地优化产品，同时提供转化率。

做粉丝、做流量最忌讳的是天天找方法，独孤求败最牛的招数是无招胜有招，一剑封喉。做流量是一个辛苦活，其实没有什么核心的技术，真正的技术是销售团队的执行力和转化率，不管是线上还是线下，做流量，找到一个可以不断优化，最后形成一套超简单模式的执行方案。在我们服务的客户中"大卫博士"就是一个很好的案例，他们觉得做线下高手营活动，有利于招商和团队建设，他们就采用这种方法，把这一招优化到极致。在微商流量逐渐变贵的今天，他们的流量获取成本依旧很低，但是成交率在逐步提升。在本书的最后微商实战案例篇，我们会给大家讲解大卫博士成功的秘诀。

6.2.2　低成本获取粉丝的渠道

关于获取粉丝的价格，我需要给大家分享一个知识点，粉丝分为两种：泛粉丝和精准粉丝，两者的价格相差很多，泛粉丝便宜的几毛钱，精准粉丝可以几百元钱，甚至更高。

> 何为泛粉丝？
>
> 泛粉丝是指领红包的粉丝、领电影视频的粉丝、分享优惠券的粉丝等。你设计一个诱饵，让粉丝添加你的微信，粉丝对你的产品和你做的招商不一定感兴趣，完全是为了眼前的利益，这样的粉丝后期转化周期长，转化率会很低。

> **何为精准粉丝？**
>
> 精准粉丝是指通过百度搜索、朋友圈广告等吸引过来的客户，以及有需求并且对你的广告内容感兴趣的客户，这样的客户成交周期短，但是获客成本高。

6.2.3 微商新手代理如何快速开出第一单？

新微商项目起盘初期，困扰品牌商的是如何实现团队裂变，如何让你一个人变成3、5、10个甚至更多的人。大部分品牌商采用的方式是给代理做培训，但是由于品牌商缺乏培训经验，产生了适得其反的效果，原本代理商信心满满，听完你的培训之后，不知道如何去做招商了。在招商初期，代理商的能力参差不齐，公司最应该做的是给代理最简单、可复制的方法。

我们把微商的成交分为三种：强关系成交、中关系成交、弱关系成交。强关系成交是招商初期最有效的成交方法。

根据这几年微商行业经验，我们总结微商新手不出单的原因，通常有四个：

（1）心态有问题，抱着一夜暴富的想法，缺乏执行力；

（2）听课太多，哪种方法都想试试，结果什么都没有学会；

（3）选产品有问题，没有和自己身边的资源匹配，缺乏产品专业知识；

（4）找不到适合自己的微商方式。

在本书的开篇已经讲过，从销售的角度，微商就是借助微信、微博、QQ空间等社交工具做销售。

销售的本质，是卖产品、做服务、建口碑。品牌的"品"字是三个口在一起，是口口相传的产品。

销售成交路径如下：

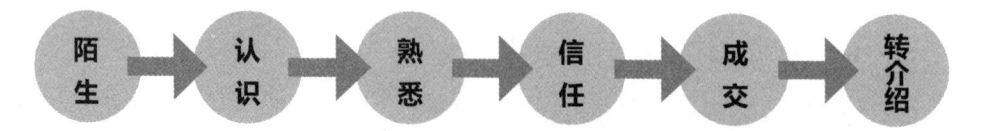

陌生 → 认识 → 熟悉 → 信任 → 成交 → 转介绍

从渠道的角度看，微商只是零售的一种表现形式，零售的本质是在发现新的流量洼地，找到规模更大、更便宜的流量，就能发现一个大的商业机会，而流量和信任是所有零售的核心。

所有卖货高手的修炼都要经历以下五个阶段：

第一阶段：熟人成交阶段

第二阶段：中关系成交阶段

第三阶段：中关系转介绍阶段

第四阶段：陌生人成交阶段

第五阶段：自明星裂变阶段

做销售和玩游戏一样，你都需要做大量的练习。销售中有一个非常重要的方法"平均法"，你的成交率取决于你面见客户的数量，你只有大量地练习，你的技巧才能得到有效提升。在国内曾经流行一个关于学习的理论——1万小时定律。用一万小时定律解释，人们眼中的天才之所以卓越非凡，并非天资超人一等，而是付出了持续不断的努力；只要经过1万小时的锤炼，任何人都能从平凡变成超凡；要成为某个领域的专家，需要10 000小时，按比例计算就是：如果每天工作八个小时，一周工作五天，那么成为一个领域的专家至少需要五年。

曾经我也是一万小时定律的信奉者，直到去年我看到万维钢老师翻译的《刻意练习》之后，我才幡然醒悟，一万小时定律是成功的必要条件而非充分条件。如何成为一个厉害的人？只有时间的累加是远远不够的，高手学习的是套路，练习的是模式，你在正确的模式中练习，你的技能才会有所提升。

巴菲特的合伙人查理·芒格曾说过：成年人学习的目的，应该是追求更好的思维模式，而不是更多的知识。在落后的思维模式里，即便增加更多的信息量，也只是低水平的重复。

6.2.3.1 第一阶段：熟人成交阶段

人的三大强关系是血缘、时间、利益。作为一个微商新手，只要你认可你的产品和品牌，把好的产品推荐给身边的人，不是什么见不得人的事情，兔子要吃窝边草，创业要从朋友干起来。如果做生意朋友都不相信，说明你的人品有问题；如果做生意，朋友你都敢骗，你离死就不远了。

早期美国的风险投资母基金的来源都不是银行贷款而是朋友之间凑份子。雷军在公开场合多次讲过：他的投资理念有两条：第一，只投熟人，不熟不投，只投熟人的熟人，只投两层关系；第二，只投人不投项目。

只投熟人，是因为我既没有新东方的资源，也没有腾讯的资源。而且我只投熟悉的行业。所以不熟不投，其实是提高了成功率。我们仔细想一想，比如孙陶然，我是1994年认识他的，李学凌，我是1997年认识他的，我认识他们二十年了，反过来再想，这个风险非常低。

只投人不投项目，是因为当我们做天使投资人的时候，很多创业者跟我讲的故事和他最终做的事都已经有很大的差别。所以这一点其实不重要，重要的是找到你认为可以持续投资的人，所以我在跟很多创业者沟通时，我说我提一个小要求，我投资你四年时间，投资200万元人民币，如果第一个公司砸了，第二个公司我也有份，继续投给你200万元，在这四年里干的事情我都有份，因为我投资的是你的时间，我也不可能整天看着你。如果第一年试，这个方向不合适，没有关系，早死早超生（笑）。有的时候投2千万元

> 人民币，死不了，你给他200万元人民币，半年就可以让他死了，快呀（笑）。有时候我们一出道，就融了一千万美金、两千万美金，不见得是好事。
>
> 　　所以我有一句口号"天下武功，为快不破，要死也要死得快"。当你只有200万元，这个主意行不行？6个月见分晓。然后我们还可以再来，我说如果你连续干了好几回，四年都干完了，说明你不适合创业，那也没有办法，是吧？所以我的第二个办法是只投人不投项目，我投资的是人，我不在乎你在做的项目是什么，我认为在中国，在今天的中国的创业市场上，缺的是执行力而不是主意，我一拍脑袋就有一万个主意，最关键的是有了这个主意，你可不可以执行出来，这是我的第二个经验。
>
> ——以上内容节选自雷军2012中国天使投资人大会发言稿

创业和做投资一样，你要选对行业，跟对人，任何生意的开始都是从熟人做起来的，因为强关系是你花了很多年积累出来的，有信任才会有成交。所以做微商操盘手，你应该很清楚你代理的第一批成交客户，一定是他们的熟人，第一个阶段是为了建立代理信心，只有他的产品和项目得到身边的人认可，他才有更多的冲劲和信心，把事情干大。

6.2.3.2　中关系成交阶段

何为中关系？中关系的核心人群就是你的同学、同事们。这些人和你有长时间的接触，对你有深入的了解，建立信任很容易。

民间流传人生十铁："一起同过窗，一起扛过枪；一起上过山，一起下过乡；一起同过创，一起同过乡；一起逃过荒，一起遭过殃；一起分过赃，一起嫖过娼。"对于中关系的成交只有两件事情：提醒购买、引导转介绍。

6.2.3.3 中关系转介绍阶段

中关系转介绍阶段是指你的同学、同事用完你的产品之后，觉得你的产品好，愿意把你的产品和项目推荐给他身边的朋友，这也是陌生成交的开始。在中关系转介绍阶段，你要明白一件事，别人为什么要帮你做转介绍？

一个优秀的销售人员，绝对不是一个天天开发新客户的人，而是将更多的时间用于维护、积累大量的信赖客户，70% 的新客户来源于老客户的转介绍，如何让客户主动帮你转介绍？可以分为以下三点：

（1）不断地优化客户体验，超出客户的预期；

（2）强调转介绍的价值和意义；

（3）给客户最简单的转介绍的方法。

只有优化这三点，你的中关系转介绍才能有所突破。

6.2.3.4 陌生人成交阶段

陌生人成交阶段是对一个销售员的自信、产品、成交话术、技巧、气场、心态的全面考验，它是一个大量练习和沉淀的过程，关于销售技巧和成交话术的套路，我会在下一章"产品动销"中给大家详细讲解。

关于销售境界的七句话，和大家分享：

（1）顾客要的不是便宜，要的是感觉占了便宜；

（2）不要与顾客争论价格，要与顾客讨论价值；

（3）没有不对的客户，只有不够好的服务；

（4）卖什么不重要，重要的是怎么卖；

（5）没有最好的产品，只有最合适的产品；

（6）没有卖不出的货，只有卖不出货的人；

（7）成功不是因为快，而是因为有方法。

6.2.3.5 自明星裂变阶段

搞定一个人有三种方式：成为客户，成为粉丝，成为老师。所谓的自明星阶段，就是你自己已经成为一个大家熟悉的品牌，有更多的客户和粉丝主动在帮你传播，每个人都是你的信任代理人，别人在帮你推销，别人在帮你做广告。在移动互联网时代，再小的个体也是一个品牌，只要你用心去做，提供独特的价值，总会有一群人对你爱得死去活来。

世界本没有哥，只是迷哥的人太多；哥不在江湖，江湖却有哥的传说。

获取精准粉丝的两个途径如下：

途径一：养成微商加粉习惯

> **案例：世界销售传奇——乔·杰拉德**
>
> 世界上最伟大的推销冠军，吉尼斯世界销售纪录保持者，连续12年平均每天销售6辆车，至今无人能破……全球最受欢迎的演讲大师，在餐馆就餐付账时，他要把名片夹在账单中；在运动场上，他把名片大把大把地抛向空中；名片漫天飞舞，就像雪花一样，飘散在运动场的每一个角落。
>
> 乔·杰拉德认为，是他的名片满天飞成就销售之王；乔·杰拉德喜欢让所有人知道他，知道他是卖什么的。这样，当他们需要他的商品时，就会想到他。当人们买汽车时，自然会想起那个抛散名片的推销员，想起名片上的名字：乔·杰拉德。
>
> 让别人在购买产品的时候，第一个想到你，就是你营销的成功。在互联网时代，信息爆炸，大家忽略了交换名片的重要性，让更多的人了解你，知道你，这个很重要。今天你的微信二维码，就是你的互联网的名片，你要时刻准备着自我营销！

① 把微信的二维码设计成自己锁屏的屏保,时刻准备着和别人交换你的名片。

② 在线下所有能接触到人的社交场合,主动和别人交换微信,推销自己。比如与朋友吃饭、接孩子、和闺密逛街、打麻将、买菜、参加朋友婚礼等,这些都是你获取粉丝绝佳的机会。

在添加目标客户之后,很多新手的做法是不说话,这是不对的,要学会主动打招呼。如果当时添加之后忙,没有时间打招呼,一定要花上30秒的时间做好备注,在添加好友后的1-2天给别人发个信息,加深印象,这个动作很小,但是对你后期的转化和成交有很大的帮助。

途径二:梳理历史人脉关系

在前面讲过成交是分阶段的,梳理历史人脉关系是获取第一波粉丝非常重要的方式。针对你的产品和消费人群,梳理线上和线下资源,从手机通讯录、QQ、微信、班级QQ群、同学录等多个方面,寻找自己的亲属、朋友、同学、老客户、老同事等。梳理线上线下关系的目的并不是一定要与他们成交,而是把过去的关系导入自己的微信关系链,如果你自己真正用心梳理,从小学到大学,从毕业到工作,你会很容易获取几百个微信好友,而且这些好友都是对你有一定信任的。

对于品牌商来说,项目起盘的初级阶段,做好团队裂变,一定要一对一地给代理定目标。只要定下目标,给代理最简单的方式,裂变就是水到渠成的事情。

微商成交的核心:加固信任和提醒购买。

6.3 日均过千精准流量的引流渠道组合打法

做推广引流的方式有两种：免费推广和付费推广。做流量是一件苦差事，需要静下心来做。要时刻关注平台规则的变化，在平台的红利期要一掷千金地做投放，疯狂地圈粉丝。

2013 年进入这个行业，我们赶上了两波流量的红利期，微信公众账号派单和今日头条头条号的红利。在这两波红利期有很多人疯狂地圈钱，其实每个机会的风口都是 6-9 个月的时间。在风口期即便是个傻子做流量都能赚到钱；风口期过后，你想活下来，拼的是运营和团队。推广引流的手段和渠道就那么多，但是真正做好流量，绝对是一个技术活。

6.3.1 做推广之前，我们首先要弄明白每个投放平台的属性

A. 微博、微信。微博是做传播和公关的；微信是做客户沉淀和成交的。

B. 百度、今日头条。百度是做答案的，为成交做信任背书；今日头条是做信息流智能推送，通过付费的广告内容＋头条号的软文做持续营销。

C. 快手、映客、网红。他们是做项目造势和前期传播的。针对有个人影响力的主播，可以做流量导出。

D. 分众、电视广告。做品牌广告，辅助流量广告做转化。

推广的文案有两种：软文和硬广。软文的内容更多是做信息流的铺设和被动展示的渠道，硬广更多是做付费推广和主动搜索的内容。

6.3.2 免费推广目的

A. 品牌曝光，做互联网上信息流覆盖，为付费推广做背书。

B. 只推广品牌，不打小广告，品牌输出大于流量。

C. 长期推广，持续输出内容，广告更持久。

D. 抢占客户手机信息的入口渠道：搜索入口，今日头条，微信、微博、行业垂直入口等。

E. 视频营销：在线课堂、短视频、他直播等。

6.3.3 免费推广渠道

A. 百度：SEO 排名、百度贴吧、百度知道、百度文库。

B. QQ：QQ 空间、QQ 群、QQ 群发、QQ 邮箱。

C. 微信：微信群、互粉平台。

D. 新浪微博：微博官 V、创始人账号、代理账号，以此形成账号矩阵。

E. APP：女性类、宝妈类、兼职类、创业类。

F. 论坛：天涯、贴吧、豆瓣、地方社区。

案例展示：
郭司令微商咨询品牌百度优化的展示

百度 SEO 关键词优化顺序：

郭司令→郭司令微商咨询→微商咨询→微商代理→招代理。

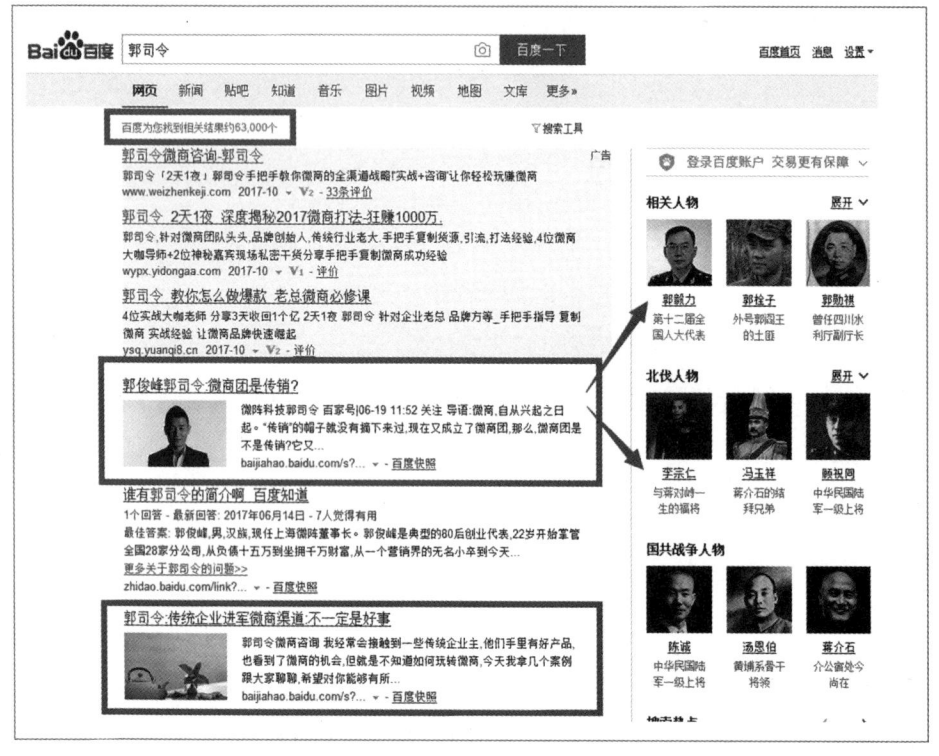

"郭司令"这个关键词不是品类关键词，竞争不激烈，用百度百家号发软文，很容易收录。做"郭司令"关键词的目的，是为了配合付费广告做铺垫的。我们通过百度竞价让目标客户找到我们，但是客户可能不了解"郭司令"是谁。他一定会在百度上搜索"郭司令"，我们优化的内容就是等着客户来找答案的。有了免费的信息流覆盖，付费的广告才会发挥更大的效果

中 篇
传统企业如何做好微商

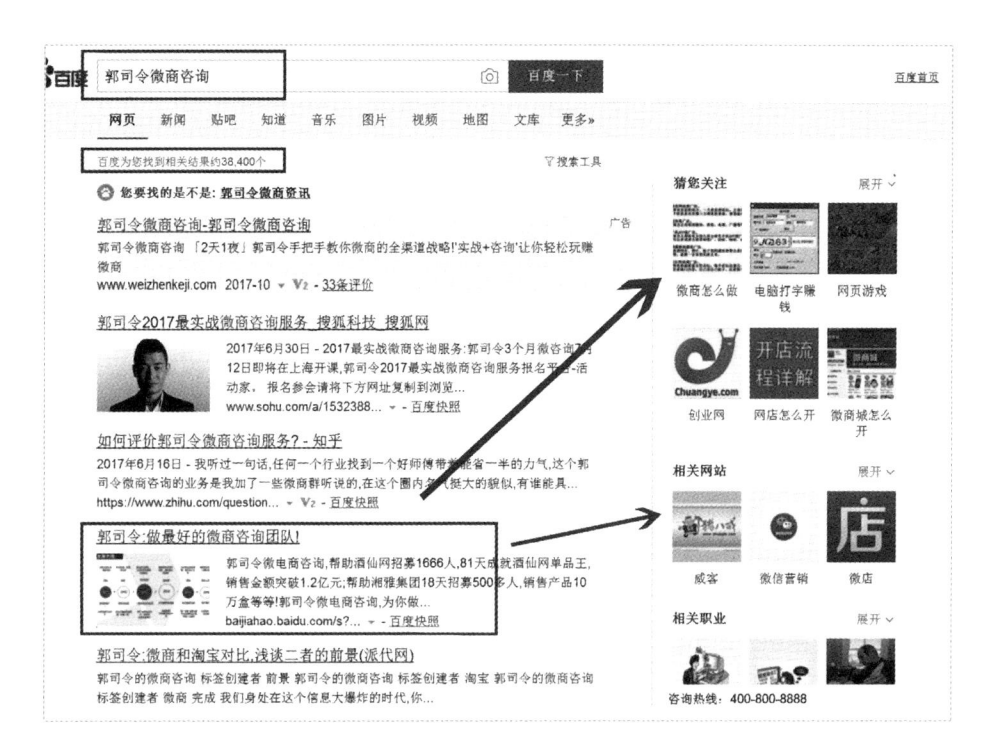

品牌名（郭司令）+品类名（微商咨询）=郭司令微商咨询的 SEO 优化排名。

通过付费购买行业的关键词做百度竞价为品牌引流量。关于行业的关键词有很多，关于具体的操作方法，建议找专业人士来做，我们郭司令品牌的推广工作也是通过收购的一个专业做直营的推广团队在运作的。

- 215 -

常用的付费推广渠道：

A. 微信派单；

B. 百度竞价；

C. 今日头条；

D. 微博粉丝通；

E. 电视、报纸、户外广告；

F. 活动造势。

案例：

郭司令微商咨询付费推广，百度广告 + 今日头条 + 微信派单

百度广告：

微信公众账号派单：

新浪微博粉丝通

+

微博头条

今日头条

广告投放

微商推广的展示方式分为两种：主动搜索和被动展示。

6.3.4 主动搜索内部布局

（1）搜索入口

① 百度、搜狗、360 知道 60 条。

② 百度、搜狗、维基百科 1 条。

③ 百度、360 文库 30 条。

④ 百度经验 20 条。

⑤ 新闻源 50 条、百家号内容 100 条。

⑥ 百度贴吧 100 条。

⑦ 微信小程序。

特别提醒大家，微信小程序是一个新的流量入口，微信的"搜一搜"在不断提升小程序搜索的权重，郭司令微商咨询的品牌也在布局小程序的搜索入口。

（2）微信、新浪微博入口

① 微信公众号信息铺设。

② 微博账号矩阵。

③ 朋友圈内容布局。

客户加你好友之后，第一件事往往是看你的朋友圈。如果你的朋友圈没有做好内容的布局，会严重影响客户成交的周期，你就失去了给别人留下第一印象的机会，做好朋友圈的第一印象非常重要。要有 10 条以上的内容布局，内容要有痛点，够扎心，能够解决客户的抗拒点；名字好记，头像要高清、真实的照片；朋友圈背景墙要设置好，做好内容的整体规划。

项目招商的过程中，代理商有四怕：怕被骗、怕赚不到钱、怕被别人嘲笑、怕产品没有效果，卖不出去。只要你的朋友圈内容规划能很好地解决这四个问题，成交是必然，不成交才是偶然。

抗拒点一：怕被骗

① 收款赚钱反馈见证。
② 一对一私聊图：赚钱、感谢、励志故事等。
③ 品牌代言人和品牌商实力。
④ 线下聚会活动图片、小视频。

抗拒点二：怕赚不到钱

① 新手代理赚钱见证：收入前后对比、感谢私聊图。
② 顶级内训证明：代理课后反馈、开课海报、课程目录、干货分享。
③ 公司重视新手：手把手带、线上线下学习、操盘手亲自密训。
④ 业绩返利见证、表彰大会。

抗拒点三：怕被别人嘲笑

① 代理提车、买房见证。
② 亲情活动：母亲节、父亲节、妇女节、儿童节。
③ 闺密、基友一起做微商见证。

抗拒点四：怕产品没有效果，卖不出

① 产品功效宣传图。

② 客户使用产品效果图。

③ 产品的真实原材料图。

④ 产品地推的活动图。

真正高效的推广往往是免费渠道和付费渠道相结合，根据企业自身的资源组合一套属于自己的打法。对推广引流最核心的是执行力，如果销售团队的转化能力跟不上，再多的流量都是白搭。所谓执行力，就是把每一个不经意的细节做好，不断去重复、去优化细节。

6.4 如何做好企业微博运营工作？

6.4.1 认识微博

想要利用好一个工具，首先需要熟悉了解这个工具。

微博是基于用户关系的信息分享、传播以及获取平台，以140字左右的文字更新信息，实现即时分享。简单来说，微博是社交媒体平台。

6.4.1.1 微博与微信的不同

（1）微博本质是一个媒体工具，同时具有社交的功能；微信的本质是社交工具，同时具有一些媒体的功能。

（2）很多人用类似发微信朋友圈的方式来发微博，这其实是一种非常错误的做法。比如发微博的时候，一样是@了七八个人，这是很明显对微博功能和定位不清楚的原因造成的。

微博作为一个媒体工具，关系主要建立在兴趣上，关系质量较弱，多为单向传播，注重的是传播的速度和内容公开。信息的传播速度和广度在微博上是非常快的。

微信是作为一个社交工具，关系建立在社交上，关系质量较强，多为双向关系，注重的是私人内容的交流和互动，信息的传播速度不快，但受众信息消化率很高。

举一个例子，同样的内容，我发微信上得到的评论和回复数量远远高于微博，可见微信是把你生活中很多的强关系转到了网络上（家人、同学、通讯录上的好友），而微博上的关系还是更松散和单向，人们看到并接收了信息，不愿意花时间去评论和反馈，因为这本身是一种单向的关系。

6.4.1.2　微博与微信的10点差异化对比

（1）平台属性

微信是一个社会化的关系网络，是强关系弱媒体平台，"用户关系"是这个网络的纽带，通常是真实的人际关系，属于移动SNS；微博则是社会化的信息网络，是强媒体弱关系平台，"信息关系"是这个网络的纽带，媒体属性较强，影响范围则更广。

（2）产品形态

微信主要是对话，强调交流与沟通；微博则是快速表达，强调信息的浏览与传播。

（3）传播属性

微信是精准的一对一推送，所形成的是闭环交流；微博则是面向所有粉丝广泛覆盖，传播是开放性的。

（4）人群属性

微信是精准的人群覆盖，关注者多为高黏性的用户；微博是基于兴趣的关注，黏性则普遍较低。

（5）时间同步性

微信的实时提醒功能，使它的传播形式为同时进行；微博默认为时间排序，可通过智能排序、热门微博、搜索等功能实现差时传播的效果。

（6）营销侧重点

微信更强调与用户的互动深度；而微博则强调更长的传播链条、更多的转发、更多的粉丝覆盖。

（7）用户关系

微信用户间是亲朋好友之间关于生活、工作等比较紧密的真实关系；微博用户间是基于兴趣爱好、行业、观点、时间、快餐式交流互相聚集形成的微弱关系，相对比较虚拟。

（8）推广策略

微信粉丝的推广强调线上线下的全线联动；微博则侧重于在微博范围内的聚变式覆盖。

（9）粉丝来源

微信的粉丝更多是来自微信以外的推广手段；微博的粉丝主要来自于微博本身。

（10）内容营销

二者都同样强调短小、凝练、精悍、有趣味，具备口碑传播的价值。

6.4.2 如何设置微博账号？

140字对于用户来说，字数已经太多了，很多用户看到微博的内容太多、信息量太大，根本没有时间看。第一，要第一时间、第一句话强调出你这条微博在说什么；第二，把你要表达的内容整理出来，争取有段落化、有标点，比较简洁。

不能把微博当作是一个冰冷的工具，而要把它做成一个有立体、有形象、有血有肉的人。给自己的微博做一个拟人化的形象很重要。这个类似我们去做营销，我们只有知道自己是一个什么样的定位，自己想要什么东西，为什么来这里，然后希望自己以一个什么样的形象和姿态去展现。营销是一个"链"的工作，而不是一个"点"的突破。

6.4.2.1　设置好账号的好处

微商是以人为中心的，所以账号设置一定要拟人化、形象化。

（1）通过账号展示你的个人形象，让粉丝在这一秒认识你。

（2）完善个人资料可以提升整个微博权重，官方会给一定量的曝光。

> 粉丝的意义：
> 你的粉丝超过一百，你就是一本内刊。
> 你的粉丝超过一千，你就是一个布告栏。
> 你的粉丝超过一万，你就是一本杂志。
> 你的粉丝超过十万，你就是一份都市报。
> 你的粉丝超过百万，你就是一份全国性报纸。
> 你的粉丝超过千万，你就是电视台。
> 你的粉丝超过一亿，你就是CCTV了。

6.4.2.2　品牌商、联创、代理该如何设置基本资料？

（1）头像——微博讲究有头有脸，无论是个人还是团队，都应该以真正的面目示人。老大/联创/代理商本人的照片最好。

（2）名称——真实姓名；如名称已被别人使用，可加某个字母，但千万不要加微信号，否则会被微博官方屏蔽。

（3）简介——官方规定最多70个字，建议越短越好，能清楚说明自己身份即可。

（4）签名——认证用户的签名会直接显示认证信息，如果可以，建议品牌商给自己的联创及卖货人都认证微博；非认证用户可随意修改，一句话介绍自己即可，尽量不要带微信号及联系方式，这样给人的第一印象很不好。

（5）个人标签——与所在行业及产品相关的即可，微博会增加权重曝光（所有信息尽可能真实、完善）。

（6）主页背景——可自定义设置自己的品牌信息及个人信息。

（7）消息设置——里面所有看到的功能都要设置为"允许所有人"和":提醒"，防止遗漏消息，并且要及时查看私信评论和点赞消息动态，及时做出回应。

（8）自动回复——分为被关注自动回复、私信自动回复、关键词自动回复。

（9）被关注自动回复：欢迎语＋自我介绍＋你的价值体现，例如，你好，我是微商团创始人郭俊峰，在微博会定期分享微商干货，每天一篇微商原创文章，欢迎拍砖。

（10）私信自动回复——在粉丝给你发私信时回复固定的一句话，相当于QQ的离线回复，作用不大且很烦人，不建议设置。

（11）关键词自动回复——在粉丝发私信触发关键词时回复提前设置好的内容，可作送产品活动或报名活动收集用途，提前设置好一个收集表单的链接或需要粉丝留信息的模板，如送产品，可发微博告知大家。例：今天，我会免费送30份我的产品臭氧油，如果你喜欢可私信我关键词"臭氧油"即可。

（12）微博橱窗——可设置自己产品放置在主页，起到展示作用。

6.4.2.3 关于关注

（1）关注有两种，一种是点击对方微博主页的"关注"按钮，这就算完成了一个关注。另外一种是定期去关注某个或某些人的微博，看看他们都发了什么内容的帖子。

（2）关注别人微博可以让对方的帖子显示在你的信息流中，别人关注你之后，同样你的微博帖子也会展示在对方的信息流中，起到提醒和避免被遗忘的作用。

（3）关注行业账号——或关注行业内意见领袖的微博，可以第一时间获取咨询，丰富自己的见识。

（4）关注同行微博——可以与其互动交流，借鉴别人微博运营的技巧，让粉丝更加喜欢你的微博。

（5）关注经常和自己互动的账号——更加深度地发生关系，别人认可你这个人，之后购买你的东西就是时机的问题了。

（6）微博官方账号——可以及时了解微博最近发生了哪些变化，哪些是自己可以利用的。

6.4.2.4 品牌商、联创、代理商该关注哪些账号？

（1）品牌商、联创、代理商要相互关注彼此微博，一来互关可以给彼此增加粉丝数量，使没有粉丝基础的看着不至于那么单调，关注后做好分组会方便你管理各个不同层级的人群；二来可以及时获取对方动态。

（2）线上线下的熟人、合作伙伴、客户、行业大咖、微博上熟悉的好友、微电商达人，同时微博官方的账号可以：@ 企业微博助理、@ 微博广告、@ 粉丝头条官方微博、@ 微电商攻略、@ 微博电商……

6.4.3 账号运营评估标准

账号活跃度

（1）日发布微博原创数以及转发比。

（2）内容价值。

（3）评论转发原创文档下载。

（4）活动参与。

（5）企业用户参与数、个人用户参与数、相关话题数。

（6）粉丝数量以及质量。

（7）粉丝总数、粉丝增长速度、各类粉丝分布。

6.4.4 微博运营潜规则

6.4.4.1 什么可以加权

（1）所发微博含多图加权。

（2）所发微博含双 # 话题加权。

（3）所发微博含站内长微博加权。

（4）实名用户加权。

（5）多图加权：3%。

（6）加相关 # 话题 # 加权：5%。

（7）长微博加权：10%。

（8）突出平台功能加权。

（9）微博橱窗加权。

（10）签约自媒体人有加权。

（11）认证微电商达人。

6.4.4.2　什么会被降权

（1）微博上永远不要放二维码及提到微信相关推广。

（2）微博上不要放外链，放外链就减少20%的曝光。

（3）不要重复发你关注人的微博信息，就是不要抄袭或粘贴别人的微博文案。

（4）同一时段榜单，同一用户最多有2条内容上榜，第2条内容热度降权。

（5）相似内容第二条降权。

（6）图片长微博降权。

（7）非原创段子类账号降权。

消费者从来没有抗拒消费，抗拒的只是不相关的商业信息！在对的时间，找到对的人，用对的方式，说对的话，是微博营销的重点！

6.5 微商日增 500 精准粉丝的实操方法

微商推广引流，目前已经不再局限于微信，越来越多的微商人开始做全网营销。因此，当你推广的时候，千万不要只专注于微信，要把视野放宽，全渠道引流、全网营销。

现在很多人说 QQ 群的效果大不如前，QQ 群营销确实有这样的现象，主要是因为现在 QQ 群的活跃度越来越差，这是大趋势。很多人虽然在群里面，但是大多设置了屏蔽群消息，所以即使你用小号推大号的方式，将广告说得天花乱坠，大家也收不到消息，也不看消息。你说，效果能好吗？虽说 QQ 群营销的推广效果变差了，但是不代表 QQ 群营销就此没落了。毕竟，QQ 群是一个精准分类、聚集人群的好地方，里面有非常多精准的流量。很多 QQ 群看似人很多，很热闹，实则变现的难度很大，所以要想 QQ 群营销效果好，学会找到高质量的 QQ 群则是一件非常重要的事情。

具体怎么操作呢？传统的方法，很多是通过 QQ 自带的搜索功能，去搜索相关的关键词，然后加入这些 QQ 群，这样的做法有一个弊端，就是说对于这些 QQ 群真正的质量无法有一个更精准的把握。而我们需要跳出这种传统的思维模式，改变一下操作方法，这样找到的 QQ 群，其特点就是组织性更强，而且这些 QQ 群有更加一致的共同爱好或是目的，更适合在日后挖掘商机和变现。记住，先找 QQ 群，然后再根据流量挖掘商机，进而进行推广。

6.5.1 如何找到高质量精准的 QQ 群？

如今越来越多的朋友会看小说，网络小说太多了，但男生和女生喜欢看的小说就有很大的不同。我们可以通过网络小说来确定受众的性别，然后进而找到相关的 QQ 群。

比如，女生爱在晋江网站中看小说，我们随便打开一本热门的小说页面，都会发现作者公布的 QQ 群。这种群里，女生自然是绝大多数的，而且一般都是女孩子和学生，这类流量日后做养生、减肥等都不错。需要多说一句，因为这种网络小说的网站，作者一般在写了一段时间后文章就会入 V，也就是说，你要看小说是要花钱的，虽然花的不多，但也是一种对流量的"考验"，起码说明受众相对来说更容易接受付费的观念。他们愿意通过付费的方式来看来购买自己喜欢的、想要的。这种流量质量更高一些，所以日后变现更容易。

再者，比如你姓李，你搜索李氏 QQ 群，会有大量姓李的人在群里，这些地方广告很少。

而怎么来引流，拿下群主呢？观察这个群的活跃度，如果够高，那就直接找群主谈，和他说清楚不打广告，只在里面多活跃。让群里其他人记住你并且印象深刻，混熟了之后，你加她们是不会拒绝的，然后再导入到微信里。或者说你可以赠产品，让群主不反抗是第一。而作为群主，他的想法是不要让自己被骂，不要让大家反感，他就会接受。OK，这样就好办。你说我不打广告，我就想偶尔送点东西给大家，活跃下气氛，怎么送？红包抽奖啊，抽奖第一名的送5包轻轻茶，前提是加好友；其次拍卖，一分钱起拍偶尔组织一下。再帮群主想些别的方法，让他的群活跃起来，不一定都要花钱，但目的是能够让群变得更好就行，群主也会配合你，这是一种思路。

6.5.2 微信群加粉

如何搜索大量的微信群？

好友先有量才有质，对吧！我建议大家先打开微信添加一个公众号：群导航。它里面有大量的微信群。

添加之后会出现一个页面，点击探宝，大家可以看到最上面有18万个群点击进去。

点击进去以后，你就看到很多的群，点击右边的加群就会出现这个带有二维码的微信群。

然后点击下二维码就会出现以上页面显示，在第三个有识别图中二维码，

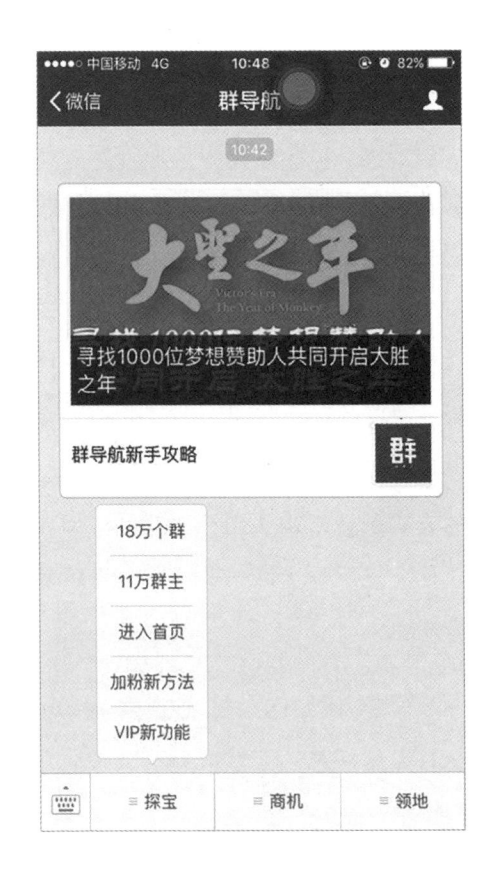

然后再进行点击就可以进到群里面了。

这些群呢，几乎都是要求你先加群主，不然他就会踢你出去。所以要怎么做，先把群主加上，然后在里面发一些引导别人加你的话：无意中加入这个群，看你们都是做微商的，我想了解但不太懂，有人愿意教教我嘛？我是微商小白，之前交了钱之后上家就不管我了，货也没卖出去，现在想换个好品牌负责任的上家，有推荐的吗？

当你发完这些之后呢，会有大批加你的人，微信被动加人随随便便几十人是很正常的，几百人加你也正常。这样微信好友倍增，上升很快。当然，我们也可以主动加别人，他们可能会通过你，后期再慢慢转化他们。

6.5.3 微信群加粉

咱们再说微博加粉丝，微博洗粉丝到微信其实也很好推。

很多女性，尤其是白领喜爱关注的微博账号通常会有很多人去评论，你可以去私信这些人，互相关注或者评论她的微博、转发她的微博，引起她的好感，交个朋友，加个微信，这些都属于简单的。狠一点的，直接上工具。比如QQ群群发，微博批量转发，关键词置顶，买对方的头条置顶等都可以。但要记住，不要用暴力的方式吓到粉丝，要用吸引、诱惑、免费、友好的方法去破冰。推广其实不难，多摸索总会有效果。当然，操作上面一个方法，就足够让大家有收获了！

再给大家分享一些吸引精准粉丝的技巧，而且非常容易成交，把产品销售出去，但是前期会付出一些成本，做生意哪有不付出就会有收获的，只要成本花对地方了，收入也会翻倍。

① 让朋友们去转发你的微信或者二维码到他们的微信朋友圈里面，让他们帮助你推广，吸引其他朋友来扫码加你的微信。

如果你有100个好友帮你转发了，每次转发吸引了10个人来添加你，那么你就拥有了1000个精准的好友。为什么说是精准的呢？因为他们都是朋友的朋友，是有了信任的基础，也绝对不会反感你。

那问题来了：怎么样才能够让朋友有效地帮助你推广，为什么要帮你转发二维码到微信朋友圈？

② 要做简单测试，选定一位朋友直接送两袋轻轻茶的体验装给她，让她在喝轻轻茶的时候，拍个冲泡好的照片或者最好是拿着轻轻茶自拍，配上你的微信二维码，转发到朋友圈，搭配一段文字。这里，我给大家一段文字的参考：

"快看！这是闺蜜送的轻轻茶，真的很好喝，还有减脂的作用，效果非常的好！听说今天加她的都可以领取免费的体验装，仅限前20份呢，快点扫码或者加她微信××××××，说是我推荐的就可以啦！"

③ 产品闺蜜推荐的，产品又有很好的减肥、清肠道的功效。很多女生对自己的身材是不满意的，有了闺蜜推荐的信任基础，又是免费领取，就是加个微信就可以了，肯定会有想减肥、相信朋友的女生来加你微信，那么这就是你的精准客户。只要你稍微地抓住她的痛点，就是肥胖嘛，刺激一下，她是绝对会来购买产品的。

以此类推，测试完了以后流程你就熟悉了，可以去快速地找更多的朋友帮忙推广！这样你的精准客户就会越来越多。当你测试到差不多10个人的时候，会有朋友来加你领取试吃了，你就可以截图内容，发个朋友圈互动，告诉大家很多人来咨询领取，只要转发我二维码的都可以来领取体验装，形成一种关系的二次传播。

这样就会有很多朋友来帮你转发，以达到精准加粉的效果。当然，你还是要去私聊其他朋友去帮忙转发的，因为不是所有人都会关注你的朋友圈消息。

这里要注意三个核心观念点：

（1）来免费领取的朋友，同城方便的话可以面对面赠送，还可以提高成交率。要不是同城的可以要求她付运费8-10元，一般是会同意的。如果不愿意的就要看她的减肥、减脂意向如何而定，尽量留个好印象。

（2）送完体验装的朋友，一定要及时跟进，问问味道好不好、喝完以后有什么效果。没有效果的话是因为量不够，坚持喝是会有效果的……这样就可以引导聊天。

（3）朋友圈要同步去发布一些产品的介绍和反馈，甚至@她去看你的朋友圈，其实就是告诉她，轻轻茶的真实效果是这样的！

当然，任何方法都是要去付诸实践的，而且是长期的实践。否则，一切都是你的主观臆测。所以，只有当一步步去完成一个个目标之后，你就会发现，原来加粉其实不难，难的是你还没有开始就已经结束了。

6.6 案例：酒仙网五粮液密鉴推广策略

一个核心：招代理

两个方向：微商圈子、行业圈子

三个阶段：筹备期、招商期、运营期

四个步骤：信誉背书、品牌知名度、品牌影响力、促进招商引流

五个纬度：产品、企业、团队、模式、资源

六种形式：软文、海报、视频、直播、活动、问答

酒仙网推广案例展示

酒仙网前后进行三轮的推广，第一轮以品牌曝光+信任背书为主，第二轮以招募联创为主，第三轮以产品曝光为主。

第一轮推广

通过寻找行业意见领袖做品牌背书,以转发微博的形式,对品牌进行曝光。

寻找的行业意见领袖:

龚文祥 + 电商行业 + 吴蚊米 + 数据化管理 + 电商报 + 创业最前线 + 鬼脚七

转发微博内容:

【跟着酒仙网一起来赚钱】微电商趋势浩荡,酒仙网号召各路豪杰,共同打造酒类微电商行业标杆!破格对外招募联合创始人,首批名额3天抢完,应市场需求,再放100个名额!截止时间9月24日24点,倒计时5天!私信@酒仙网官方微博 抢占名额!

推广形式:

电商行业
9-20 18:24 来自微博 weibo.com
4960 阅读

酒类电商领先品牌"酒仙网"开始大举进军微电商领域，打造微电商爆品，这架势，这力度，来势汹汹啊，你怎么看?

@酒仙网官方微博:【跟着酒仙网一起来赚钱】微电商趋势浩荡，酒仙网号召各路豪杰，共同打造酒类微电商行业标杆！破格对外招募联合创始人，首批名额3天抢完，应市场需求，再放100个名额！截止时间9月24号24点，倒计时5天！私信@酒仙网官方微博 抢占名额！

数据化管理
9-21 17:00 来自微博 weibo.com

酒仙网的数据在过去的酒类电商行业中是遥遥领先，今天开始另辟"微电商"途径，隐约觉得是要开创一个新景象啊，微电商人是要关注下这方面。

@酒仙网官方微博:【跟着酒仙网一起来赚钱】微电商趋势浩荡，酒仙网号召各路豪杰，共同打造酒类微电商行业标杆！破格对外招募联合创始人，首批名额3天抢完，应市场需求，再放100个名额！截止时间9月24号24点，倒计时5天！私信@酒仙网官方微博 抢占名额！

转发 评论 赞

电商报
30秒前 来自 微博 weibo.com
酒仙网正式打开"微电商"大门，巨大的实力+品牌资源+明星代言，看来是要在"微电商"领域开创新篇章，打造酒类微电商爆款，值得微电商人关注！

@酒仙网官方微博
【跟着酒仙网一起来赚钱】微电商趋势浩荡，酒仙网号召各路豪杰，共同打造酒类微电商行业标杆！破格对外招募联合创始人，首批名额3天抢完，应市场需求，再放100个名额！截止时间9月24号24点，倒计时5天！私信@酒仙网官方微博 抢占名额！

9月20日 10:03 来自 360安全浏览器 194 74 27
阅读295 推广 转发 评论 赞

触电报微博
9-20 18:48 来自微博 weibo.com

酒仙网也开始进军"微电商"了，越来越热闹了啊！//@郭俊峰V: 相互转告//@一个课代表: 快来，跟着酒仙网，一起来赚钱。

@酒仙网官方微博:【跟着酒仙网一起来赚钱】微电商趋势浩荡，酒仙网号召各路豪杰，共同打造酒类微电商行业标杆！破格对外招募联合创始人，首批名额3天抢完，应市场需求，再放100个名额！截止时间9月24号24点，倒计时5天！私信@酒仙网官方微博 抢占名额！

推广效果：

① 原微博形成 276 次转发，143 次评论。

② 第一轮进行的是品牌曝光、宣传预热，但是也形成了咨询。如下图所示：

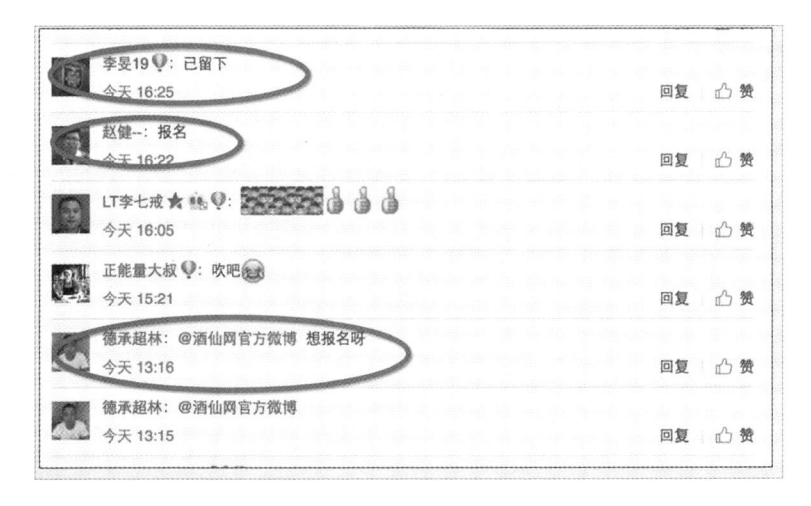

第二轮推广

第二轮推广重点在招商。

借助微商绝对意见领袖郭俊峰的微博进行图文宣传，通过意见领袖微博直发，进行招募内容的软文推广，期间通过"大V+粉丝通"进行博文曝光，吸引更多人关注，达到招募效果。

微博内容：

【大事件】2016年酒仙网开启酒类微电商新局面，势头正猛。五粮液股份联合酒仙网推出"密鉴"酒，全力进驻微电商渠道，这又是酒类行业渠道的一次新的开拓，大平台+专供产品+高效渠道。你会如何看？评论里面有惊喜！

推广形式：

推广数据：

微博形成咨询（评论咨询+微博私信咨询）共计157人，最终形成成交69人。微博曝光510万，形成互动：137次转发+206次评论+748次点赞。

推广效果：

```
飞氏小窝 V：我们合作吧
30分钟前

皖无痕 V：网络销售吗
35分钟前

莫丽V：惊喜在那里，我要找惊喜
56分钟前

TT大猫01：我想成为酒仙网的联合创始人，请问小九在哪里？
3分钟前

人可平123456789：如何成为联合创始人呀？
今天 08:19

麗姿兒baby：支持支持👍
今天 07:40

倾听123456：回复@酒仙网官方微博:已私信
今天 06:54                    举报 删除 查看对

浩然正气象：从哪买
今天 00:04

韩耀德09：真酒假酒？
10月21日 23:29
```

第三轮推广

产品曝光为主

通过寻找行业意见领袖做信任背书，以微博有奖转发的形式进行产品曝光，快速且互动性强。

寻找的行业意见领袖： @郭俊峰 V

微博内容：

来，干杯！！恭喜酒仙网微电商项目开盘 40 天联创招募圆满成功，1660 位英雄好汉，这个结果足够牛叉，期望酒仙网的微电商项目能够成为行业的标杆。之前说要送这款酒给大家，现在转发此微博关注 @郭俊峰 V，@3 个你要干杯的酒友，11.4-11.10 号，每天抽 10 位 @微博抽奖平台，共 70 瓶。

奖品规则：

活动进行一周 7 天，每天抽送 10 瓶"密鉴"酒共计 70 瓶。

推广形式：

推广效果：

原微博产生 5483 次转发，1555 次互动，1643 次点赞。产品曝光人数 33 万人次。

数据搜集可能出现小范围误差，特此声明

产品动销

7

7.1 品牌化是微商渠道成熟的必经之路

7.2 如何玩转促销活动让业绩翻倍？

7.3 如何做好销售？

7.4 新手代理如何快速出单？

7.5 朋友圈陌生好友快速转化的三招秘诀

7.6 打造全能微商——高效转化各渠道引流

2015年5月，微商行业第一次进入主流媒体的视野，"毒面膜、假货、压货、杀熟、圈钱、传销"等成为了大众对微商的印象，各种嘲笑微商的声音扑面而来。同年6月，微商团推出了一个全新的产品"高手营"，我把过去15年做销售、带团队的经验与微商结合在一起，推出了适合微商做销售的"五步八点"，将"卖好货，好好卖货"这七字诀定为微商长久发展的安身立命之本。

在高手营几千学员中，真正把"卖好货，好好卖货"的理念用到极致的学生是"大卫博士"的老板常来夫妇。我在很多公开场合讲过，常来夫妇是我见过的微商创业者中不是最聪明的，却是绝对执行力最强的，敢于死磕自己，一条路走到黑的主，这是我最敬佩常来夫妇的地方。

创业拼的从来不是聪明，而是创业者的信念和执行力，想到和得到之间永远差一个"做到"。在接下来的两章产品动销和团队管理中，书中的很多销售、带团队实战分享，是来自于我们原高手营的负责人夏微微同学，在服务品牌商和团队老大的一线实战经验。相信看完这两章一定会对你卖货、带团队有极大的帮助。

真正解决产品动销的有三要素：品牌、促销活动、渠道。

7.1 品牌化是微商渠道成熟的必经之路

我在和一些传统企业的资深营销人、一些淘宝系的老玩家交流的时候,再对照我对微商的认知,很容易窥探到一些趋势,不乏历史意味的警醒蕴含其中。

在20世纪90年代,哪里要什么品牌,是个产品就能赚钱,供不应求,市场不规范嘛。

到了淘宝的年代,也一样。整个行业也从一片混乱走向竞争激烈、规范洗牌。从无品牌到淘品牌,再到大品牌进入收割市场,脚印深深如今还清晰可见。

微商市场呢?最初的混乱时期已经过去,进入2017年以来,我们发现越来越多的传统品牌进入,其中不乏行业顶尖品牌。

以前找个产品设计一套模式就能赚钱的时代

一去不复返了，大家纷纷找出最好的产品来，找我们来做品牌。因为代理商和消费者，口味都更难伺候了。

土生土长的淘系品牌，精通流量，精通淘宝资源，精通做数据，可是仍然最终被传统大牌打压出局。可惜就可惜在，没有早点做品牌。流量红利结束，流量换来的销量没有了意义，利润率急剧下降，店铺品牌的溢价能力又不足，死忠粉少得可怜，最终难逃被历史翻篇的命运。

> 微商品牌，如今也到了加紧做品牌的时候，不然也会被翻篇。

7.1.1　品牌才是真正的摇钱树

谈到品牌，我们很多人可能听过可口可乐的一句话：如果我们在全球的工厂都付之一炬，我们仍然可以凭借"可口可乐"这个品牌东山再起。

> 品牌的力量由此可见一斑。

一定有人会说，这是个案，像可口可乐这样的品牌能有多少？看国内，也只有王老吉、联想、格力这些超级品牌才能做到，小牌子就不太可能了。

其实不是这样的。即便是街边卖豆腐的小店，也可以拥有像可口可乐一样的品牌：有一天豆腐坊被付之一炬，但豆腐西施也能东山再起……

> 品牌不在于规模，要看本质。

品牌其实是一个形象，准确来说是一个占据消费者心中某种印象的形象。形象的主体，可以是"虚无缥缈"的品牌，可以是实实在在的产品，也可以是企业的代言人、企业的精神领袖，还有企业的行为。

打个比方来说"行为",加多宝知道广药要拿回"王老吉"的时候,就开始把线上媒体资源推向"加多宝集团公益行动",把以前通过"怕上火就喝王老吉"建立起来的品牌印象,逐渐往"王老吉的公司加多宝是一家做公益的好公司"引导。后来,广药赢了官司之后,加多宝大打同情牌,让人同情他们把"王老吉"养大不容易,做公益不容易。

加多宝把基于产品的品牌印象,转移到公司主体上。虽然"王老吉"品牌易主,但是加多宝凉茶仍然是第一。

再说耐克、阿迪,曾经他们的产品就是晋江七八十元出厂的产品。但贴上耐克、阿迪能卖七八百,过季断码打折,才到四五百。耐克、阿迪的产品又贵又好卖,是因为产品本身吗?

教科书讲"品牌是产品价值的体现",但事实是好品牌未必有足够好、相称的产品。反过来也一样,好产品未必会成为好品牌。

有不少人说安踏的鞋子比耐克好穿,阿迪、耐克为什么能成为品牌?因为人们心中的运动精神。而它们就代表了最典型的运动精神:Just do it,Impossible is nothing。

所以,这两个品牌只是做形象做占位,让消费者把运动装备和心里本身就有的运动精神连接起来。看起来,这是"虚无缥缈的品牌",但实际上它不虚无,运动精神早就存在于人们心里,品牌商只要去建立连接即可。

不论企业通过哪种方式建立起品牌,都会对生意产生极大影响。

7.1.2 个人品牌

个人品牌，与企业品牌可以重叠加成，也可以独立出来。

华为的任正非，猎豹的傅盛，格力的董明珠，以及马云、马化腾、李彦宏、张朝阳、雷军……例子不胜枚举。

红塔的褚时健，后来做褚橙；阿芙精油的雕爷后来做餐厅。如果拿娱乐圈的明星，这种例子就更多了。

锤子手机的罗永浩，一个人撑起一个硕大的企业，撑起企业发展，撑过资金断裂的危局。曾有大企业想要买下锤子，只因为觉得让罗永浩做发布会就能赚回来。这是因为罗永浩的绝对能力吗？是，但更多是因为他有大量粉丝，他有鲜明形象，有个人品牌。

个人品牌多么可怕！

企业扩张受到的限制，比个人会更大。企业扩张受到资源、成本、时间的限制，同时也受到消费者理解的限制：威猛先生出一款洗面奶，估计是没人敢用的。而个人品牌，会更灵活，因为人格总是比品牌的性格更丰富多元，更易于被包容。

微商做流量，我们从以产品为主，转向以人和项目为主。即塑造项目的灵魂人物，让人们佩服这个人，同情这个人，喜欢这个人做事的方式，赞同这个人的观点……最终相信这个人。

如何成就个人品牌？

成为意见领袖，成为专家能手。

你成为某种观念、某种生活方式、某种知识本领、某种经历这些方面的过来人和专家，你就有可能被塑造成为一个标签，成为某个领域的意见领袖。如果你的观点够鲜明，够有高度和共鸣，然后持续传播，还有机会成为大咖。

比如张大奕，做服装能"双十一"单日过亿，就在于她是微博红人，无数人喜欢她的生活方式和理念。

但，对于大部分人来说，要成为专家太难。但成为专家提供价值输出，仍然是最容易打造个人 IP 的一条路。成不了专家，没关系，你可以成为活跃的达人，积极表达自己的看法。

7.1.3　品牌的核心是什么？

品牌的核心在于含义。

创建品牌是极为复杂的事情。大卫·奥格威说，你的每一笔投资，都是在为品牌建设添砖加瓦。

我们不用追求如此高的境界，只需要做到两点：一是你的品牌是有含义的；二是你的传播和公关行为，不要背离品牌的初衷。

Roseonly，一个玫瑰花品牌。它说：一生只送一人。当你打算买玫瑰花送给另一半的时候，你就会想买这个品牌的花，它代表了长久的爱情，它比普通的玫瑰花更值钱。

我们做的"汪仔饭"，是一款新鲜狗粮，当你非常疼爱自己的宠物，希望给它人性化的宠爱，你会给它旺仔饭，像人吃的饭一样高品质。它是新鲜可口的，讲究食材质量的。

我们做的"原形文胸"，是一款帮助产后恢复期女性恢复胸型的文胸。当女性希望在恢复期恢复身材的时候，她会想买原形文胸，因为我们提倡不仅身体恢复原形，更要心理也要从宝妈恢复成小姑娘，读书、看电影、逛街、泡吧、旅游，不要被生活羁绊。

我们做的峨眉山高山森林禅茶，是一款"好喝的茶"。不讲茶道不讲文化，就是返璞归真的追求，一杯茶只要好喝就行，何必多想？当消费者想买一盒茶叶自己随意泡着喝的时候，就会想起峨眉山高山森林禅茶，好喝是一杯茶的最高修行。

当你要开始做品牌，就要适当放开零售思维，把卖点先放到一边，考虑你的品牌代表了什么。是一种消费场景，一个消费主张，还是植根于某种文化？这会给别人留下什么印象？此后再考虑产品是什么卖点，能否支持这个形象，两相对照是不是合情合理。

7.1.4 微商品牌和传统品牌有什么差异？

微商品牌的本质，和传统品牌一样。好比微商招商的本质和传统招商一样。

但因为渠道和沟通对象、沟通环境的差异，表现也不同。好比公交站牌广告和高速路"高炮广告"的内容不可能一样。

> 微商是新的互联网销售渠道，补缺型渠道，基于社交关系，必须考虑用户在社交场景下获取认知的习惯。

互联网思维的品牌，总是强调情怀、故事、独特的性格。这和线下渠道品牌不一样，线下品牌得益于终端的限制，形象的构成是多元化的，装修、物料都构成品牌形象。也就是说，不一定要品牌本身多么厉害才能溢价。但微商的品牌，面临的是用户"随手一滑"的考验，匆匆一瞥间注意不到你、感受不到刺激，就很难关注你。

微商品牌比传统线下品牌，更需要鲜明、独特、夸张、叛逆、强烈、颠覆……总之，能刺激到你。

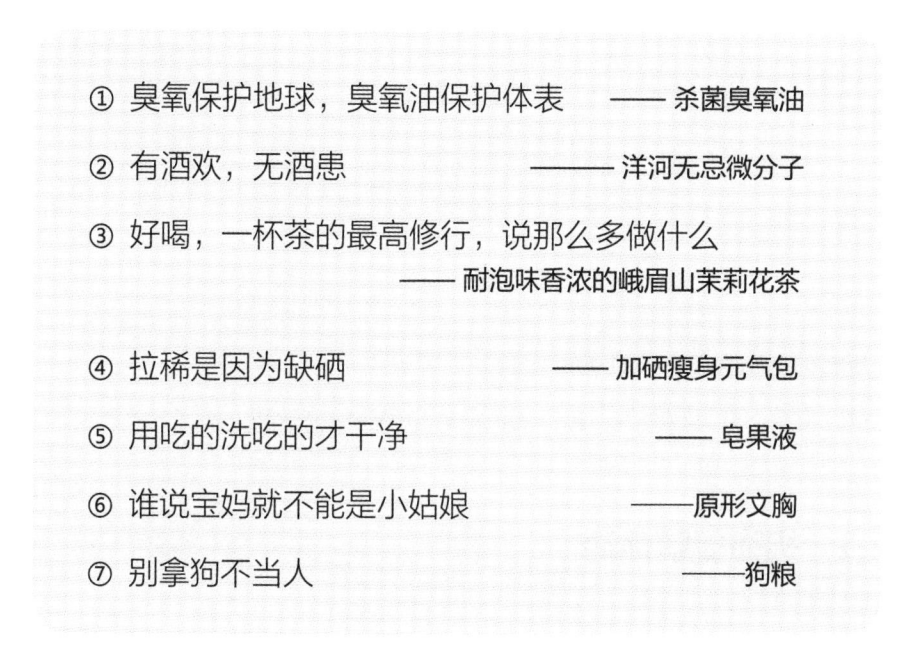

① 臭氧保护地球，臭氧油保护体表　　—— 杀菌臭氧油

② 有酒欢，无酒患　　　　　　　　　—— 洋河无忌微分子

③ 好喝，一杯茶的最高修行，说那么多做什么
　　　　　　　　　　　　　　　　　—— 耐泡味香浓的峨眉山茉莉花茶

④ 拉稀是因为缺硒　　　　　　　　　—— 加硒瘦身元气包

⑤ 用吃的洗吃的才干净　　　　　　　—— 皂果液

⑥ 谁说宝妈就不能是小姑娘　　　　　—— 原形文胸

⑦ 别拿狗不当人　　　　　　　　　　—— 狗粮

上述语义，是我们创造的一些品牌内心的独白。

拥有这样的态度和性格的品牌，符合现在年轻人的心理，经得起随手一滑的检验。

现在的年轻人，见识之广博，观点之多元，理念之独立，往往超过我们的预想。不能再拿着老一套和他们对话了。

关于品牌，我就零零碎碎谈这么多。品牌是极为复杂的事情，如果我们化简为繁，就好好考虑"内涵、性格"两个词。不过，现在你也不得不考虑了。

7.2 如何玩转促销活动让业绩翻倍？

所有的运营都需要活动去做配合，正所谓"无活动不运营"，微商做促销活动常见有两种：招商促销活动和产品促销活动。

7.2.1 招商促销活动

半价升级做代理、1元做代理、三折拿代理、补货10000元送日韩五日游、升级代理送iPhone 8、招代理送代理等，这些活动通常都是限时特惠，根据节日来搞的政策。

关于招商促销活动，在前面招商策划已经讲过，在这里就不再赘述。招商促销套路和产品促销套路基本类同，都是根据消费者厌恶损失和喜欢贪小便宜的心理设计的。

如果你想详细学习定价策略和消费心理，可以看看《怪诞行为学》（Ⅰ、Ⅱ）、《定价》，至于《消费行为学》这本教材就不推荐了，读起来太费劲。

7.2.2 产品促销政策

直接 5 盒打折、买赠、会员促销、特价专区、场外促销、新品促销、节日促销、主题促销、联合促销、体验促销、消费券、返现、限时抢购、凭证促销、抽奖促销、特价周期、折上折、批量折扣……

做微商不能只是一味刷屏，偶尔搞一下促销，会有意想不到的效果。这里总结 6 种常见的产品促销方法。

7.2.2.1 临界价格法

造成顾客视觉错误临界价格：指在视觉和感知上让人产生第一错觉的价格。

实操案例：以 100 元为界限，那么临界价格可设置为 99 元或 99.9 元。

优势分析：以较低成本刺激消费欲望，用数字压力促进消费。特别的视觉导致店铺个性化，轻松达到推广效果。价格组合的方式多样，吸引顾客的方式不再单一。

7.2.2.2 阶梯价格法

让顾客主动着急阶梯价格：商品的价格随着时间的推移出现阶梯式的变化。

实操案例：新品上架销售，第一天 5 折、第二天 6 折、第三天 7 折、第四天 8 折、第五天 9 折、第六天原价。

优势分析：减少顾客的犹豫时间，促成冲动购买行为。商品本身已完成生产，避免商品失去价值。此举既吸引和刺激顾客消费，又避免店铺亏本。

7.2.2.3 降价加打折

给顾客双重实惠降价加打折：比纯粹促销方式多一道弯，达到双重实惠叠加的效果。

实操案例：以 100 元商品为例，如果直接打 6 折就会损失 40 元的利润，但如果先把商品降价 10 元后再打 8 折，那么商品损失的利润是 28 元，而顾客却觉得更实惠。

优势分析：顾客心理容易丧失原来的判断力，被促销所吸引。提高促销机动性，扩大消费群体，吸引更多的流量。降价促销带来了成本浪费，但提升了客单价。

7.2.2.4 错觉折扣

人们普遍认为打折的东西质量会差一些，而我们换一种叙述方式：注重强调商品的原价值，让买家觉得花了更少的钱，买到了更超值的商品，效果往往大不同。

实操案例：花 100 元换购价值 130 元商品。

优势分析：利用货币价额错觉，让顾客避开打折处理货的误区。针对顾客"便宜没好货"心理，通过让利提升购买欲。错觉折价比打 7 折销售法的实际获利还要高一点。

7.2.2.5 一刻千金

让顾客蜂拥而至一刻千金：让顾客在规定的时间内自由抢购商品，并以超低价进行销售。

实操案例： 顾客在每天上午 9:00-9:30 买下的商品，均以最低价格成交。

优势分析： 看似亏本，却能带来急剧提升的流量和潜在顾客。让顾客自主传播，节省大量主动宣传费用。利用知名度的提升，带来更多稳定的顾客。巧妙选择时间点，提升店铺活动的记忆力。

7.2.2.6 超值一元

用小鱼钓大鱼超值一元：活动期间，花一元钱就能买到平时几十元甚至上百元的商品。

实操案例： 超值商品，仅售 1 元。数量有限，售完即止（每人限购 1 件）。

优势分析： 用限量的超低价活动，提升关联商品的销售量。唤醒顾客消费欲望，用一份礼品刺激更多消费。分次活动引起顾客长期关注，带来二次转介绍。

7.3 如何做好销售？

很多人想要创业，要经商，其实，经商就是销售。销售要技巧还要话术，更需要坚持不懈。看了你就明白了：销售（培训）万能经典理论。

很多人一谈到销售，就简单地认为是"卖东西"，这只是对销售很片面的理解，其实人生无处不在销售，因为销售实际上是一个分析需求、判断需求、解决需求、满足需求的过程。比如，我们到一个新的环境，进行自我介绍，就是对自己的一种销售；人的一生就是一个推销自己、让别人认可的一个过程。

在分享具体微商的销售技巧之前，先来温习一下销售的常识和销售大师总结的经典语录：

【销售之道】

1. 生客卖礼貌； 2. 熟客卖热情； 3. 急客卖时间；

4. 慢客卖耐心； 5. 有钱卖尊贵； 6. 没钱卖实惠；

7. 时髦卖时尚； 8. 专业卖专业； 9. 豪客卖仗义；10. 小气卖利益。

【销售之王——乔·杰拉德的经验】

1. 为每一次与客人见面做好准备；

2. 常与对你有帮助的人吃饭，不要只懂跟同事吃饭；

3. 穿着得体；

4. 不抽烟，不喷古龙水，不说低俗笑话；

5. 用心聆听；

6. 展示微笑；

7. 保持乐观；

8. 谨记"马上回电"；

9. 支持你所卖的产品；

10. 从每一项交易中学习。

【优秀销售的六大特点】

1. 80%的业绩来自1-3个核心客户；

2. 跟客户的关系非常深，总是跟客户在一起；

3. 会专注于某个行业，对某一类客户了解非常深；

4. 会花几个月以上的时间重点攻克一个客户；

5. 在圈子里很活跃，总能得到第一手信息；

6. 在非工作时间和客户在一起更多，因为更有效。

【销售不跟踪，最终一场空】

美国专业营销人员协会报告显示：99%的销售是在多次跟踪后完成，如何做好跟踪与互动？

1. 为跟踪与互动找到漂亮借口；

2. 注意两次间隔；

3. 跟踪切勿流露急切愿望；

4. 先"卖"自己，再"卖"观念。

【销售人员必须要会回答的问题】

销售心理学中，站到客户的角度，客户都有以下几个疑问：

1. 你是谁？

2. 你要跟我介绍什么？

3. 你介绍的产品和服务对我有什么好处？

4. 如何证明你介绍的是真实的？

5. 为什么我要向你买？

6. 为什么我要现在向你买？

但在实际中很多人的销售并不是很成功，营销人员拼命地预约、讲解、讨好客户，跑折了腿、磨破了嘴，可客户就是不买账。究其原因，其实就是分析、判断、解决需求有了偏差，对方的需求得不到满足，我们的目标就很难达成。

经常看见营销人员见到客户就迫不及待地介绍产品、报价，恨不得马上成交，听着他的专家般讲解，往往让人感叹其销售知识的匮乏，使得他的专业知识不能得到很好的发挥。

销售是有规律可循的，就像拨打电话号码，次序是不能错的。

销售的基本流程是大家所熟知的，在此结合本人多年实际销售工作经验和销售培训的粗浅体会总结出销售十招，和大家做一分享。

第一招：销售准备

销售准备是十分重要的，也是达成交易的基础。销售准备是不受时间和空间限制的。个人的修养、对产品的理解、心态、个人对企业文化的认同、对客户的了解等，它涉及的地方太多，不在此赘述。

第二招：调动情绪，就能调动一切

良好的情绪管理（情商），是达成销售成功的关键，因为谁也不愿意和一个情绪低落的人沟通。积极的情绪是一种状态、是一种职业修养、是见到客户时马上形成的条件反射。营销人员用低沉的情绪去见客户，那是浪费时间，甚至是失败的开始。无论你遇到什么挫折，只要见到客户就应该立即调整过来，否则宁可在家休息，也不要去见你的客户，因而在我们准备拜访客户时，一定要将情绪调整到巅峰状态。

什么叫巅峰状态？

我们有的时候会有这种感觉，今天做事特别来劲，信心十足，好像一切都不在话下，这就是巅峰状态，在这种状态下办事的成功率很高。可这种状态时有时无，我们好像无法掌控。其实不然，这种状态只要经过一段时间的训练，是完全可以掌控的。比如优秀的运动员，在比赛前就能很快地进行自我调整，达到巅峰状态。那么我们怎么才能把情绪调整到巅峰状态呢？怎样才能掌控这种状态呢？

（1）忧虑时，想到最坏情况

在人生中，快乐是自找的，烦恼也是自找的。如果你不给自己寻烦恼，别人永远也不可能给你烦恼。忧虑并不能够解决问题，忧虑的最大坏处，就是会毁了我们集中精神的能力。因而当出现忧虑情绪时，勇敢面对，然后找出万一失败可能发生的最坏情况，并让自己能够接受，就 OK。

（2）烦恼时，知道安慰自我

人的痛苦与快乐，并不是由客观环境的优劣决定的，而是由自己的心态、情绪决定的。如果数数我们的幸福，大约有 90% 的事还不错，只有 10% 不太好。那为什么不能让自己快乐起来呢？

（3）沮丧时，可以引吭高歌

作为营销人员，会经常遭到拒绝，而有些人遭受拒绝就情绪沮丧，其实大可不必。没有经过锤炼的钢不是好钢。沮丧的心态会泯灭我们的希望。

第三招：建立信赖感

（1）共鸣

如果见到客户过早地讲产品或者下属见到上级急于表现自己的才能，信赖感就很难建立，你说得越多，信赖感就越难建立。比如客户上来就问，是你的产品好还是你们对手的产品好？在这时候，你怎么回答都不对，说自己的好，他肯定说你自己夸自己，不可信！你说我们不了解对手的情况，那他就会说你连同行都不了解，不专业！所以信赖感在建立过程中，也是很需要技巧的。

如果掌握得好，跟客户的信赖感很快就可以建立起来，此时要尽可能从与产品无关的事入手。为什么呢？说产品那是你的领域、是你的专长，消费者心里是一种防备状态，你说得越多，他的防备心就越重，信赖感就越不容易建立。这时候，要从他熟知的事情入手，从鼓励、赞美开始。

比如，提到他家，你就可以问他房子多少钱1平方米；您是做什么工作的？我对您的专业很感兴趣，能给我讲讲吗？有些问题人家是不愿回答，有些问题是必须回答的。如果你是销售美容品的，面对一个女士，你可以说："您的皮肤真好，您是怎么保养的啊？"她肯定要回答呀（因为这是她感兴趣的话题，也是她非常引以为傲的）。她回答时一定要引起你的共鸣，她说"以前用的是×××化妆品"，你一定要对美容专业知识有所了解，同时要不断地赞美，从而引导她多说。这就是共鸣。

反正两个人只要有些共同点，就容易凑到一起，就容易建立信任感。方法很简单，就是找更多的共同点，产生更多共鸣，你和对方的信赖感就建立起来了。

（2）节奏

作为优秀的营销人员，跟消费者动作节奏和语速越接近，信赖感就越好建立。很多人在做销售，怎么卖出去呀，其中很重要的一点就是跟着消费者的节奏走，对方的节奏快、语速很快，我们说话的语速也要很快；对方是个说话很慢的人，你还很快，他会感觉极不舒服，信赖感怎么也建立不起来；如果对方是个语速适中的人，你的语速也要适中。

同时，还要以对方能理解的表达方式和对方沟通。有些营销人员满嘴的专业术语，但请不要忘了，客户不是行业专家。

第四招：找到客户的问题所在

因为信赖感建立起来后，你和对方都会感觉很舒服。这个时候，要通过提问来找到客户的问题所在，也就是他要解决什么问题。比方你是卖空调的，就要了解客户买一台空调是要解决他的什么问题：是他家的老空调坏了，不想修了，要换一台新的；还是客户从过去的旧房搬到现在的新房；或是客户过去没有用过空调，现在要改善生活条件；或是小区是中央空调，自家用着不太方便，现在要装分体的；或是孩子结婚用……只有把问题找准了才能真正地替客户着想，帮助客户找到他原本就有的需求。

我们怎样才能找到客户的问题所在呢？只有通过大量提问，才能了解客户到底想通过这次购买解决什么问题。一个优秀的营销人员会用 80% 的时间提问，只用 20% 的时间讲解产品和回答问题。

第五招：提出解决方案并塑造产品价值

实际上这个时候，你已经可以决定给客户推销哪一类商品了。你的解决方案针对性会很强，客户会认为是为他量身定做的，他会和你一起评价方案的可行性，而放弃了对你的防备。在这个过程中要不失时机地塑造你的产品价值，把你的品牌背景、企业文化、所获奖项毫不吝惜地告诉给你的客户，这个时候你的专业知识就有了用武之地，你说的话他很容易听进去的。

第六招：做竞品分析

我们很多营销人员知道不讲竞争对手不好，咱就卖咱的产品，说起对手的情况就说不了解。错了！在信赖感没有建立的时候，客户和你站在对立方面，你去做竞品分析，他很反感你；可是当双方建立了信赖感，你又为他提出了解决方案时，他巴不得去听一些竞争品牌的缺点，他非常期望你做竞品分析，不然此时的流程就中断了，进行不下去了。

这时候，不但要分析竞品，而且一定要跟他讲清楚，我们好在哪儿，对方不好在哪儿（但一定是客观的，不能是恶意的攻击）。这时的分析有两个作用：一方面为他的最终购买提供足够的依据；另一方面他购买商品之后肯定要四处炫耀："我买的太好了，你买的怎么样？"我们要给他提供充足的论据，去跟别人辩论，证明他的选择是最明智的。

第七招：解除疑虑帮助客户下决心

做完竞品分析，如果客户还是下不了决心马上掏钱的，这个时候千万不能去成交，否则消费者买后会反悔的。钱在自己的身上，总是多捂一会儿好。你看买空调的，不到热得受不了，人家就不着急买。他多捂一天钱，觉得是自己的。不愿意下购买决心，他肯定是有抗拒点。

你很容易判断他是否已经进入到这个状态了——他说：回去跟我爱人商量；我觉得这价格还是有点高；现在我身上正好没带钱……看到对方这个样子，我们要不断地一步一步地追问，一直问到找到真正的抗拒点为止。

例如，你问："还有什么需要考虑的吗？"他说："我回去跟我爱人商量商量。"你就继续问："那您爱人会关心哪些问题？"他就会说："我爱人关心什么问题。"那么再追问，一步一步追问下去。抗拒点找准了，解决的方法自然就有了。

第八招：成交踢好临门一脚

很多营销人员，前面都做得很好，就是成交不了，其实这是营销人员的一种心理自我设限。成交阶段，一定要用催促性、限制性的提问，这是铁定的规律，否则的话，你的流程要从头来一遍。

成交的阶段是你帮助消费者下决心的时候，但往往这个时候，很多人是不敢催促客户成交的。其实只要你判断进入了这个阶段，马上就要用催促性、封闭式的提问，促使他的成交，要不然他还会把钱多捂几天，这几天什么变化都可能出现。

什么是封闭式提问呢？

比如"您是下午3点有时间，还是5点有时间"，在提问的时候已经给客户限定了一个范围。学营销的人，大多学过这么一个案例——馄饨摊卖鸡蛋，两家馄饨摊位置一样、规模相近，但卖鸡蛋的数量不一样。供应鸡蛋的人很纳闷。有一天，他就去考察时才发现，两家老板问客户的问题不一样，一家采用开放式提问："您要不要鸡蛋？"鸡蛋就卖得少；另一家老板问的是封闭式提问："你要一个鸡蛋还是要两个呀？"他的鸡蛋卖得就多。

限制性提问也有好坏之分。以卖衣服为例，你问客户"你是今天买还是过两天买呀？"这样的提问虽然也是限制性提问，但这还不算很好的问题，应该问："你是要这件红色的还是黄色的？"这叫催促性的限制性提问。要让客户及时做出选择，这是客户最痛苦的时候，因为要往外掏钱啦。问完问题之后，你就千万不要再说话了，眼睛看着他，等待……这时的关键就是问完之后别说话。

第九招：做好售后服务

人们往往认为，售后服务就是打打电话，上门维修，其实这些只是售后服务中很小、很被动的一部分。真正的售后服务是人们购买了商品或服务之后，人们对它的延续服务。也就是我们在客户的使用过程中，为客户提供的咨询服务，成为客户的顾问，解决客户在使用中的问题。这样才能建立一个真正的稳定客户。

第十招：要求客户转介绍

人的分享是本能的，一旦客户确实认可了产品和服务，客户是很愿意分享的。客户会因转介绍而满足。这时候，他能积极地帮助你转介绍，而且不图回报，因为这是他心理极大的需求，有些营销人员这时候不好意思说"帮我介绍几户吧"，这个机会可能就丢失了。

你可以直截了当给他说："我们还有很多任务，你赶紧帮我介绍几个吧？"没有关系，别不好意思。为什么呢？因为转介绍才是他最终需求的满足，当我买了一件衣服的时候，第二天又有几个同事买了同样的，证明我的眼光很好，他们在追随我的品位。

转介绍的力量非常大，就看营销人员怎么利用了。当一个客户转介绍成功的时候，你的销售行为才算完成了，因为你满足了客户终极的需求。

上述这十招不但是每一个营销人员都要牢牢掌握的，实际上每个人都应该懂得它的重要性，对工作、对生活都会大有裨益，人的一生就是一个推销自己、让别人认可的一个过程。但所有的这些都只是方法而已，在现实生活中真正能让我们万事亨通的，还是我们的人格魅力，永远都是"德为上、方法次之"。

1. 销售过程中"销"的是什么？

答案：自己。

（1）世界汽车销售第一人乔·杰拉德说："我卖的不是我的雪佛兰汽车，我卖的是我自己。"

（2）贩卖任何产品之前首先贩卖的是你自己。

（3）产品与顾客之间有一个重要的桥梁——销售人员本身。

面对面的销售过程中，假如客户不接受你这个人，他还会给介绍产品的机会吗？

（4）不管你如何跟顾客介绍你所在的公司是一流的，产品是一流的，服务是一流的，可是，如果顾客一看你的人，像五流的，一听你讲的话更像是外行。一般来说，客户根本就不会愿意跟你谈下去。你的业绩会好吗？

（5）让自己看起来像一个好的"产品"。

面对面之一：

◎为成功而打扮，为胜利而穿着。

◎销售人员在形象上的投资，是销售人员最重要的投资。

2 销售过程中"售"的是什么？

答案：观念观——价值观，就是对顾客来说，重要还是不重要的需求。念——信念，客户认为的事实。

（1）卖自己想卖的比较容易，还是卖顾客想买的比较容易呢？

（2）是改变顾客的观念容易，还是去配合顾客的观念容易呢？

（3）在向客户推销你的产品之前，先想办法弄清楚他们的观念，再去配合它。

（4）如果顾客的购买观念跟我们销售的产品或服务的观念有冲突，那就先改变顾客的观念，然后再销售。记住是客户掏钱买他想买的东西，而不是你掏钱；我们的工作是协助客户买到他认为最适合的东西。

3 买卖过程中"买的"是什么？

答案：感觉。

（1）人们买不买某一件东西通常有一个决定性的力量在支配，那就是感觉。

（2）感觉是一种看不见、摸不着的影响人们行为的关键因素。

（3）它是一种人和人、人和环境互动的综合体。

（4）假如你看到一套高档西装，价钱、款式、布料各方面都不错，你很满意。可是销售员跟你交谈时不尊重你，让你感觉很不舒服，你会购买吗？假如同一套衣服在菜市场屠户旁边的地摊上，你会购买吗？不会，因为你的感觉不对。

（5）企业、产品、人、环境、语言、语调、肢体动作都会影响顾客的感觉。

在整个销售过程中为顾客营造一个好的感觉，那么，你就找到了打开客户钱包的"钥匙"了。你认为，要怎样才能把与客户见面的整个过程的感觉营造好？

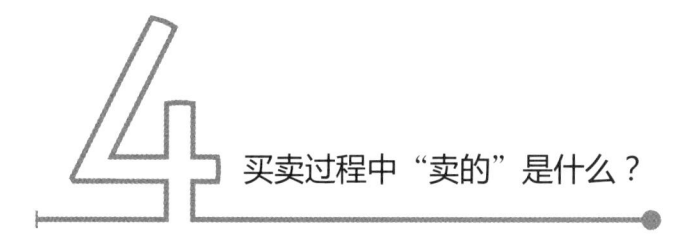

4 买卖过程中"卖的"是什么？

答案：好处。

好处就是能给对方带来什么快乐跟利益，能帮他减少或避免麻烦与痛苦。

（1）客户永远不会因为产品本身而购买，客户买的是通过这个产品或服务能给他带来的好处；

（2）三流的销售人员卖产品（成分），一流的销售人员卖结果（好处）；

（3）对顾客来讲，顾客只有明白产品会给自己带来什么好处，避免一些麻烦才会购买。

所以，一流的销售人员不会把焦点放在自己能获得多少好处上，而会放在客户会获得的好处上。当顾客通过我们的产品或服务获得确实的利益时，顾客就会把钱放到我们的口袋里，而且，还要跟我们说谢谢。

5 面对面销售过程中客户心中在思考什么？

答案：客户心中永恒不变的六大问句。

（1）你是谁？

（2）你要跟我谈什么？

（3）你谈的事情对我有什么好处？

（4）如何证明你讲的是事实？

（5）为什么我要向你买？

（6）为什么我要现在向你买？

这六大问题顾客不一定问出来，但他潜意识里会这样想。举个例子来说，顾客在看到你的一瞬间，他的感觉就是：这个人我没见过，他为什么微笑着向我走来？他的潜意识在想，这个人是谁？你走到他面前，张嘴说话的时候，他心里想你要跟我谈什么？当你说话时他心里在想，对我有什么好处？假如对他没好处，他就不想往下听了，因为每一个人的时间都是有限的，他会选择去做对他有好处的事。

当他觉得你的产品确实对他有好处时，他又会想，你有没有骗我？如何证明你讲的是事实？当你能证明好处确实是真的时，他心里就一定会想，这种产品确实很好，其他地方有没有更好的，或其他人卖得会不会更便宜？当你能给他足够资讯让他了解跟你买是最划算时，他心里一定会想，我可不可以明天再买，下个月再买？我明年买行不行？所以，你一定要给他足够的理由让他知道现在买的好处，现在不买的损失。

因此，在拜访你的客户之前，自己要把自己当客户，问这些问题，然后把这些问题回答一遍，设计好答案，并给出足够的理由，客户会去购买他认为对自己最好、最合适的产品。

6 售后在介绍产品时如何与竞争对手做比较？

答案：

(1) 不贬低对手。

① 你去贬低对手，有可能客户与对手有某些渊源，如现在正使用对手的产品，或他的朋友正在使用，或他认为对手的产品不错。你贬低就等于说他没眼光、正在犯错误，他就会反感。

② 千万不要随便贬低你的竞争对手，特别是对手的市场份额或销售不错时，因为对方如果真的做得不好，又如何能成为你的竞争对手呢？你不切实际地贬低竞争对手，只会让顾客觉得你不可信赖。

③ 一说到对手就说对手不好，客户会认为你心虚或品行有问题。

(2) 拿自己的三大优势与对手三大弱点做客观比较。

俗话说，货比三家，任何一种产品都有自身的优缺点。在做产品介绍时，你要举出自己的三大强项与对方的三大弱项比较，即使同档次的产品被你客观地一比，高低就立即出现了。

(3) 独特卖点

独特卖点就是只有我们有而竞争对方不具备的独特优势，正如每个人都有独特的个性一样，任何一种产品也会有自己的独特卖点。在介绍产品时突出并强调这些独特卖点的重要性，能为销售成功增加不少胜算。

7 撬动客户转介绍的核心是什么？

答案：你的服务能让客户感动。

服务=关心，关心就是服务。

可能有人会说销售人员的关心是假的，是有目的的。如果他愿意，假的、有目的地关心你一辈子，你是不是愿意？

（1）让客户感动的三种服务。

① 主动帮助客户拓展他的事业：没有人乐意被推销，同时也没有人拒绝别人帮助他拓展事业。

② 诚恳关心客户及其家人：没有人乐意被推销，同样也很少有人拒绝别人关心他及他的家人。

③ 做与产品无关的服务：如果你服务与你的产品相关联，客户会认为那是应该的，如果你服务与你的产品无关，那他会认为你是真的关心他，比较容易让他感动，而感动客户是最有效的。

（2）服务的三个层次。

① 分内的服务：你和你的公司应该做的，都做到了，客户认为你和你的公司还可以。

② 边缘的服务（可做可不做的服务）：你也做到了，客户认为你和你的公司很好。

③ 与销售无关的服务：你都做到了，客户认为你和你的公司不但是生意上的合作伙伴，同时客户还把你当朋友。这样的人情关系竞争对手抢都抢不走，这是不是你想要的结果？

（3）服务的重要信念。

① 我是一个提供服务的人，我提供服务的品质，跟我生命品质、个人成就成正比。

② 假如你不好好地关心顾客、服务顾客，你的竞争对手乐意代劳。

（4）结论。

一张地图，不论多么详尽，比例多精确，它永远不可能带着它的主人在地面上移动半步……一个国家的法律，不论多么公正，永远不可能防止罪恶的发生……任何宝典，即使我手中有致富秘诀，永远不可能创造财富，只有行动才能使地图、法律、宝典、梦想、计划、目标具有现实意义。

7.4 新手代理如何快速出单？

这部分要给大家讲解的核心内容是：微商团队老大如何帮助新代理快速出单？

帮扶新的代理出单分为三大块：

（1）新代理正确价值观的引导；

（2）教新代理借助之前的人脉资源开单建立信心；

（3）熟人成交后的维护和新客户的开发。

下面我们从第一块开始讲解。

7.4.1 新代理正确价值观的引导

作为一个团队老大，你自己首先要有底线，不要为了招代理而招代理，团队的质量比数量更重要！所以，自己招代理的时候，一定要把主动权放在自己手里。有些人，你和他沟通要不要做代理的时候就明显地感觉到成不了大事，像这种人其实不要也罢，主动放弃，还能显示做你的代理是有条件的！所以，接下来我分享的价值观的引导，一定是要面对"对"的人。作为一个团队老大，要学会放弃该放弃的人。记住团队管理的262原则！

新代理进来之后一定要塑造正确的价值观，不管是兼职的微商还是全职的微商，一定是要引导他清楚自己到底是在做什么、为了什么，也就是找到做微商的源动力！有些可以自驱动的人他们有自己明确的目标，不需要你去引导什么，你只需要给方法就可以了。但还是有很多人是需要你引导的，这个时候我们就可以通过真诚的沟通，加上一些技巧，引导着他看到自己的源动力到底是什么。现在的新人微商基本是宝妈和学生群体，那么我给大家举一个例子，大家要学会举一反三，要有适合自己的方式。

举例：以宝妈为例

"亲爱的，我通过和你沟通，我觉得你是一个非常有上进心而且是愿意为了目标付出努力的人，咱们团队中做得好的人都具备你这样的特点。他们很多人目标很明确：有的不想再伸手找老公要钱，做一个有尊严的女人，有的是想要给孩子和家庭更好的生活，有的是希望通过微商提升自己的能力，充实自己的人生，让自己成为一个更有价值的人。还有的姐妹就是想通过咱们这么好的产品帮助到更多的人，所以我希望你加入咱们团队之后能够真正地知道你自己想要的是什么，这样你才能知道自己要怎么去使用咱们团队教的方法哦。"

因为是你刚刚收的代理，你这样真诚地和她聊天，她不可能不回复你的。如果是那种很敷衍地回复的，你自己也可以做个大致的判断了，这个人是不是值得你付出精力去培养。

引导着找到源动力之后，接下来就是要强调态度了。想要实现自己的目标，那么就需要努力，但是怎么努力呢？团队给的方法，能不能抱着空杯的心态去好好学习？学习之后能不能去执行？而且要时刻看到自己的成长和进步，一时拥有学习和成长的态度很简单，那么能不能保持下去？怎么保持下去呢？很简单，记住自己最终想要的，每天看看自己的成长和进步，脚踏实地地走下去！这个时候还要强调一点，脚踏实地做什么？做好平均法！这里送大家一句话，大家也可以送给自己团队的小伙伴。我刚刚做销售的时候，我师父给我说的一句话：你的渴望程度是你能力的唯一限制！

7.4.2 新代理前期如何开单建立信心

（1）之前有人脉资源的新代理。对于这类代理，你要先破除他自己的心理障碍（很多人是不愿意找熟人推销的）：

首先，确认你的熟人是不是需要这类产品。

其次，确认咱们这款产品的质量是不是可以保证，你的服务是不是可以保证，是不是真的能帮助你的熟人解决问题。

如果前两个答案是肯定的，那么你不是在找熟人推销，你是在帮他解决问题。他消费这类产品的钱被你赚了，你还会用来请他吃饭，但是被别人赚了，还有可能被骗。

破除心理障碍之后，教他具体的找熟人的方法：

朋友圈文案，让他的熟人主动来问。

主动私聊，这个是根据他和这个熟人的关系与平时聊天的方式来定的。有些就可以直接说"对你有用，你得买"；有些就需要先寒暄，聊感情，但是对于这类，请教式的介入产品，挖掘痛点是最好用的。

（2）新代理之前没有人脉资源，或者是有，但他不愿意或者不方便开发（比如瞒着家里人做微商的）。对于这类人，我觉得一般都是执行力比较强的人，如果都这样了，还没有执行力，那么这个人也不值得你培养，放弃就好了！对于这类人，如果你觉得这个人是真的值得你培养的，你可以自己用小号购买他的，或者找关系比较好的客户去找他购买。

7.4.3 熟人成交后的维护和新客户的开发

代理加入你的团队之后，你就要给他加好友、聊陌生好友的方法。这个是在他成为有影响力的人之前必须一直坚持做的事情！前面讲到的熟人成交只是为了给他建立信心，让他能在微商的道路上更坚定地坚持下来！

为什么微商上会出现"杀熟"这个词呢？因为大家找熟人成交就是为了卖货，并没有考虑这个产品是否真的能给你的熟人带来价值，成交之后没有去做维护回访，成了做一单生意少一个朋友！这样的做法肯定是错的，所以这个阶段，一旦你的新代理去找了他的熟人做成交，你一定要教他老客户维护的方法。因为进行老客户维护，还能实现转介绍和再成交，也是增加他客源的一种方式。

7.5 朋友圈陌生好友快速转化的三招秘诀

想要快速地从陌生好友中筛选出潜在顾客进行转化成交，我总结了两种销售方式：群发信息和朋友圈做活动。

7.5.1 群发信息的两种情况

第一种

微信账号上有很多人，甚至达到上限了，想要删除人，却不知道要删除谁，但很多是没有做备注和分组的陌生网友，那么这个时候就是想要快速地筛选出潜在的顾客，不在乎被谁拉黑或者删除。这个时候你就可以按照你的好友列表的顺序去群发，建议每天最多群发四百人，太多了可能会对账号有影响。这个时候的群发内容就可以直接点，然后根据对方回复的情况，对好友进行备注分组或者删除。关于群发的内容给大家几点供参考。

群发内容举例：

①如果你的是功能性产品，就直接问有没有什么症状；如果你的是吃的产品，就直接问他平时喜不喜欢吃××。

> 例：咱们加好友那么长时间了，我是做零食的微商，这个季节xx刚上市，请问你平时喜欢吃xx吗？

②直接问他是哪一类的人。

> 例：你好，加好友这么长时间了，还没有互相认识，我是一名全职微商，做微商4年时间了，你是下面哪一种呢？A.微商；B.不是微商，准备做；C.普通微信玩家等选项。麻烦你回复一下，方便我备注，如有打扰请删除。

③直接问他加你的目的（这个主要针对主动加你的人）。

> 例：感谢你加我为好友哦，我是一名全职微商，现在有xx人团队（主要展示你的优势），你加我是为了：A.学习；B.想跟着我一起赚钱；C.想买产品；D.其他。

做这个动作的时候记住一点，就是一定要专门腾出时间做，一定不能你刚刚群发完就去忙其他的了。单独空出几个小时做这件事情，对于回复你的人一定要备注清楚。

群发就一定会有人拉黑你，如果你要做这个动作就要做好这个心理准备。

准备好时间，设计好群发的内容，接下来就是从你的好友列表按照顺序群发了。群发之后，根据对方回复的情况进行好友备注和分组。对于回复你的人，你还要进行成交的推动。因为你群发的内容是直接问的，能让你继续跟踪的都是潜在或者意向顾客。这个时候的跟踪是直接进入了成交推动的阶段，根据对方的回答进行推动就可以了。如果对方说不需要，那直接删除就可以了，因为本身你的好友也达到上限了。

> **第二种**
>
> 如果你的微信上好友还不多，但是这些人很多是和你没有交集的陌生网友（一般是刚刚做微商的新人比较适合这种方法）。这个时候你的群发目的就是为了让对方回复，群发内容就要委婉一些，其实也不能称之为群发，而是主动破冰的动作。但是作为一个卖货人，时间就是效率，我们为了高效往往会采用群发的形式进行。但是群发在特定的情况下要做到不要让别人感觉你是群发的，不然就不好玩了。做群发的目的也是为了给现有的好友进行分类备注，能让在以后做微商的时候知道哪些好友是你可以跟踪的，哪些是后期好友，达到上限之后可以直接删除的。

群发内容举例：

① 生活类的问候：你那里天气怎么样啊等。之前讲到的寒暄开头的破冰话术都可以用的。

② 自我介绍类的问好，比如告诉对方自己开始做微商了等。

③ 活动类的可以让对方知道你是群发的。直接在前面备注一个【群发】会比你不说但是开头就是"大家好"的效果要好得多。每个人设计这一块内容的时候可以根据自己所处的阶段和实际情况去设计话术，但是要知道背后的思维是怎么样的。建议一次发50个就可以了，因为一次群发太多，如果回复的人比较多的话，你的回复跟不上会很影响客户感知。

准备好时间，设计好群发的内容，接下来就是从你的好友列表按照顺序进行群发。之后，根据对方回复的情况进行好友备注和分组。这个时候，对于回复你的人，你的成交思路就是那个"陌生网友的转化"思路。

7.5.2 朋友圈做活动

做活动有很多形式，送红包、送赠品、送礼物、送产品等各种各样。但如果你是为了让你好友列表中的陌生网友参与的话，那么不管你使用哪种活动方式，让网友参与的方式一定要是最简单的：点赞。网友参与方式的简易顺序是：点赞、评论、转发。如果你搞活动的目的是为了激活好友列表中的陌生网友的话，一定要让网友用最简单的点赞的方式参与，这样才能提高参与人数。

这个时候，你可以对所有参与点赞的人进行一对一的私聊切入点：感谢点赞、感谢关注等。私聊的过程中，通过问问题，判断对方是不是你的潜在或者意向客户还是参考"陌生网友转化思路"去聊的。

上面的两种方式可能有很多高手营小伙伴已经在使用了，但相信还是有很多小伙伴不知道的。有些虽然知道但是却不知道这些方法的要点是什么，没办法复制给代理。

7.5.2.1 福袋活动设计

现在打开朋友圈就能看到各种各样的"9.9 元包邮体验装"等活动，活动做烂了，效果自然大打折扣。那么咱们这个"福袋活动"就是各种包邮活动中的一股清流，一个从心理上满足网友，让对方觉得好玩的同时又觉得和自己的运气挂钩。这个时候，网友付 9.9 元（钱数自己定）抢的是福气和运气，就不会感觉是在买你的产品，不会感觉被你搞定了。

那么福袋活动设计的要点是什么？

① 淘宝买小纸箱和编号贴纸（纸箱上带编号最好）作为福袋。

② 确定福袋中装的产品，可以是试用装，也可以是你手中要处理掉的产品，

但是产品质量一定要有保证。因为福袋活动是不赚钱的，是做影响力的，需要的是后期的转化，所以产品质量必须保证。

③ 提前包装好福袋，数量根据你自己做活动的规模来定，做好编号、拍照。其中可以搞几个大福袋（价值高的），这样做活动的时候更有趣味性。

④ 编辑文案。

⑤ 在自己能覆盖到的地方展示出来。

7.5.2.2 加粉软件：客源宝

高手营的会员戴戴美女验证过了每天有两三百人主动加，但是她建议大家先用小号尝试，要点：

① 很多人申请加你的时候，不要零零散散地通过，要安排出时间一次性统一通过，最多不要超过 200 人，因为微信群发一次最多 200 人。

② 通过之后一定要添加备注，怎么方便自己分辨就怎么备注。备注主要是为了方便群发，然后统一群发内容。

③ 群发内容要突出自己及自己项目的优势，并引导对方做自我介绍，对于回复的人，先做好备注，第二天安排好时间之后再群发一条。

④ 二次群发的内容要点：为自己没有及时回复消息表示歉意，然后问对方问题，比如：问对方做什么产品的、在哪个地区等简单容易回答的问题。后期的成交，按照前面分享的客户跟踪和回访技巧做就可以了。

7.6 打造全能微商
——高效转化各渠道引流

打造全能微商、高效转化各渠道流量是销售话术的总结，本节会根据大家常用的引流渠道的场景，有针对性地提供销售成交话术。

粉丝来源分类

1　地推引流类
①带着产品做地推，②不带产品做地推。

2　软件加粉类
①通过软件主动有人加你，如：客源宝。
②通过软件你主动申请加别人，如：自动打招呼软件。

3　朋友圈活动引流类
①已经是好友的陌生网友，②通过活动新加陌生好友。

4　微博热点或者热门话题引流类

5　群内好友引流类
①主动加好友，②被动加好友。

7.6.1 打招呼策略

7.6.1.1 地推类引流打招呼的思路

（1）如果你是带着产品去做地推引流的。

对方不管当时是为了占便宜加了你为好友，还是真的对你的产品感兴趣加了你好友，打招呼的时候你都要默认为他是对你的产品感兴趣才加你好友的思路去设计打招呼的话术。

话术举例：

> A. 你好，美女，感谢你在人民广场扫码领取咱们姜茶的试喝装。咱们的坚果姜茶是一款针对女性体寒效果特别好的姜茶，是市面上第一款盒装的坚果姜茶哦，咱们做活动也是在做市场调研，请问：你试喝装拿回家已经打开尝试了吗？

这个话术当中的要点：地点一句话、介绍产品的优势、问句结尾这三个是非常重要的细节。这种打招呼的方式就是从你地推加的好友中直接筛选出有意向的客户或者代理！

> B. 美女，你好啊，你有领到咱们采草人眼贴的试用装吧？我来给你说一下使用的注意事项哦，麻烦您回复我一下哦。

这个话术当中的要点：给客户说使用注意事项，这是一个利他的动作，回复率会比较高。

(2) 如果你做的是没有带着你自己的产品的地推。

比如，上海有很多步行街，晚上就有很多邀请你扫一扫，送什么小礼物给你的人，这样的活动就是为了加粉而加粉，针对的一般都是适用人群比较广的产品。针对这种方式加过来的人，你主动打招呼的思路是：当成你好友列表中的陌生好友，可以先通过群发一条普通打招呼的消息筛选出愿意和你交流的网友，然后通过深度交流判断是否为潜在客户。

话术举例：

A. 美女，你好啊，我叫夏微微，在上海工作，你也在上海吗？

B. 帅哥，你好啊，突然发现我好友列表中有你，而且咱们竟然还没有聊过。我叫夏微微，怎么沟通你啊？（最好是群发异性）

C. 在吗？你是在苏州，是吧？

以上三个话术当中的要点：寒暄类的，目的是为了让对方回复，接下来有话题可以聊。

7.6.1.2 软件加粉类打招呼的思路

（1）如果你使用的软件是对方主动加你的。

这个时候主动权在你这边，你打招呼的时候要有底气，要主动引导对方。

话术举例：

A. 你好，我是高手营微微，你加我是要咨询咱们高手营的事情，对吧？

B. 你好，我是高手营微微，很高兴你加我哦，你也是做微商的吗？

C. 美女你好啊，你是通过央视看到我的微商故事才加我的吗？

D. 你好，很高兴和你成为好友，我是做微商的，做的是坚果姜茶，你也是做微商的吗？做的什么产品呢？

E. 美女长这么美，平时都是怎么保养的呢？（如果你是卖护肤品的，你可以尝试一下）

以上话术举例中核心要点：第一个话术是直接问对方是否来咨询产品，如果对方回答"是"，可以直接进入产品介绍的环节。如果对方回答"不是"，这个时候可以说：那也没有关系，感谢你加我好友，既然成为好友了就互相关注一下哦；你是做什么的啊？这类的话做个转折，进入判断对方是否属于潜在客户的环节。

第二个话术的回复率会很高，是不是微商基本都会回复一下。

第三个话术不经意地展示了自己的厉害。

第四个话术微商回复的会比较多。如果对方是微商，可以参考转化同行的思路去沟通。

第五个话术是行业类的，大家可以针对自己的行业产品设计，后面聊天的时候可以直接切入产品。

（2）如果你使用的软件是主动申请加别人的。

说实话，通过率高不高要看你打招呼设置的话术，就算通过了，这类流量的转化率也不是很高，主要是靠大数据。这个时候如果你的心态调整好，就可以直接群发一句问痛点的话，或者通过你的产品广告来筛选客户。当然，最好的做法是加上来之后先按兵不动，在朋友圈一段时间之后，再按照朋友圈陌生好友的转化思路去做转化。

话术举例：

A. 你好，如果你有脱发的困扰，回复我消息，给你发洗发水试用装。

B. 美女，你有被痛经烦扰吗？如果有，回复我消息，告诉你一个三分钟缓解痛经的方法哦。

C. 你对你自己现在穿的内裤满意吗？（放得开的女士可以尝试一下发给异性）

以上话术举例中的要点：都是为了直截了当地筛选出潜在客户，这种被拉黑的概率会比较高一些。但是如果你这样加的人比较多的话，根据大数原则还是可以有成交机会的。这其中的一个细节就是要给对方回复消息就有便宜可以占的感觉。

7.6.1.3 朋友圈活动引流类

很多人在"双十一""双十二"这种节假日做活动的目的不是为了引流，而是为了转化朋友圈的潜在顾客。

（1）如果你是为了转化朋友圈的潜在顾客而做活动的。

建议能在活动正式推出来之前，做个活动的预热。因为很多团队老大做活动是自己在做，并没有得到品牌商的资金支持，所以我给大家的预热建议是不需要成本的，能稍微提高一下你朋友圈好友的参与度。

我的建议：可以在活动之前的几天，先在朋友圈发一些有趣的、大家愿意互动的内容，点赞或者评论都可以。比如，我昨晚发的关于我自己的说说，参与互动的人就比平时的广告内容多，这个时候，你可以自己给自己评论，把你过几天要搞的互动活动的优惠政策、参与方式等，简要地给大家介绍一下。一定不要长篇大论，不然大家不会仔细看的。当然活动开始的时候，还是要通过群发提醒大家有活动。群发的时候，一定要别出心裁，不要让别人感觉你是群发的。就像我现在每天都收到十几条要求我帮忙点赞的内容，一看就是群发的。我看到就直接删除了，哪还有心情去给你点赞，这个时候宁愿手动一个个发消息。

话术举例：

> A. 陈晨美女，我最近在搞活动，之前198元一盒的坚果姜茶，现在你有机会免费得到哦，去朋友圈给第一条点赞就可以了，我是特意提醒你的，别忘记哈。
>
> B. 陈晨在吗？能帮我去朋友圈点个赞吗？就差你一个了。

（2）如果你朋友圈搞活动是为了引流，也的确是引过来很多人加你了。

这个时候，你主动打招呼的思路：一定要把这些主动加你的人在心里认为他们就是你的潜在客户。因为本身是好友推荐过来的，你说话的时候也要客气一些。

话术举例：

> A. 美女，恭喜你获得参与咱们糖煲煲"双十一"点赞送糖的活动资格，咱们的糖有四种口味：萌妹子红枣味、辣女郎生姜味、颜如玉玫瑰味、白富美金桂味。美女比较喜欢哪种口味？我先备注一下，你如果中奖了，方便我给你发货哦。
>
> B. 亲爱的，参与活动请留下你的姓名、电话、地区，我备注一下哦。
>
> C. 感谢你添加我为好友，参与咱们"双十一"买一送一的活动，咱们采草人的眼贴分为啃书族、屏幕族、老花族，你是要自己用还是给家里老人买呢？

以上举例话术中的要点：假定对方会中奖，假定对方就是来购买产品。

7.6.1.4 微博热点或者热门话题引流类

这样的流量精准度也不是很高，属于泛数据类的流量。如果你是使用加你有红包的方式吸引人的话，过来的人还有些价值；如果你是发微博说什么要"种子"

加你，可能转化就会比较难了，但是男性用品除外！这样的流量，一般的产品转化方式有两种：一种就是现在在分享的普通转化，这种打招呼的思路和使用软件主动申请加别人的思路相同；另一种是通过红包吸引拉群，通过群营销做转化。

7.6.1.5　群内好友引流类

（1）主动加群里好友。

最好是那种可以让互加的群，不然，互加有被踢出群的风险。这种打招呼就比较简单，最直接有效的就可以。

> **话术举例：**
>
> A. 美女你好，我叫夏微微，从宝妈微商那个群里加你的哦，咱们是群友。我是高手营的指导老师，你是做微商的吗？
> B. 你好，从群里加你的哦。你也是做采草人眼贴这个产品的吗？
> C. 你好，我叫夏微微，做微商卖姜茶的，怎么称呼你啊？

以上话术举例的要点：要对方回复你就可以。

（2）别人主动加你。

你在群里主动分享了一些对别人有价值的内容，基本上你自己就是群主，或者你搞定了群主的情况下，才可以实现。不过也有一些聊天高手，在随意的聊天过程中就可以做了自己的广告，突出自己的优点，吸引别人加他。这种主动加你的主动权就在你这里，打招呼的思路和话术，与使用软件对方主动加你的一样。

7.6.2 意向客户的判断标准

针对自己的产品整理出合适的意向客户判断标准，可以节省很多时间，尤其是在带团队的过程中，如果给代理培训讲清楚这些内容，可以减少代理成为陪聊的概率。

很多微商新人之所以会成为陪聊，除了他们没有属于自己的成交思路之外，还有就是对目标客户分析不够透彻，所以每个团队老大，最好要有一个意向客户判断的标准。其实不用太麻烦，也不用太严格，大致有以下几个判断方向：

7.6.2.1 对于功效型的产品

① 有什么症状是第一个判断条件

② 经济状况或者平时的消费习惯

③ 对卖货人的认可，简单说就是愿不愿意和你聊天

④ 对品牌的接受程度

这些判断条件不用每一个都满足，但是至少要满足其中的一两个。

7.6.2.2 对于普通的产品，比如零食、小吃等适合所有人的产品品类

① 对于卖货人的认可

② 生活习惯或者爱好

③ 经济状况或者平时的消费习惯

之所以把对于卖货人的认可放在第一位，是因为这一类的成交一般都是感性的，成交这类产品的单价也不是特别高。

7.6.3 挖掘客户的需求

挖掘网友需求的过程中，需要问到的 5-10 个问题。

这些问题很重要，我们一直在强调：卖货的过程中要让自己成为顾客的教练而不是顾问。如何才能成为客户的教练？

核心关键点：让对方跟着你的思路走，你才能有机会成为教练，而只有问对方问题，才能让对方跟着你的思路走。

所以，这个过程中问什么问题就至关重要了。很多微商新人不是不知道要主动问对方问题，而是不知道要问什么问题，这个时候就需要团队老大整理好这些问题，提供给代理去学习。这样你的代理在主动找网友沟通的过程中就知道要问什么了。

7.6.3.1 针对功效性的产品

你的产品能帮对方解决哪些问题？这些问题有什么症状？这些症状形成的原因有哪些？这些原因是哪些生活习惯导致的或者哪类人群会有？从产品功效入手，你就会很轻松知道如何去问问题了。比如，你问对方是不是宝妈？就可以去引导到皮肤、养生，以及女性的一些私护问题，这样可以引导的产品就会比较多。

7.6.3.2 针对大众消费的易耗品

从生活化的场景入手，这类产品你的朋友圈内容的引导是非常重要的！

举个例子：公司有新人加入高手营项目组，刚开始学习做高手营产品销售的时候，我给他们分享的聊天过程中要问到的问题：

◎ 看了你的空间内容，你是做微商的吧？（表情）

◎ 你做微商多久啦，半年还是一年？（添加可爱表情）

◎ 咱们微商团好多做三个月的微商，现在业绩稳定，一个月大概赚 xxxx 元，你现在做得怎么样啊？

◎ 你现在是代理别人的产品还是做自己的品牌呢？

◎ 你现在有自己的代理团队吗？

◎ 你有系统地规划过你自己团队的培训吗？

◎ 你听说过"微商团"这个专业帮助微商卖货的圈子吗？

◎ 你听说过"高手营"这个专业培养微商卖货高手、团队管理高手的圈子吗？

◎ 你是做 xxx 这个品牌的产品的吗？做多久了啊？什么级别啊？

◎ 合适的建议 + 你觉得这样做是不是更好呢？（+ 表情）

◎ 对了，你有关注过微商团高手营吗？（+ 表情）

◎ 你做微商的主战场是微信还是 QQ？

◎ 你现在是零售为主还是招代理为主呢？（可爱或者微笑的表情）

◎ 你知不知道怎么更高效地与陌生人沟通呢？

◎ 做微商做的就是诚信，你说对吧？

◎ 做微商一段时间以后，你是不是觉得卖货和管理团队越来越重要了？

◎ 你想知道如何提高成交率吗？

这些例子仅供大家参考，因为每个人的产品不一样，面向的客户群体不一样，我只能根据我们做销售的话术分享给大家。

如果你的代理商团队收集了很多销售异议，不知道该如何整理，欢迎你加入我们高手营。高手营会员有这样的福利：你收集问题，高手营项目的小伙伴会帮你们做话术的优化和整理。

在前面的"如何做好销售"中，我也讲了问问题的原则。问问题是做好销售非常重要的素质，设置客户问题的时候，一定要注意问问题的五个原则：

（1）简单容易回答的问题；

（2）二选一的问题；

（3）肯定回答的问题；

（4）预先框视答案的问题；

（5）约束性的问题。

这些问题不是要一次性问一个客户的，而是根据具体的场景，做灵活变通的。

7.6.4　第一次聊天的目的是为了成交

可以直接带着这个目的去沟通的，顾客的来源方式包括：

（1）带着产品的地推引流类；

（2）朋友圈活动引流类，针对已经是好友的陌生好友；

（3）群内好友引流类的被动加好友。

针对这三类流量的来源方式，打招呼的过程中就已经切入产品了。

第一次聊天的时候就已经在做成交的推动了，所以这个时候只要一个人愿意和你聊天，只有三种结果：

① 成交（成交了之后记得做好再成交就可以了）。

② 对产品没有需求（如果聊天的感觉比较好的话，建议可以让他帮忙发朋友圈或者推荐有需求的好友给你，前提是聊天的时候要让对方感觉你把他当成了朋友，这个过程中也可以用红包来推动）。

③ 因为有异议，所以没有成交。这类人才是需要我们后续跟踪的。

这类意向客户结束对话的时候，一定要切记约定下次回访时间。约定这个时间后，你再次跟踪的时候，破冰的回复率才会比较高。这类客户跟踪的时候，一定要切记不要寒暄太多，破冰之后，用个转折词就可以直奔主题。如果是之前已经约定了回访时间，破冰之后，就可以直接引导成交。

关于这个，我给大家一个模拟对话的案例：

A：卖货人

B：意向顾客

A：亲爱的，看（发自己的照片），上海今天冷得我都穿羽绒服了，你那里怎么样啊？

B：昨天都下雪了，我这边也冷啊！

A：是，最近天气突变，好多地方下雪了，今年的雪来得特别早。不过，天一冷，皮肤就比较干啊，又到了美女们敷面膜补水的旺季啊！你现在在上班吧？

B：恩，是的，老样子，在上班。

A：嗯嗯，我也在卖货呢。顺便问问你那边天气怎么样，对了，亲爱的，上次我给你介绍的咱们的xxx你最近有关注吧？冬天正是养生的好时机啊，我觉得你应该很需要它。

B：哦，最近没怎么关注。

A：啊？好吧，你忙我能理解，但是我觉得你真的应该好好关注一下，上次和你聊了你的情况之后，我真心觉得你需要改善一下了。上次你说你出现 xxx（上次聊的痛点）。如果你当时选择咱们的 xxx，现在都应该用上了，你上次说考虑一下，是因为对于我上次介绍的还有哪里不明白吗？

B：没有，我觉得太贵了。

我不知道效果怎么样 / 我觉得不适合我 / 我现在钱不够等的异议就出现了。这个时候，我们就针对异议去做到第四步成交了。这个时候就是使用话术或者技巧做推动的时候了。但是这里大家一定要记住一点：你的目的是为了成交，而不是为了炫话术！

A：嗯嗯，亲爱的，你觉得贵我理解。但是你知道吗？市面上咱们这类产品还有几元一份的，这样的你敢用吗？肯定不敢，对吧？

B：那样的肯定不敢用，但是你们这个我觉得有点贵。

A：嗯，非常理解你的想法。我们在接触一个东西，没有真正地体会到它给你带来的价值的时候觉得贵是正常的。不过我相信你觉得贵不是因为你想省这点钱，而是怕买的不值，对吧？因为您一看就是一个比较注重生活品质的人。

B：是。

A：您看您是想改善 xxx，那么咱们的产品一盒是 xxx 钱，可以用 xxx 时间，这样算下来一天也就 xx 钱，就是一瓶矿泉水（根据你算到那个钱数来做比喻，总之让他感觉这点钱不算什么），就可以改善你 xxx 的情况，给你带来健康（美丽）这是一件很划算的事情，对吧？您这种情况，我建议您先拿两盒，看在咱们聊了那么长时间的份上，我给您包邮，好吧？

B：嗯。

对方如果再提出其他疑问，就继续解答，解答完之后一定要记得做成交的推动。

A：支付宝转账还是微信转账呢？

这个模拟对话只是众多再次跟踪思路中的一个，遇到这样的问题，可以有很多的解决思路和话术，案例只是为了更加方便大家理解！

7.6.5　第一次聊天的目的是为了挖掘潜在顾客

可以直接带着这个目的去沟通，顾客的来源方式包括：

（1）不带产品的地推引流类；

（2）软件加粉类；

（3）朋友圈活动新加的陌生网友（目的是可以直接成交还是挖掘潜在顾客也要因活动方式的不同而异）；

（4）群内主动加好友。

这类网友，只要愿意和你聊下去，结果是四种：

① 聊得很好，顺利挖掘出意向和痛点并成交。
这个出现的概率比较小，但是肯定有。

② 不是你的潜在顾客。
对于这类人，不用太浪费自己的精力，如果达到好友上限的话，可以删除。

③ 是微商，也有需求，但是他也想给你推荐他的产品。

这类客户，最重要的是通过你朋友圈的内容去吸引他，所以团队老大的朋友圈要会装 ×，昨天在运营官现场学到一句话：看一个人具不具备运营微商品牌的基因，先看他的朋友圈会不会装 ×。

④ 挖掘出了痛点，进入了产品介绍的阶段，对方说先关注一下，或者考虑一下。

用这种方式去聊的顾客，基本都是用"我先看一下，我考虑一下"来拒绝成交。针对这类人，聊天的思路和上面的一样，但是时间节点大家要注意一下，针对这类人，不要隔天就去找他，要一星期之后再主动找他沟通或者聊天，但是在这期间，一定要记住朋友圈或者空间的互动。

关于后续跟踪，大概就这两类是有技术含量的，其他的那些没有挖掘出意向的陌生顾客，每次沟通的思路还是参考本节中第一次聊天的目的及内容。

7.6.6 怎么让线下实体店主接受微商并成为你的代理？

> 首先，自己心态的转变：
> 你的目的是为了让实体店主好好卖你的货！

（1）不要铺货到实体店。

铺了他也不会用心卖，因为对于他来说就只是货架上多了一款产品而已。

（2）不要长篇大论地想去改变实体店主对微商的理解和认知。

别人认可不认可微商不重要，重要的是他愿不愿意用心地卖你的货。

现在在三四线城市，一些传统企业主或者实体店主，在他们的认知当中，还是觉得微商很 low，或者觉得自己学不会做微商。这个时候花费口舌去给他普及微商的概念，太浪费你的时间了。微商是一种卖货渠道，微商的本质是社交零售。

- 297 -

既然传统企业主有他们自己的卖货渠道，那你为什么非要让他用线上的卖货渠道呢。只要他能接受你的产品，接受你的制度，愿意好好卖你的货就可以了！

其次，怎么聊？先聊实体店的现状，聊他们的付出和收获不成正比。如果你能引导出对方对现在的状况的抱怨是最好的，因为他的抱怨就是他的痛点。这个时候，认同他的痛点，通过讲你自己或者你身边的朋友和他相同的经历来加深痛点。之所以讲自己或者自己身边的朋友，目的是为了让对方和你产生共鸣。这个时候再讲自己或者朋友经历痛苦的时候寻找出路的过程，这个过程一定要描述得比较坎坷，最后，选择做了你们这款产品，开始有了起色，然后到现在取得的成就。这个时候告诉对方，你有个方法，可以让他的店不增加一分钱的成本就能增加收入，问他愿意听一下吗？

等对方表现出兴趣了就结合对方实体店的资源优势，给他分享卖你这个产品的最简单的赚钱的方法。这个时候一定不要重点说你的什么级别制度，因为对方听不懂，只结合他的优势给他算账。比如拿采草人眼贴跟足浴店谈的时候，就可以向足浴店的老板讲让技师卖这个产品给顾客，卖一盒给技师提多少钱，重点给他分析技师卖眼贴给顾客、对他足浴店有什么好处：

（1）他通过眼贴从一个顾客身上赚到了更多的钱，而且提升了顾客的感知（别的店没有眼贴的体验），会增加他的回头客。

（2）技师通过卖眼贴可以挣到外快，他店里的技师比同行的技师赚得多，能提高他的店在行业的地位。

（3）一个技师就算从他店里走了之后，只要在卖眼贴，都是在给他赚钱。谈的时候一定要清楚对方的关注点是什么，没有实体店老板会因为你一说就愿意耽误自己的生意去做你那个，所以你谈的时候一定要把能让他现在的生意更好放在第一位。

还有最后一个点：当你说到不增加对方的成本让他多赚钱的时候，如果对方没有表现出感兴趣，你一定不要着急说你的方法，一定要回过头继续聊，继续挖痛点。对方不表现出感兴趣，证明内心是抵抗的，你还不如换一次机会聊。

8 团队管理

8.1 引言

8.2 如何快速裂变千人微商团队？

8.3 如何把招商成交做到效率最大化？

8.4 快速复制卖货高手之团队核心成员培养

8.5 微商群管理常见问题百问百答

8.6 微商老大这样干你的代理谁也挖不走

8.7 如何运用微商系统实现管控销系统化管理？

微商团队管理的本质就是管销售团队，微商团队管理的核心是管理好"头"和"脚"，重点抓20%的核心代理，扶持部分代理先富起来，然后注重新代理的培养。新加入的代理要集体培训，让"小白"能在一周内出货看到希望，保证新代理的存活率达到70%以上。中间代理能力一般，但是他们有信心并有一定的基础，可以通过优秀代理的持续影响发生改变。微商的代理层级结构，本身就是分层管理构架，作为品牌商只需要管理好顶级代理，树立好团队的榜样，制定好晋升制度，后面代理的步伐自然会跟上。

越好的管理其实越简单，最简单的管理就是要寻找最直接、最有效的方式来提升团队的发展速度和效率。

8.1 引言

本节引言先给大家聊聊如何成为一个销售团队的管理者？我们以传统销售团队的管理做基础，然后延展微商团队的管理之道。

第一，要管理好自己，要成为一个优秀团队的管理者，自己在各方面一定要做得最好，是团队的榜样，要让大家对你信服。要把优良的工作作风带到团队中去，影响到每一位团队中的成员。作为一个管理者，要有海阔天空的胸襟，要有一个宽容的胸怀，给别人一次机会同时也是给自己一次机会，用真诚去打动每一位成员，把团队中的成员当作是自己的兄弟姐妹一样看待。

第二，要在团队中做好培训工作，把优秀的团队文化和销售技能，在销售中传授给团队中的每一个成员。要知道，要想刀锋利，首先要把刀磨快，而丰富的团队文化和销售技能培训，也是让团队成员在实战中把个人能力发挥到极致的最好方法。这样才能提高战斗力。

第三，在团队中培养良好严谨的工作作风，要每一个团队成员明白，来这里只是为了开心，为了感情，为了赚钱。不是为了谋个一官半职而来的，要端正好学习心态。

第四，人性化的管理，管理者和成员之间的关系是有人性化的。管理者要切身站在成员的立场上思考问题，想其之所想，忧其之所忧，及时把他们的困难予以解决，协调好成员的情绪，以及建立好与成员之间的人际关系，让成员感到这个团队是温暖的，是充满活力的。

第五，要让每个成员明白团队的目标，掌握好如何高效率地达到目标的方法，有了目标才会有前进的动力。

第六，作为管理者，其最重要的职责就是做好指挥工作，要和成员形成良好的沟通，要培养成员工作中出现什么问题及时汇报和沟通的工作习惯。管理者通过个人的工作经验和阅历以及和上级的沟通，给出现问题的员工一个最好的解决问题的方法，直到处理好问题。

一个优秀的销售团队的管理者，要具备什么基本素质？

第一，要有一个坚强的领导核心。群龙不可无首，同时群龙也不能多首。一个坚强的领导核心是每一个团队所必需的。有了坚强的领导，团队才有良好的管理，团队也才能成为"团队"，这是基础。当然，领导的核心素质要求也非常高，承担的责任与压力也非常重。一个成功的团队首先需要一个成功的领导，所以如何提高领导艺术，提高领导能力已成为每一个企业工作的重点之一。

第二，要有明确的共同目标。这一点说起来容易，做起来很难，放到现代企业管理中，那更是难上加难。一是领导层自己首先要有明确的方向，并能明确地描绘给每一个成员。二是每个成员要有换位思考的意识，具备一定的大局观。

第三，要有合理的沟通机制。首先需要领导的管理艺术，独断专行的领导是无法创建充分的沟通机制的。其次需要建立每个成员对团队的归属感，能充分调动他们的主观能动性。最后需要一个科学合理的沟通方法。形成了合理的沟通机制，可以充分发挥队员的能动性，能充分发挥集体的智慧，可以最大限度地达到决策畅通，这是提高团队创造力与执行力必不可少的一个环节。

第四，确定详细的工作流程。这个工作流程需要包括合理的分工、全面的计划、科学的方法。确立分工，可以明确职责，使每个成员都积极参与到项目中来，充分发挥群体的力量；一个团队的创造力、激情、凝聚力，决定了整个团队的战斗力。

8.2 如何快速裂变千人微商团队？

8.2.1 微商建团队的三大难题

8.2.1.1 招商难

问题：微信朋友圈的红利期已过，流量越来越贵，免费流量几乎没有，老微商在寻找新发展，微商团队最大的两个问题就是"存活率低＋流失率高"，背后的根本原因在于团队的管理能力差，缺少高效的管理方法和技巧，团队管理对于很多老大来说是个挑战。

目前的解决方案：
（1）低门槛招总代和联创，把项目包装得更吸引人，吸引更多迷茫的微商代理。
（2）寻找付费的招商渠道，优化成交流程，提升转化率。

8.2.1.2 存活率低

问题：代理团队氛围差，负能量满满，代理流失严重，找到人留不住人；培训体系不完善，新代理不知如何下手，中层代理不知道如何管理团队；产品销售流程过于复杂，操作起来困难，很难规模地复制代理。

目前的解决方案：

（1）优化最简单的培训流程，建立信心是第一位的工作。

（2）少讲课，多引导大家做实操，狠抓执行力。不然的话，方法越多越做不好，听课越多越迷糊。

（3）品牌商和团队老大，要自己能卖出产品，对产品足够了解，不讲空话，不打鸡血。

8.2.1.3 管理难

问题：代理群人少不活跃，人多难管理；群分工不明确，各干其事，没有愿意分享经验；群的活跃期，只有三个月。

解决方案：

（1）完善群管理制度，想要打造团队榜样，不要害怕代理流失，铁打的营盘，流水的兵；天要下雨，娘要嫁人。

（2）针对团队核心代理，要做明确的分工：权利、利益、责任。团队就是家，维护靠大家，前期建团队，一定要花大量的时间做宣导工作。

（3）鼓励进新人，踢满满负能量的旧人。代理团队要不断地更新换代，让更多优秀的人跑出来。

8.2.2 如何快速裂变 1000 人的微商团队？

微商渠道与传统渠道相比最大的优势是：团队快速裂变。无裂变、不微商。

8.2.2.1 抱团取暖

（1）集中优势兵力，采用团队合伙人制度，鼓励小团队抱团取暖，分别在管理层、团队层、动销层找到优秀的人，做好合理的分工，品牌商要分享利益和舞台。

（2）分代理给重点培养人，塑造团队榜样，实行"帮扶带"的政策，打造杰出团队的标杆，大量复制。（这个与传统渠道打造样板城市是一个道理。）

裂变团队的三个核心点：给可复制的裂变方法，树团队榜样，狠抓执行力。

如何让代理商 1 变 2、2 变 4、4 变 8，实现裂变？

代理商裂变体系分为三步骤：激活朋友圈老粉丝、裂变新粉丝、裂变新代理。

8.2.2.2 激活朋友圈老粉丝

（1）朋友圈激活

常用朋友圈激活方法有四招：点赞、评论、传播、搞活动。

俗话说："有关系找关系，没关系强迫发生关系。"每天花上一两个小时，早上7~8点，中午12~13点，晚上睡觉前，这些时间都是互动的黄金时间。你要主动和你的意向客户或者潜在客户做互动，互动是建立信任最快的方式，互动是成交的"必杀器"。

新品发布或者活动政策推出前 3 天，搞朋友圈点赞活动。

注意事项：

a. 在制定发红包规则的时候，微信朋友圈的点赞每一排是 8 个，设计奖励的时候，都应该是 8 的倍数，方便做标记和展示。

b. 发红包的金额不用太大，一般都是 6.66 或者 8.88。

c. 中奖的名单和发红包的截图，第二天一定要公布出来，增加大家的参与度，最好是晚上公布，发红包的机会也是你和中奖客户（潜在客户）深度沟通的机会，千万不要错过。

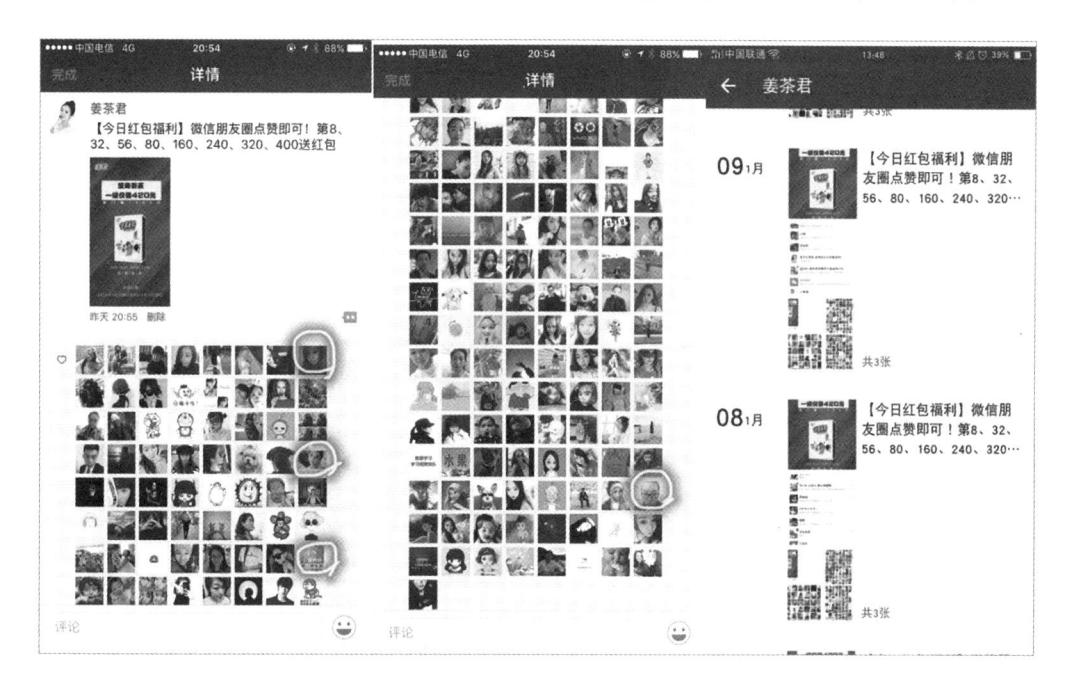

当然，关于激活朋友圈实现二次传播的方法很多，在这里就不一一给大家赘述。找到一个适合你的，把它优化极致，就是你最好的销售利器。

（2）群发激活

关于群发的技巧，本书产品动销的第四部分已经给大家讲解过了群发消息激活代理注意的事项。

8.2.2.3 裂变新粉丝

（1）转发领红包

转发领红包是微商裂变中最常用的套路。我发了一个朋友圈的广告或者公众号文章的活动，只要你转发朋友圈截图私聊给我，我就给你发红包。转发领红包这种方法很直接。但是如果你设计的活动，没有利他或者彰显你目标客户身份的利益点，你很难带动真正有影响力的人帮助转发朋友圈，从而获得优质的客户。

（2）转发领试用装

转发领试用装是一个不错的营销方法，不仅可以帮你筛选到目标客户，而且还能形成二次传播，在产品动销篇，我给大家讲过如何用福袋的方式，让潜在客户帮你传播。传播出去了，如何把潜在客户收回来，需要根据自己品牌的情况，优化出最简单可执行的实战方案。

（3）转发领教程

转发领教程和领红包的道理是一样的。红包是钱的诱惑，教程是免费工具的诱惑，就像钓鱼需要有鱼饵，教程通常包括微商小工具（批量点赞、微信多开、删除僵尸粉等）、加粉秘笈、培训课件等。早些年很多玩网赚的人都是靠这个起家的。

（4）拉群奖励

拉群奖励的玩法，你拉我进你同学群、老乡群，我给你发红包。很多low的人，加上群之后什么都不说直接发广告，面临的后果只有一个，直接被请出群；通常的做法，先发红包，做自我介绍，找到群主，和群主拉关系，然后再做营销。关于如何搞定群主，让群里面的人主动添加你，在推广引流和产品动销的部分已经给大家详细讲过。如果你还不懂，请重新阅读一遍，加深记忆。

8.2.2.4 裂变新代理

（1）限时惊喜

限时惊喜制造的是紧张感，通常的玩法是限时一天半价招代理；

每天9-10点购买半价；拿货升级送旅游、送线下密训等。

（2）节日活动

所有的节日的活动都是商家的营销手段，不管是双十一、618、816等，节日的好处是给消费者一个放纵消费的理由。商家要做的不是真便宜而是让客户感觉自己占了便宜，节日活动不仅是传统营销的手段，而且是微商做政策最好的时机。此类活动有买送活动、参与抽奖送手机、转发闺密半价活动、拼团活动等。

（3）明星造势

借助明星的影响力，实现明星粉丝的变现，比如明星的合影、签名照、演唱会的门票、一起吃晚宴等。想获得这些资源，必须补货多少或者月销售额满多少等，你根据自己团队的情况，制定奖励政策。

（4）拉公开课

线上公开课本质上就是线下的会销。在我看来，公开课拉新代理，只在三种情况下需要：

第一，项目刚起盘的时候，代理商不熟悉项目，操盘手帮助代理做成交。

第二，品牌商引来了大量的流量，没办法一对一沟通，采用公开课批量成交。

第三，推出新品的时候，为了吸引眼球，做品牌公关和造势，鼓励代理拉人，听公开课，做二次传播。

以上是关于激活粉丝实现裂变的秘诀，想实现代理商的真正裂变，只有实现底层代理裂变，才能从下往上，层层裂变。

8.2.2.5 定目标

> 微商团队管理最容易犯的错误：业绩无考核。

许多团队没有对代理的销售业绩定期进行考核。团队对微商代理定期进行定量和定性考核，包括考核代理的销售结果，如销售额、回款额、利润额和客户数。

考核代理的销售行动，如代理每天平均跟进的客户数、每次沟通所用时间、每天产品销售的平均收入、一定时间内开发的新客户数、一定时间内失去的老客户数等；对代理进行定性考核，如考核代理的合作精神、工作热情、对团队的忠诚责任感等。

对团队代理进行考核，一方面是决定代理报酬、奖惩、淘汰与升迁的重要依据，从而调动代理的积极性；另一方面对代理的业绩进行检讨和分析，可以帮助代理进步。

销售管理的一个重要内容就是培养销售人员的销售能力，代理不进步，就不会提高销售业绩。

所以管理团队要针对代理一对一定目标：个人目标、团队目标、长远目标。制定目标要满足四化原则：简单化、具体化、数字化、科学化。

一对一定目标的操作方法：

（1）梳理线上资源。列出微信、QQ中的强意向客户和潜在客户的名单。

（2）梳理线下资源。列出线下潜在名单，做好客户的分类。

（3）协助定目标。根据代理梳理的销售线索，以及每天要沟通的客户数量，制定每天、每周、每月的销售目标。

8.2.2.6 狠抓执行

"只要结果，不管过程"，不对团队代理的销售行动进行监督和控制，这是微商团队普遍存在的问题。

许多微商对团队代理的行动管理非常粗放，好的销售管理一定是：盯目标、盯过程、盯结果。

马云在阿里中供铁军的年会中说过："没有结果的过程都是垃圾，只有结果没有过程的成功是无法复制的。"对于一个带团队的老大，过程和结果同样重要。

对代理宣布一个优惠政策，然后，把代理像鸽子那样放飞到市场上，等着代理给团队拿来一份份订单、开发出一片片市场。

由此，造成一系列问题：

> 团队代理行动无计划、无考核；
> 无法控制代理的行动，从而使销售计划无实现保证；
> 代理的销售水平得不到提高，微商团队建设不力等。

"没有耕耘，哪有收获？"不对销售过程进行有效的管理控制，就不会有良好的业绩结果。

制定好销售目标，接下来要做的就是盯过程、盯结果；在盯的过程中，要做好：

第一件事：给信心、给方法、给榜样。
① 资源利用方法。
② 培训传授技能。
③ 优秀代理分享。

第二件事：严格按照目标执行，建立完善的反馈机制。
① 每天跟踪进度，根据每天的进度及时做好调整。
② 每天修正指导，调整团队成员的心态。
③ 建立团队文化，做好仪式感的工作，让代理感受到团队的力量。

信息反馈是企业决策的生命。团队代理身处市场一线的销售，最了解市场动向，包括：消费者的需求特点、竞争对手的变化、经销商的要求。这些信息及时地反馈给团队内部，对决策有着重要的意义。

同时，销售活动中存在的问题，也要迅速向上级报告，以便管理层及时做出对策。然而，许多团队没有建立起一套系统的市场报告体系，未及时地收集和反馈信息。

团队代理的工作成果包括两点：一是销售额，二是市场信息。对微商团队的发展而言，销售额不重要，重要的是市场信息。

因为销售额是昨天的，是已经实现的，已经变成现实的东西是不可改变的，因此它对团队的意义不大；有意义的是市场信息，因为它决定着团队明天的销售业绩、明天的市场。

然而，许多团队既没有向代理提出过收集信息的要求，也没有建立一套市场报告系统，以便能够及时收集和反馈信息。

团队销售工作出了问题并不可怕。可怕的是团队不能够及时地发现营销活动各个环节中出现的问题，并在管理上做出及时的反馈，使这些问题得以迅速解决而不至于给团队造成重大危害。

8.2.3　一切流程书面化，提高效率

（1）梳理资源方案（书面化）；
（2）协助定目标方案（书面化）；
（3）资源利用方案（书面化）；
（4）技能培训课件（书面化）；
（5）进度跟踪方案（书面化）；
（6）团队仪式感辐射方案（书面化）。

书面化最大的好处是，一切的流程变得可控，执行效率会大幅度提高，把每个执行环节变成标准化。像富士康的流水线上的员工，你是这台机器的某个环节，你只有把你负责的工作做好、做精就是对团队最大的帮助。

创业很多时候，你很努力不是因为你多么的坚强，而是你除了坚强没有别的选择。

8.3 如何把招商成交做到效率最大化？

如何把招商成交做到效率最大化，下面分两个部分来讲。

8.3.1 成交前的准备

一个有公信力的成交账号（可以是微信，也可以是微博、QQ）。关于这一点，各位都是老微商，肯定不需要我讲太多了，不过现在微信朋友圈的活跃度明显低了很多，所以大家要慢慢地把自己的时间安排在主动出击的私聊上。另外，一定要记住，账号要做出属于自己的特色，符合你自己的性格特点。

8.3.1.1 常用的沟通技巧

（1）多引导对方做决定，而不是等着对方做决定。

举个例子，要经常问：你是想要了解咱们×××招商的事情，对吧？而不是问：你是想要了解×××招商的事情吗？一字之差，结果会有很大不同，需要练习得足够多，变成深入骨髓的习惯。这就是营销的魅力！尤其是在最后付款阶段，一定要记住这个点的差别，要经常说：咱们这次特招×××的机会，您是一定要把握的，对吧？而不是经常说：咱们这次特招×××的机会，您要把握吗？

（2）招商时，多使用假设和夸张。

假设抓住机会，会拥有什么样的美好未来；假设错过这个机会，会损失什么，以后再想拥有这样的机会有多难。夸张不是欺骗客户，夸张是把对方现有思维看不到的未来放大，描述给对方听！

（3）时刻明确自己的目的。

沟通的目的是为了让对方快速进来，进来之后，通过你的团队管理来训练对方的价值观。对方进来的唯一难点就是交的钱，那么，你沟通的所有内容，只需要让对方感觉他交这些钱是放心的就可以了。所有的沟通只需证明两件事。

第一，你是可信的。

第二，这件事情是真实的。

（4）不要死磕，明白时间对于你来说最有价值。

很多人在招商时会陷入一个误区：死磕主动咨询的人！真正的高手都会使用欲擒故纵，刚开始说"自己去忙着回复其他人"可能是技巧，有可能后来就是真实的了！要让对方感觉你生意很好，但是又不能让对方感觉如果后期跟着你，你会没有时间带他。这个度需要大家不断地练习，才能把握好。但是只要做到以下两点，也是可以把握好这个度的：

第一，对方主动和你说话，第一时间回复。

第二，对方出现纠结或者错过最佳的成交点时，主动结束对话。

总结：你是对方的教练，不是顾问！

8.3.1.2　项目的卖点总结

关于项目的卖点总结，只需要有条理地整理出来就可以！今天我是站在营销的角度帮你分析如何梳理项目的卖点：

（1）这个品类的市场有多大（市场足够大）。

（2）这个品牌打算做什么事情（品牌的实力）。

（3）这个品牌创始人的魅力。

（4）品牌给予的支持（系统的培训、充足的流量、才无限的前途）。

（5）现在招募的级别的吸引力（机会难得）。

8.3.2　成交三步曲

8.3.2.1　第一步：首次沟通快速成交

接触到一个网友之后的两种情况：

> 第一种情况：对方什么话都没有主动说，只是主动加了你或者只是主动打招呼说了你好。处理方法：主动打招呼，以问题做结尾，主要问对方是在哪里找到你的。

话术举例：

"美女/帅哥，很高兴认识您哦，我是xxx（哪个品牌的什么级别），您是在哪里加我的呢？"

发过去之后，不管对方回复不回复，马上接着发过去：

"咱们 xxx 董事卡位名额抢占中，原门槛 xxx 万元，现在只需要 xxx 元保证金就可以成为 xxx 项目的核心成员，您是想要了解这个，对吧？"

这样简单的两句话，就可以把聊天的主动权掌握在自己手里。只要对方肯定回答，就进入推动成交的阶段。

"好的，那我给您介绍咱们的项目之前，先简单了解一下您的情况哦，您之前有做过或者接触过微商吗？"

第二种情况：对方加了你之后，主动问你问题了。

关于这块儿，我总结了很多品牌的招商情况，一般是问两个范畴的问题：怎么做代理？想要了解一下项目或者产品。对方主动问你问题，主动权是在对方手里的，但是只有控制客户的情绪，控制整个聊天过程，我们才能把成交的效率做到最高，所以这里要想办法把讲话的主动权拿到自己手里。怎么拿到自己手里呢？就是问对方问题，但是问对方问题，不是不回答对方的问题哦。

话术举例：

"可以的，等会儿我详细给您介绍一下咱们 xxx 这个项目哦，不过在这之前，我先简单了解一下，您之前做过微商吗？"

这样的话说出来之后，对方回答三种情况：做过；没做过；还有一种特殊情况，即你别管我做没做过，你先介绍你的项目吧（客户表现很不耐烦的那种）。

接着问客户问题，要清楚的是你问问题的目的，两个目的：

一个是了解他的情况。

另一个是让他觉得你很负责，让他做出承诺。问问题的时候要注意五个原则。需要问什么样的问题，各位要好好想想，一定不要问一些垃圾问题。

在这里，我建议大家可以直接把对方想象成一个非常合格的微商团队老大去谈。告诉他，你对于他这种人才的重视，以及像他这种人才能取得的初步结果。

针对做过微商的网友

话术举例

① "你做过微商啊？那太好了，你看咱们 xxx 项目的创始人 xxx，是一个非常舍得投入，并且有大格局的人，就咱们 xxx 这个项目，仅内招期，预热推广费就近 xxx 万元，所以公司需要有微商经验的人加入进来成为核心，能一起转化流量管理团队。所以公司非常重视做过微商尤其是像您这样带过团队的微商人加入，因为咱们这边后期会给这样的人才提供 xxxx，所以您选择咱们 xxx，那真是太明智了（表情）。您看咱们现在 xxx（级别）卡位门槛是 xxxx 元，这个 xxxx 元的保证金，您是可以接受的吧？"进入成交推动的阶段，这时，对方如果再问一些问题，简单解答之后就做成交的推动。

② "xxx，关于产品这块儿，您就放心吧，品牌商肯定是要拿出最好的产品推向市场的，因为这样品牌才能长久地运营下去。这样吧，您先把 xx 的这个名额占一下，明晚咱们密训课，您认真听一下，好好了解 xxx 项目之后，如果觉得不是您想做的，随时退就可以了，我先把支付宝账户发给您哈"。

这样推动两次之后，对方还没有确定要转账，就不要再在这个人身上浪费时间，告诉他你很忙，要回复的咨询太多。他如果纠结，晚上公开课，你拉他进去，让他认真听一下，然后再做决定。

针对没有做过微商的网友

你要给他传递的是：有很多咨询的人是和他一样的情况。对于没有做过微商的人来咨询代理，你首先要做的是给他信心，让他知道微商是可以当做事业来做的，没有做过的人来你团队也是可以做好的，但是你还要让他做出承诺，就是承诺自己会用心做，承诺会去执行。

话术举例

"嗯嗯，这几天也是好多没有做过微商的传统企业主来咨询咱们的 xxx 卡位的事情，因为咱们 xxx 这个项目的产品是 xxx（描述产品市场），所以很多像您这样的老板发现，通过这个项目，可以把身边的资源变现，而且既能让自己和朋友的关系更亲密，还能赚到钱，当成事业做，一举两得。另外，他们加入之后，接受了咱们这边系统的培训，已经开始动起来了，起色很好呢（表情）。现在公司大力支持，只需要 xxxx 元的保证金就可以拿到平时 xxxx 元才能做的董事级别，成为 xxxx 的核心，xxxx 元保证金，后期还可以充抵货款，你是可以接受的吧？"

进入成交推动的阶段，这时，对方如果再问一些问题，简单解答之后就做成交的推动。

"xx，关于您不懂微商这件事情您真的不用担心，咱们品牌这边有系统的培训，而且你加入之后，品牌商比您担心您做不好，因为只有您能赚到钱，品牌商才能长久下去。这样吧，您先把董事的这个名额占一下，明天咱们密训课，您认真听一下，好好了解 xxx 项目之后，如果还是觉得不是您想做的，再随时退就可以了。您等会儿是支付宝转账方便还是微信转账方便呢？"

这样推动两次之后，对方还没有确定要转账，就不要再在这个人身上浪费时间，告诉他你很忙，要回复的咨询太多。他如果纠结，晚上公开课，你拉他进去，让他认真听一下，然后再做决定。

特殊情况的网友

针对这类网友，前面沟通的时候先不要回避他的问题，但是回答完他的问题之后，也要记得主动问他问题。引导之后的思路和前面讲述的是一样的。

8.3.2.2　第二步：公开课后推动成交

公开课可以作为品牌商帮助已有代理成交的一种手段！结束之后，马上主动去找你拉进群听课的人私聊，单独一个个发，备注清楚没有成交的原因，再次跟踪的时候，再次破冰后要直击重点，不要再去寒暄。

再次破冰话术举例：

①"xxx，不好意思啊，刚公开课期间一直有很多小伙伴咨询我，所以现在才来找你，今天的公开课，您有哪里不明白的吗？"

②"xxx，今天的公开课，好多老板听了之后说更加了解咱们xxx这个项目了，您也有这样的感觉吧？"

只要对方回复，就推动成交。记得使用前面讲到的常用的沟通技巧！

8.3.2.3 第三步：切入点推动成交
（活动马上截止，最后几个名额，又有新的活动，朋友圈内容提醒）

到这一步还没有成交的网友，一般都是经过了前两步还没有被成交的意向客户，通过你平时朋友圈内容的影响，可以通过一个切入点主动去做二次回访。如果这样的好友基数足够大，也可以通过群发消息去做。

每个人都有无限的潜能，只是你的渴望程度，是你能力的唯一限制！不要让自己的努力配不上自己的目标！

8.4 快速复制卖货高手之团队核心成员培养

管理团队的三个黄金法则：榜样、推广者、推动者。

这一节，我将在这三个原则前提下，讲解执行的群管理方法。

8.4.1 一起帮你管理群的核心团队

核心团队是来替你做群管理的，来帮你管人的，就像现在很多的代理制度，跟上级管下级差不多。但是如果你作为一个团队的老大，你有总群的话，我建议你还是要选择出核心成员来和你一起管群。不然的话，你的时间一定不够用。如果你是兼职的，那就更没有时间了，所以这一点很重要。当然，这个和你一起管理群的核心成员，也可以是你的员工哦，比如你可以招助理，那么选择核心团队成员的几个条件大致是：

8.4.1.1 价值观

一定要选择价值观和你一致的人。

8.4.1.2 性格

最好是比较擅长或者喜欢沟通的人。这里还要注意一点，就是人品，我觉得这个也很重要，如果你选择的人一说话就得罪人，那么这个群管理起来会比较难。

8.4.1.3 态度

这个人是不是很服你，是不是真的有上进心，有好的学习态度，有企图心。这里的企图心和服你并不冲突。

8.4.1.4 能力

这里的能力不一定非要是卖货的能力，主要是沟通的能力。

上面四个条件，我之所以把能力排到最后，就是因为这里不是一定要选第一名帮你做这件事情，第一名是用来出货的。

8.4.2 核心团队成员的利益及职责

8.4.2.1 利益

俗话说：人为财死，鸟为食亡。你要让别人帮你做事情，首先要让他知道他做这个能得到什么。关于这一点，各位团队老大一定要结合你的团队情况，把奖惩机制制定清楚。如果不制定清楚的话，后期可能会比较麻烦。这里给大家说一句话：团队建立初期主要靠感情，团队大起来之后，一定是靠利益！

你的利益分配要清楚，但是这里说的利益不仅仅只是钱，所以详细地列出来成为核心团队成员可以得到的"利益"，还有一点就是这个核心团队照样是遵循二六二原则的。不要以为你选出来的核心团队个个都是很优秀的，一定会有人垫底的，所以也要保证你的核心团队有新鲜血液补充。

8.4.2.2 职　责

列清楚核心团队的职责，这个我没有办法给大家细化，因为我不知道每个团队老大平时都需要做哪些事情。但是，我给大家举一个例子，之前微商团刚刚成立的时候，我也是微商团会员的指导老师，那时候我负责微商团1班。因为那时候有很多工作要做，除了业绩要求，还有线下大会等都需要我来做，不能花费太多时间在群管理上，又不能降低服务质量，所以我在1班就选了一些班委成员出来，制定了一个班委成员的职责。

列清楚职责之后，要怎么来做到，这些是需要你这个团队老大教给你的核心团队成员的。想想你刚刚有几个代理的时候，你是怎么教他们的？是不是每天会私聊，会按照顺序给学习资料，每天去问执行的情况，有时候还打电话沟通等。这些经验，你总结起来，就是你教给你的核心团队成员去帮你做的事情。使用这样的方法，一个核心团队成员能帮你管理50-200个代理（与这个核心成员的能力和时间有关系），所以这里需要团队老大整理出单个代理的服务流程出来。

8.4.3　制定群规

如果你要通过群管理代理的话，制定群规相当重要。每个团队的群规则不尽相同，但是一定要记住你的群规是为了提高你们的效率，所以不要去搞一些乱七八糟的规则，没有意义。

比如进群改群名片：这个规则就是为了提高管理效率，所以很好。群名片的规则，根据你们各自的情况来设定就好，像大卫博士群里的群名片的规则就是：自己在代理商的级别 + 自己的昵称 + 上家的昵称。这样的群名片，一目了然，可以很快地清楚某个人的情况！

8.4.4 制定群文化

这个和统一的价值观是一样的,是看不见摸不着的东西,但是很重要!一个群的群文化取决于团队老大和核心团队的成员。比如,你的群就是可以在逗乐中学习的,那这就是你们的群文化,没有必要看到别人是那样的就立马改了群文化,确定之后再制定群规则。这里送大家一句话:群里活跃不活跃并不能决定这个团队的人的出货能力!因为可能你们的群文化和追求不一样,所以每次我看到团队老大来问我说:我的群都不活跃,怎么办?我都会先反问一句:你想要的到底是什么?不管是卖货还是管理团队,都要清楚自己在做什么、为什么。

8.5 微商群管理常见问题百问百答

8.5.1 什么是社群？

社群简单认为就是一个群，但是社群需要有一些它自己的表现形式。社群要有社交关系链，不仅只是拉一个群而是基于一个点，需求和爱好将大家聚合在一起，要有共同的利益、共同的关注点和共同的价值观。我们认为这样的群就是社群。

8.5.2 社群服务

社群要想真正存活、发展、壮大，群服务是非常重要的环节。

在一个社群建立初期，我们要思考一个问题：对于群员而言，加入一个群会得到怎样的回报？

8.5.2.1 目的

因为人类都是趋利的，比如说大家各自的代理群，小伙伴们加入这个群，肯定是想要得到一些有价值的东西：扩大朋友圈、增加人脉、学习卖货技巧等。只有这个群能够给予这些，这个群对于他来讲才是有意义的。所以只有做好群服务，不断输出价值，这个群的运作才是良好的，才能够长久发展下去。像我们现在旗帜代理群，提供给大家卖货的方法和技巧，去输出价值。更为重要的是，我们需要给予群成员信心。这也就是群服务的目的。

在了解群服务的目的之后，我们要明确的就是如何做群服务了。

8.5.2.2 群文化

一个社群可能是为了学习卖货技巧，或是瞎扯聊天、培养感情的，或是为了好玩、认识更多的新朋友等。作为社群管理者，我们必须要有群文化。群文化是群的一个基调。

8.5.2.3 基本资料设置

基本资料设置：群昵称、头像、群资料。

8.5.2.4 群公告的运用

这个社群相关的资料都要提前准备好，包括群规，这样方便刚加入的群成员对社群有个最简单清楚的了解。在发布重要信息通知的时候，一定要注意选择群成员最活跃的时间发布。

8.5.2.5 明确分工

这些最基本的工作做好之后，作为社群管理者就要开始组织群成员明确分工了。比如代理群，通过谁进来的（群昵称标注好），方便进行管理。可以设置组长，组长就是要配合管理者来共同管理这个社群的。组长需要做哪些工作，管理者必须安排到位。(比如，像群里组长要做的就是每天统计代理学习情况、听课率、和群主一起活跃班级群等。)

8.5.2.6 制定目标

我们还需要制定一个社群的共同目标。为什么要制定目标呢？制定了目标，大家在参与的时候才会更积极，明确自己要做什么，同时为了共同的目标而努力，群成员的集体荣誉感才更强。（目标的制定，一定要合理化，不能偏高或偏低，比如某个群的群目标是 21 天卖货累计 30 万元。）

8.5.2.7 树立榜样

作为一个社群管理者，我们首先是要以身作则，起到带头的作用，严格要求自己做好榜样，其次是一定要推选出群里表现优秀的人作为榜样。让大家积极向榜样学习，输送正能量。群里鼓励大家晒单，给出单的伙伴发红包。（业绩的榜样和态度的榜样。）

8.5.2.8 激励与反馈

每一个人都希望被肯定、被表扬，所以一定不要吝啬你的鼓励。在一个社群里，有表现优异的或是有较大进步的成员，我们都要及时给予肯定和表扬，鼓励他们继续努力。可不要小看这个鼓励，对于群成员来说是很重要的，就像我们上学的时候老师一个肯定的眼神、家长一句鼓励的话语都能使我们开心好久。另外是对于社群成员所遇到的问题，鼓励他们及时反馈出来，在群里一起讨论解决。比如在培训课程结束之后，群主可以要求小伙伴对于自己没有理解的或是不明白的问题及时反馈，大家一起交流解决。

8.5.2.9 群活跃

首先是群活跃的时间要安排合理，根据群成员的情况制定，培养学员的一个习惯，清楚什么时间段来群里活跃。对于管理者来讲，我们也不可能一整天都在群里。时间安排好了，也方便我们安排自己其他的活动。活跃时间太久，聊太多，对于其他成员来讲，这个群的信息就会变成一种骚扰，甚至想屏蔽。活跃的时候，一定要有人打配合，把气氛炒热，让更多的群成员融入进来，参与互动。活跃群通常用的方式为发红包、爆照、讲段子，调侃群内的某位学员（调侃的对象必须是了解他不介意调侃的）或是故意制造一些"拉仇恨"的事件，比如说放美食、美女等照片。管理者必须是能够掌控大局的，要适时结束娱乐时间，每一次活跃的目的要清晰，是为了激励大家好好工作，重点还是分享干货、解决问题等。

8.5.2.10 分享干货，输出价值

作为社群管理者，输出价值是我们必须要做的事情。就像代理群，大家肯定也是会定期去做一些卖货的分享或是产品专业知识的讲解。我们也要挑选能力强的小伙伴出来为大家做分享。这样不仅是对分享者自身的一种鼓励和肯定，而且也说明我们这个社群是人才济济的，大家在共同进步的。分享结束之后，要引导大家就分享做总结，也可以鼓励他们去朋友圈分享自己的心得体会。这种分享也是互联网社群运营的关键，也是口碑扩散的关键。比如说要求大家课后晒笔记，分享感受（学习的感受、生活的感受等都可以），或者适当地做一个话术对练，这都属于分享。

8.5.3 管理社群必须遵循的"四感"

8.5.3.1 仪式感

要给代理一种仪式感，让他们知道这个团队对于他们来说是一个重要的地方。像新代理的入群欢迎、每天的签到等这些都是仪式感的具体表现，最强大的团队就是军队，所以要去不断地培养代理的仪式感。

首先，在建立社群之前，我们很多工作是先做过的，比如拉人进群。刚刚让这群人进来的时候，其实大家对于这个社群是非常好奇的。很多人会疑惑，进来社群之后，我们可以得到什么。

在这个时候，气氛是非常活跃的。作为群主来讲，那你做的事情就是为了让别人知道你是群主，树立你的威信。群员认不认同你，还得你自己去树立。由于第一天，我们的群还是乱糟糟的，这个时候不建议大家去做什么工作。你只需要去找几个人私聊，找几个认同你的人，也就是说我们这个社群的积极分子，说白了是咱们的托。做这些，也是为了我们之后的工作做铺垫，方便咱们在社群里面说话以及发布命令的时候，有人积极回应。虽然咱们这个社群还没有开始，但你可以在群里进行预热，发个红包。这也是一种手段，是为了证明你是这个群的群主。你也可以设定一个时间，准时准点，明天哪个点进行自我介绍。比如说，咱们拉你们进群的时候，询问你们几个时间段也是一样的。

第二天的时候我们是主角，就是主持人。这个时候，我们首先得发一个红包来炒热，红包是活跃群最好的方式。红包上面的字可以写：欢迎各位同学来到×××群这个大家庭！这些话是非常重要的！

因为这个目的是为了让大家知道，这个是干嘛的，也有一种仪式感。

大家都知道不论做什么，都一定要有仪式感，让大家重视，觉得这个是正规的，以此保证社群的规范。那咱们发的这个红包上面标的字，就是为了让大家知道，这以后就是咱们的学习群，以及是旗帜品牌的代理群啦。也可以想一些新鲜的、比较有创意的，能够征服大家的。

自我介绍，可以用以下的方式：我是×××，来自哪里，是做什么的……

这个时候也可以发红包，增加互动。当然，这个时候，最好要爆照。让大家认识你的最好办法就是爆照，只有这样才能快速地去跟大家拉近关系。

8.5.3.2 参与感

日常团队管理，让团队榜样参与管理，而不是品牌商自己满手抓。每个社群的管理，都可以让团队卖货高手负责。

团队培训分享，让团队里面积极的、做得好的人参与进来。对品牌商来说，也是推广榜样，让他承担责任，展示自己，才能培养更多优秀的卖货高手，团队才能更加强大。对参与的人，他会觉得团队重视他，参与的同时能找到团队的归属感，还能多些机会锻炼分享能力，给团队输送价值，建立人格品牌，提升影响力。对分享者的团队来说，看到自己的老大在舞台中央，更加愿意相信自己的老大。

8.5.3.3 组织感

自我介绍过后，便是招募。一个社群，除了有仪式感，还需要组织意识。这个时候你便要在群里去招募组长。采取的是毛遂自荐的方式。因为在这个群里，除了不少小白，还有大咖。那我们的社群除了卖货，更重要的是什么呢？是帮助、温暖、改变、成就、挑战、锻炼、学习、提升、总结、遇见优秀的自己。

频繁友好地发生互动：要经常地去私聊代理，去了解代理们的每一个情况。很多时候，代理可能需要的仅仅是一份关怀，那么你在去跟代理不断地互动、不断地关怀他们的时候，哪怕最后他们是真的做不好，也都会认为是自己的原因，而不会去怪你。

8.5.3.4 归属感

群主也是咱们核心群的组成者，也是"头狼"，狼的狩猎是靠集体力量，既有明确的分工，又有密切的协作。这样子，这个团队才能走得更远。所以，招募组长，对组长的要求也是很高的。

话术：第一，你必须要有时间服务大家，因为我们的家人无时无刻都是需要帮助的，如果你没有充足的时间有可能没办法帮助到家人。第二，你必须要有一种愿意付出的精神，因为在我们这个群里面，咱们要好好地去服务好大家，让大家得到更多的价值，所以，在这里，你要像带你自己的团队一样去带你的组员。第三，你要有挑战的精神，不想当将军的士兵不是一个好士兵。你作为组长，你就是你那个组的带头人，你们的组员有没有积极的精神，全都在于你这个组长。如果你满足这三条，就赶快来私信我吧。和我打配合，一起把咱们群打造成最优秀、最有爱的代理群。

记住，在帮助别人的同时也在成就自己。当你认真负责的同时，你会收获很多哦。对于一个初建立的社群，是没有安全感的，所以，群主得尽快地制定出班规，以及分配好组员。

8.5.4　如何提升团队凝聚力

8.5.4.1　以身作则

我们一直在强调，作为一个团队的老大，要把自己当做团队中所有人的榜样。以身作则虽然不是最好的方法，却往往是最有效的方法。一个团队中做得最好的那个人永远都是老大。当你做得不如你团队成员的时候，那么你跟这个人离分别的时候就不远了。

8.5.4.2　设置奖励

大部分代理跟着我们做微商就是为了赚钱，那么我们去设置团队中的奖励是为了更好地告诉代理：我是一个负责的老大，我想带着你们一起赚钱，而不是一个只想着自己发财的人。要让代理们知道努力卖货不仅可以得到利益，还会有团队的奖励，相信他就会比之前更加努力。

8.5.4.3 设置惩罚

坚决鼓励对的、打击错的。好多团队的老大在面对一些业绩好的代理时，对其错误往往采取纵容的态度。这个是非常不好的现象，错了就是要受到惩罚，要让他知道这个团队中谁才是老大。所谓不以规矩不成方圆，没有规矩的团队注定是一盘散沙。

当你把这些惩罚制度做出来，并且严格执行的时候，你就会发现，什么代理之间相互挖代理呀，谁跟谁闹矛盾呀，自然而然就消除了。

8.5.4.4 定目标

这其实跟有共同的关注点是一个道理，当你的代理们有明确目标的时候就会为了这个目标去努力。没有定目标的过程、结果，与定了目标的过程、结果，一定是不一样的。

定目标可以更大限度去发掘代理们的潜力，让他们有奋斗的方向。当然定目标自然也离不开奖励和惩罚了，完成目标怎么样，完成不了又怎么样。这些都是需要我们推动代理去做的。

8.5.4.5 分群式管理

① 成立核心团队，让人们看到晋升的方式，让他们感觉到差距，看到了差距，才会想努力。想要得到更好的奖励和学习，就需要你不断努力成为核心成员，要让他们深刻体会到这种差距。

② 建立培训系统：培训是提升团队凝聚力最有效的方式。

8.5.4.6 定期线下聚会

线上聊 10 次不如线下见一面，通过线下聚会可以让大家更好地相互了解并认识。为什么在群里代理与代理之间很少相互说话，就是因为太陌生和太隔阂，所以大家没什么共同的话题。

而线下的活动就是很好地解决大家隔阂的一种方式。在做线下活动的时候也是需要注意的，多去玩一些团队合作的游戏，要不断地去分组、打乱、分组，可以更好地促进不同的人相互了解。线上和线下相互结合，目的是促进大家的认识，更多地拓展人脉。

8.5.4.7　二六二原则

用20%的积极分子去带动中间60%的人，进而影响后面的20%的人。相反的，如果你关注后面的20%就会让中间60%的人产生怀疑甚至倒戈，前面20%就会觉得自己选错了。

注：无论多好的团队都存在二六二原则，即使你干掉后面的20%，剩下的80%又会成为二六二。不管多么优秀的管理方式，如果你的团队不能够不断地注入新鲜的血液，那么这个团队注定是要死的，只不过是时间早晚而已。

8.5.5　微信群基本设置

8.5.5.1　建群人数

满10人开始建群，每个群的人数控制在150人左右，最多不超过200人。

8.5.5.2　人员配置

① 群主：负责统筹大局，且只有群主才可以邀请人进群（开启群聊邀请确认）。

② 群助手：每日打卡，日常群内维护、管理。收集所有可以用于后续传播的内容，比如截图。

③ 育儿专家：可以经常发送一些育儿小知识，解答育儿问题。

④ 群托：活跃群内气氛，在所有的活动中起表率作用。

8.5.5.3　群分类

① 品牌方：只管理最高级别代理，建立最高级别代理群，帮助他们学习各种管理知识，时刻了解团队状况。

② 高级别代理（团队老大）：自行建群管理团队，可以是不同级别的伙伴，但是要注意每个群的人数，群主要以身作则。

8.5.5.4　群规

制定好群规，让新进来的官方合伙人了解群文化、群宗旨、群目的，并且知道群的一些原则和禁忌。

比如旗帜奶粉（可做参考）

欢迎加入旗帜乳品社交电商大家庭

我们的目的：打造积极向上、互帮互助、自律自强，从而实现合作共赢的旗帜大家庭。

我们的宗旨：一起努力，帮助5000万中国宝宝喝上世界顶级好奶粉。

新人请修改群名片，方便大家认识你，格式：自己的昵称—推荐人的昵称

为保证大家的利益，群员禁止互加，一经举报，立即取消资格

新人来了，请热烈表示欢迎，可发红包，但不得用抢红包软件

要积极踊跃分享，分享成交经验、多多交流

禁止发任何链接，非常有必要的时候，需要先私信群主批准

有问题找推荐人，推荐人解决不了的再发到群里，每一个人都有责任带好信任你的下属

禁止对外泄漏群内任何个人资料信息等

以上群规望大家自觉遵守，如有违反，轻者警告，重者移出群

8.5.5.5　新人入群介绍模板

我是×××，来自哪里，是做什么的，加入旗帜项目的原因是什么，希望收获什么等。

8.5.5.6　学习资料包

① 新人学习大礼包。整合一份基本学习资料，可以发给新入群的伙伴，让他们最初就拿到这些学习资料，并且不断督促他们加强学习。

② 进阶礼包。不同级别的伙伴学习资料可能有些不同，准备一些针对不同级别伙伴的学习礼包。当他们晋级的时候，作为鼓励送给他们。

8.5.6　微信群日常维护

8.5.6.1　日常任务

① 每日签到（早上问好；每天一句话，大家复制发出；每人报每天的目标）

② 课程晒笔记（有课程的时候）

③ 当日目标总结（收款记录、成交客户聊天截图……）

④ 每日问题收集（由群管理员汇总并在三个工作日内给出指导意见）

8.5.6.2　氛围调节方法

① 发红包：

发红包是活跃群气氛最好的方法，要学会做一个慷慨的老大，你的格局往往决定了你的成就。给代理发红包就是在给代理们一种利益，永远不要吝啬那些红包的钱，钱都是赚来的不是省出来的，你给代理发多少的红包，代理就能够为你赚来多少的红包。像代理出单了发红包对其嘉奖，树立榜样的时候发红包鼓励等。这些都是可以活跃气氛的。

② 猜地雷（猜数字）：

主持人提前设定好一个数字，截图保留，然后给出这个数字所在的范围。玩家依次说出一个范围内的数字。

主持人根据数字调整范围，下一名玩家根据新的范围继续猜数字。直到有人猜到，其他人可以对猜到的人做出惩罚。比如，设定 5。主持人给出范围 1-8。甲猜 4。主持人调整范围，给出 4-8，乙猜 7。主持人继续调整范围 4-7，丙猜 5。主持人给出截图。丙踩到地雷，接受其他玩家的惩罚。

③ 一起完成一个故事吧：

故事接龙，主持人先抛出一句话，然后参与活动的 20 人，按照进群的顺序和已给出的故事信息，依次往下接龙，说出后续的故事情节，等 20 个人全部说完后，主持人把所有的故事情节串联起来，让大家阅读。

④ 想象力一：

说一个词，下一个根据这个词联想到了哪个词，下一个继续接。例如：内蒙古，说到内蒙古想到了草原，下一个由草原想到了牧场，下一个继续接牧场想到了什么。

⑤ 想象力二：

说一个词，下一个用这个词组句，并且这个词在句中被逗号隔开，然后再说一个词让下个人接。例如：热水，组句为好热，水来了吗。谐音也行，例如：热水，组句为好热，谁（水）把空调打开。

⑥ 数数：

提前定好一个数字，一般在 50 以内，看人数定。排好顺序，一次数 1-3 个数字。看谁数到最后一个。比如数 10，甲开始数 1、2，乙继续 3、4、5，丙 5、6、7，丁8、9。甲只能数10。最后由乙、丙、丁来对甲做出惩罚。

⑦ 抢红包（规定尾数、运气最佳）：

规定几元几包，可以规定尾数或者红包金额最高的人或者最低的人，对抢中的人进行奖励或处罚。

⑧ 摇骰子（规定最大、最小或者数字）：

微信的表情里有骰子，骰子是随机出现数字的。然后选择点数大或者是点数小的人进行奖励或处罚。

⑨ 石头剪刀布（规定指定手势的为输或者赢）：

微信表情里有石头、剪刀、布，规定出剪刀、布或者石头任意一个手势的人，视为赢或者输，然后进行奖励或者处罚。

8.5.7　团队管理中经常见到的问题

8.5.7.1　代理两个品牌，如何让他只做我的产品？

① 只要代理不影响业绩，你没必要过多地去约束他们做多少个产品，就像我们工作一样，每个人都是有一份主要工作。在工作之余不也是会去做一些兼职嘛，而且大部分微商是兼职做的。如果他做两个品牌都能够做好，说明他是一个有能力的人。既然有能力，你干嘛不让他展示自己的能力呢？

② 如果代理做两个品牌影响了自己的业绩，两个品牌都没有做好。这个时候我们就可以有理由找他了。本身一个还没有做好的情况下，再去做另一个只会分散人的精力，不仅不能提升业绩，反而越做越差（夸张地说）。这个时候你去找代理，千万不要责怪他，而是以关心的态度。这时候你一旦表现出责备的意思，

那么他肯定是直接就做另一个人的品牌了。

如何让做两个品牌的代理只做自己的产品？往往是我们跟另一个品牌老大之间的一个战斗。你的代理觉得谁对他更好、更加关心和重视，那么他必然是跟随那个人的。

8.5.7.2　对于没有团队精神喜欢独来独往的人怎么办？

坚决打击错的，作为团队中的一员就必须服从团队中的制度，如果不服从就要受到惩罚。当然一定要掌握好分寸，不能太过分。不能你去打击一个犯错的人，反而让他成为一个受同情者，若是这样，你的方法肯定是错的了。

8.5.7.3　代理执行力不够好怎么办？

有些人不用教，有些人教不会。有些人天生执行力不行，对于这种人没有必要去浪费时间。其次就是有些代理不是不执行，而是不知道怎么去做，很多时候你跟代理说的方法是你认为好的方法，而不是最合适的。只有找到最适合的方法，用起来得心应手，才会接着做下去。在每次培训之后让他们学会总结，这节课学会了什么、晒笔记、定目标，以及奖励和惩罚。

8.5.7.4　群里负能量怎么处理？

及时地私聊，了解他的情况并对症下药，看看是他自身的原因还是其他的原因。多给予鼓励，实在不行就直接移出群。负能量是可以传播的，如果一个人负能量太多，你又没能力去改变，那么直接移出群就行，不要让他过多地去影响其他人。

对于不相信你的人同样是不值得你去培养的，哪怕他现在是愿意跟着你干，一旦等他成长起来就会另起炉灶。这样你反而是为别人做了嫁衣，浪费自己的时间和精力。当然并不是直接去移出群，如果说他本身业绩好的时候，你直接将他移出群反而会起到相反的作用。这会让别人认为明明做得好还留不下来，会让别人不敢跟随你。常言道：伴君如伴虎。对待代理也是一个道理，一个优秀的管理者是懂得如何驯服手下的"刺头"。

8.5.7.5 跟着团队好长时间，一直做不起来，这个时候该怎么做？

首先你要搞清楚他为什么做不起来，是什么原因。是你的原因还是代理本身的原因。很多团队的老大可能是自己做微商非常厉害，但是你的方法并不能够复制给代理。对于新代理，首先是帮助他们制定一套系统的成长课程，手把手教他们怎么做；其次就是帮助值得帮助的人，你要把时间和精力放在那些成长更快的人身上，而不是用在一直没有起色的人身上。如果不行，就学会适当的放弃。

8.5.7.6 如何解决代理流失的问题？

铁打的营盘，流水的兵。再优秀的团队都会出现人员流失的问题，首先需要我们把团队运营好，减少团队的流失，其次就是不断地更新血液，补充新的能量。很多老大往往喜欢把重心放在后者，如何招商、如何引流等，这是非常可悲的。如果说你的团队没有运营好，代理流失比较严重，新代理进来又培养不好，那么招到再多的代理，也只会形成一个死循环，最后都会被你玩死。

8.5.7.7 作为团队老大的你需要经常反思的六个问题

（1）为什么代理会流失？

（2）为什么代理出货越来越少？

（3）为什么群里说话的人越来越少？

（4）你是否以身作则？

（5）你是否在不断地学习？

（6）你是在为自己考虑，还是在为代理考虑？

8.6 微商老大这样干 你的代理谁也挖不走

在微商渠道中，招代理难，管理代理更难。我们的代理商遍布四面八方，来自五湖四海，年龄、职业、爱好千差万别，能把微商团队管理好的，一定是非常牛的人。现在有团队的，不管你们的团队有多大，你们都是非常棒的，先为自己鼓个掌。

经常会听到团队老大向我抱怨：团队难带，代理商流失太厉害了，团队没有激情，没有活力……也会听到普通代理商说，老大都不怎么关心我，我的团队啥也没帮到我，感觉很无助……为什么会出现这种情况呢？

有一些客观的原因就是我们大多数人并不是专业的管理专家。在做微商之前，我们也不明白什么叫管理，如何带领着一个团队做业绩；还有的团队老大呢，陷入了一个误区，像传统的公司管员工一样去管理自己的微商团队。你的代理商跟你是合作的关系，是跟你一起创业的，不是给你打工的，用传统的方式，行不通。

微商团队不是靠管理，遵循的是利益分享。团队老大跟团队成员之间是利益的共同体，不存在谁管谁，没有任何一个人喜欢被管理、被领导；相反，人人都喜欢被鼓励、被激励，聪明的老大，不靠管理，靠激励。

8.6.1　榜样激励

我们会发现团队中会有两种人：一种是特别活跃的，另外一种是不怎么活跃的。任何事情都有二八法则，那我们作为团队老大要做的事就是发挥那 20% 的人去感染与影响带动那 80% 的人。

在激励代理之前，首先自己要做到知行合一。你是代理模仿的对象，既然想让代理高效地工作，自己就不能低效。所以在代理面前要塑造精明强干的形象，做到一马当先。热情你们给不了，那让我来，从自己做起。如果团队老大，自己平时都不活跃，也不跟大家交流，这个团队一定是死气沉沉的。

8.6.2　目标激励

说到目标激励，我们所有的行动都是有动机的，要达到一定目的的，对吧！就像吃饭是为了维持生命，我们做微商是为了赚钱；设置适当的目标可以诱发和激励代理的积极性，调动代理商的兴奋点，让代理商对团队的前途感觉到信心十足。

每一个人加入团队，一定是有目标、有想法、有梦想的，不是拿几千几万元来玩的，对吧。作为团队老大，一个代理从他进来的那一刻，你就应该知道他的目标，出于什么样的原因，来做微商，为什么选择加入，选择你这个老大，希望在这个团队获得什么，最终达到一个什么样的结果。这个信息的获取，可以通过你跟他私聊，也可以通过他进入你的代理群的一个仪式。每个进群的人都要做这件事，然后你把这些截图保存，或者用个小本子记下来。这一点非常重要，随着你的代理越来越多，你可能会忘记。记住，这个习惯一定要养成。这样做有两个好处：

① 根据他说的目标，你可以帮他进行分解，制订计划，让他一步步地去执行，去达成自己的目标。在每一个小目标达成的时候奖励他，中途有偏差的时候矫正他。这样下来，你就是他的微商导师，他会一辈子记得你对他的帮助，谁来挖他，都挖不走。

② 你可以试想一下，有一天，你的某个代理，懈怠了，不想做了，你把他当时加入时候的目标和梦想拿出来重温一遍，他是不是会很触动。他自己都快要忘记的梦想你却记得，是不是能重新燃起他的信心？本来可能流失的代理是不是被你挽回了？

8.6.3 授权激励

有效授权是一项重要的管理技巧，我们必须承认这样一个事实，不管你有多能干，也不可能全揽所有的事务，而且这样也不利于团队的成长。你想啊，一个人的管理范围是有限的，管理二三十个代理绰绰有余，可是成百上千呢？肯定会有些东西顾及不到，有些不积极的代理就直接流失掉了。一个聪明的团队老大，应该知道有的放矢这个原则，不要成为团队里面的"管家婆"，应该成为团队的引导线、指南针。

团队老大可以培养自己的一些核心代理，授权给他们一些非常重要的权力，比如设置让核心代理成为群管理员，协助你维护日常的代理群管理；让你的代理主持一些重大的活动和课程；向其他团队推荐介绍你的代理，让他们出去露脸。

8.6.4 沟通激励

干劲与激情不是凭空而来的,是团队老大一个一个谈出来的。沟通是激励代理商热情的法宝,你用心地去跟代理商交流,你的真诚他们一定能感受到,并且你会因此得到超乎想象的回报。

这种深度的沟通也不是说让大家每个人每天都去聊,如果这样我们就不用做其他事了。我们可以把团队的代理进行分类,可以从级别上分,也可以从加入的时间上去分(加入的时候这些信息就要做好备注)。然后再按照标签,分类沟通。这样做的好处就是可以知道这个代理做的是什么级别的、加入多久了、他可能面临的问题是哪些。这样沟通更高效,你能预见他的问题并且给他指导,你的形象和魅力是不是又提升了一个档次呢?

8.6.5 文化激励

一个优秀的企业一定要有自己的企业文化,一个团队也是一样的,没有文化就没有凝聚力。我们打造团队文化可以从三个方面入手:

家庭文化 + 学校文化 + 军队文化

8.6.5.1 家庭文化

团队的每个成员都是我们的家人,要彼此尊重、关爱。从团队老大做起,关爱团队成员,记得他们的喜好、生日、特长,要和睦友好地在团队里面相处。团队要提供给每个成员温暖的怀抱和避风的港湾。

8.6.5.2 学校文化

有老师带,有同学陪,做微商的过程也是学习的过程。刚进入的代理有老师上课,有同学辅导,还能互相赛跑,争做"三好微商"。

团队老大就是这样一所学校的校长，要安排好整个团队的学习和培训，组织老代理对新代理进行一对一的帮扶，在团队里面设置各种有奖竞赛。

8.6.5.3　军队文化

纪律严明，言出必行，能打胜仗，绝不退缩。一个团队的士气就靠军队文化来支撑了，从团队老大开始每一个人都是能上战场、能打胜仗的战士。我们不是在孤军奋战，我们身后是整个军团。

8.6.6　五件小事，做好了团队管理就成功了！

8.6.6.1　你要每天去检查团队的朋友圈

在晚上的时候翻翻你代理的朋友圈，通过朋友圈往往能发现很多问题。同时，这也是一个很好的发朋友圈的素材哦，让别人看到你对代理这么负责，形象瞬间高大起来了！

业绩好的，你就在团队群里发个小红包，点名表扬他，并且@他。他会特别有面子，因为你当众表扬他了！

当然，对方做得不好的地方，你要私信跟对方提出建议。

8.6.6.2　你的朋友圈每天要公开表扬一个人

曾国藩说：扬善于公庭，规过于私室。

意思是表扬一个人的时候一定要公开表扬、当众表扬，批评一个人的时候要拉到小房间悄悄批评。

因为：人要脸，树要皮。

公开去表扬，这对人才来讲是一种莫大的鼓励！

因为你公开表扬他！

同时，也会刺激其他的人才，向这个优秀的人才看齐！

所以，你要在朋友圈里，每天专门去编辑一条素材表扬团队里某个优秀的或最近进步的人才。

8.6.6.3　每周至少开一次管理会

把你的核心代理聚在一起开个视频会议，说一说这一周的战况，接下来怎么解决，团队要组织什么样的活动，等等，随时掌握团队情况。并且始终走在你的代理前面，想得比他们远一点，才能在他们来找你解决问题的时候有方案，才能在他们迷茫的时候给他们指引一个方向。

每次会议记得截屏做素材，发朋友圈，原因不再赘述。

8.6.6.4　假装客户去你的代理那里买个东西

这是最能清楚、深入地了解你团队成员业务水平的方式，没有之一。因为很多时候你不清楚他的成交话术、成交流程，也不知道他学得怎么样。那么你就可以伪装成客户，用一个小号，然后去咨询他，他会对你进行回应。整个过程下来，你就会发现特别多的问题。

然后就这些问题，你可以挑出来跟他去总结。这样的话，人的成长速度是非常快的。

8.6.6.5　如果可以的话，你要每周给你的人才打一次关心电话

如果可以见面，就见面聊。增进沟通，打好关系，作用不用说，不一定非要聊微商、聊业绩，家长里短都可以。

8.7 如何运用微商系统实现管控销系统化管理？

在进入微商商业模式之前，所有品牌商和未来的代理商都应该对自身的目标做一个明确定位。我们做微商是希望一夜暴富还是把微商作为一个长期可以盈利的商业模式呢？

很多品牌商，特别是规模较小的品牌商在项目刚刚起盘时，希望大规模地招收代理，迅速地扩大影响力。而在这个阶段，甚至于在后期很长时间中，招募的代理大致分为以下几类：

（1）新人小白。

（2）曾经接触过微商，但是对于所代理的品牌没有忠诚度，哪个商品火就代理哪个品牌。

（3）传统企业原有的代理商，在微商项目启动时转化为前期的主要代理，作为裂变的起点。

这样的代理商体系，通常会遇到以下几个共性的问题：

（1）新人小白没有销售经验和专业技能，做了7天不见成效，半个月还不见成交，于是，要么开始怀疑你的产品；要么怀疑你夸大宣传，骗了他；要么是没有自信心，觉得自己不适合从事微商，进而怀疑微商，认为微商和代理的品牌是骗人的。

（2）你的团队开始还不错，发展到一定程度，无论是几百人、几千人、几万人团队，都会遇到社群死气沉沉、团队不活跃、增长乏力、业绩停滞的现象。

（3）原有的传统代理商快速进入微商项目，很多团队规模很大，但大多数代理依然缺乏专业销售能力，卖不出货。

面对这么多问题，打鸡血，鼓舞士气要不要，要！内培，开会，线下培训，参观工厂要不要，也要！我们是不是会发现，培训完的时候士气高昂，但几天之后好像又回到原样，大量的成本投入之后收效甚微？

找咨询公司分析项目，找大咖参谋打法，找操盘手运作流量和团队。

可是……

为什么很多品牌做微商看似风光，但是很快就消声匿迹？

很多品牌进入互联网，大谈运营，但是全无起色？

为什么很多品牌商建立了运营团队，却毫无存在感？

微商到底要不要运营，微商的运营又做些什么？

微商是不是需要系统，微商系统真的是商城类系统吗？

8.7.1 营销聊创意，运营聊套路

微商运营究竟做什么事，我们来看下图：

制订策略	分解指标规划工作	执行落地达成目标	监测数据调整方向
评估项目阶段	目标拆分	文　案	数据分析
评估项目目标	阶段打法和目标	活　动	用户反馈
评估当前数据	政策规则	传　播	潜在需求
	任务规划	拓展/销售	政策优化
	协调资源	推　广	流程优化
		……	

微商运营或者说运营不同于营销，运营更多承担了经营管理的职能，运营的过程简单来说就是"规划—落实—复盘—优化"的循环。

微商的运营就是要告诉代理，目标在哪里，怎样才能找到目标，如何去达成目标，在达成目标的过程中和达成目标之后出了问题怎么办。运营的好坏是项目能够长期稳定获得收益，与消费者建立稳固关系的重要一环。

而营销追求的是短期收益，某一场活动，某一款产品卖多少，怎样能在短时间内让客户购买。

8.7.2 营销需要激情，运营需要工具

项目起盘后能够吸多少粉，能够引起多大的轰动，能够在短期内赚到多少钱。这个重要吗？我们必须承认，这个很重要。

但是作为经营一份事业的品牌来说，更重要的是怎么能够源源不断地赚钱，如何能够使每一个产品都赚钱，怎样让大家一起帮品牌赚更多的钱。

当开始考虑这个问题的时候，你可能会想起无论在传统行业，或传统互联网行业，抑或移动互联网行业，都流行一句话："没有数据，勿谈运营"。

任何项目的运营和长久的盈利都需要一个工具为整个项目提供落地的保障和后续经营活动的支撑。

工具的意义在于让原本"烦琐、无序、低效率"的事情，变得"简单、有序、高效率"。让原本危险重重、毫无把握的事情，变得"可控"。让拍着脑袋想办法，变成拿着报表谈方案。

8.7.3 微商系统的选择

做微商，究竟是需要运营管理系统还是商城系统？

微商是基于移动互联网的空间，借助于社交软件为工具，以人为中心，社交为纽带的新商业。

网络商城最难解决的是自身流量的问题。

而微商第一大特点就是通过将每一个代理作为流量的节点，借助社交工具以人为中心，以社交为纽带实现渠道的下沉。通过便利的分享和购买的流程来缩短购物的时间周期，利用碎片时间完成成功的营销。

微商的第二个特点就是快速裂变，要实现快速裂变和团队的可复制性，就要对项目和团队的标准化与正规化、微商团队的运营能力提出更高的要求。

基于以上的特点，想要成功地做好微商，应该把更多的精力放在团队的管理和品牌的运营上。

微商运营管理系统能够帮助品牌商更高效地管理团队，通过标准化、正规化具有可复制性的对内运营和对外营销策略，高效、快速地进入市场。通过日常的运营支持和政策，为品牌带来长久稳定的代理团队和商业收益。

8.7.4 管数据、管团队、管收益

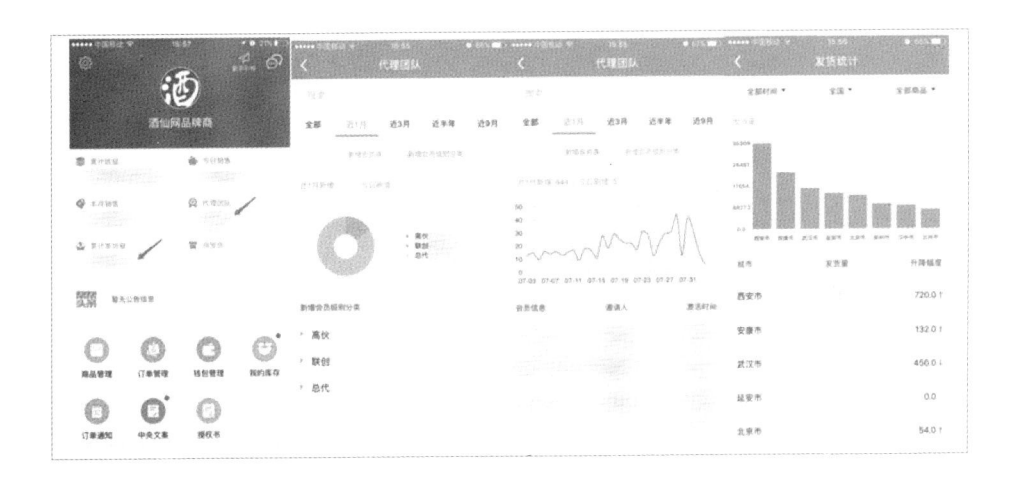

通过微商管理系统，企业可实时掌控公司运营及市场动态，代理商有了强大的系统支持，易授权、易培训、易成交、易管理，轻松实现代理的快速裂变。通过数据管理报表（商品、代理、资金、订单）可实时查看业务数据，通过代理商发展及商品流通情况可有针对性地调整战略部署。

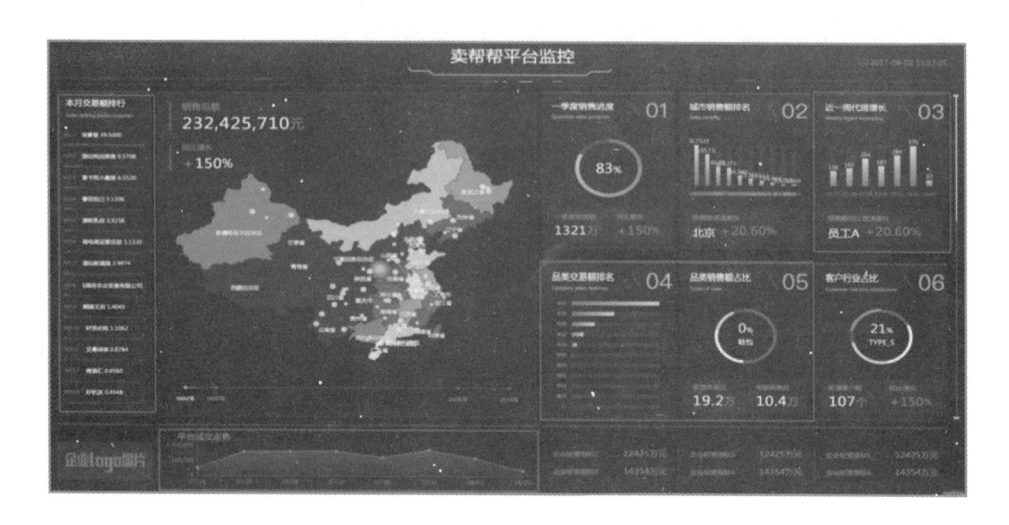

同时，系统还会生成相应的库存周转率等报表，这些报表可以清晰地反映项目当前的动销情况、代理商库存周转周期、代理商库存周转率。

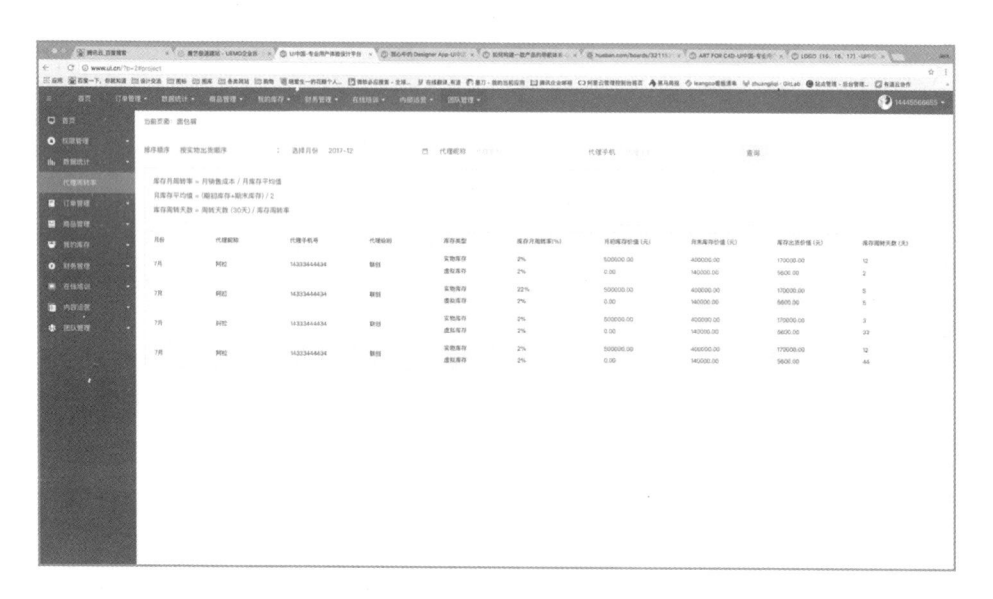

当品牌商的运营团队发现代理商库存周转率较高、库存周转周期较短时，就要及时调整代理政策和政策奖励。

另外，产品序列号的管理更能够帮助品牌商解决价格混乱、串货等问题，让品牌可以长期、健康、稳定地发展。

通过在线直播培训、语音消息、中央文案等功能，可以让微商团队的培训和沟通成本大幅降低，而且培训内容不会出现失真和错漏的现象。

下篇

郭司令微商咨询案例实战

案例分享

大卫博士：

线下活动干得好，业绩月月翻倍

首次解密：

酒仙网微商 81 天亿元回款实战录

洋　河：

千亿市值的洋河进军微商渠道实战笔记

9 案例分享

9.1 大卫博士：线下活动干得好，业绩月月翻倍

9.2 首次解密：酒仙网微商 81 天亿元回款实战录

9.3 千亿市值的洋河进军微商渠道实战笔记

9.1 大卫博士：
线下活动干得好 业绩月月翻倍

第一次接触常来是 2015 年 1 月份微商团联合上海移动互联网发展中心举办的第一届中国微商年度盛典，也是微商行业第一次举办的行业性的盛会。当时因为参会品牌商太多，"常来"这个名字并没有被我记住。

年度盛典结束后，过了 10 天就是春节。春节前，会务组把开年第一场微商团的第四期实验室定在杭州千岛湖，同时我们公布了这次实验室的冠名费 10 万元。消息发出去，当天就有一个叫"大卫博士"的品牌商抢先打了 5 万元定金，其他费用春节过后补齐。

"大卫博士"是做什么的？我就顺口问了一下小辉。

大卫博士是做男性内裤的，品牌创始人是常来，河南郑州人。我也是河南人，自然对这个老乡多问了一句，客户从哪里知道我们的。常来是听朋友介绍知道我的，听说微商团在上海搞活动，便连夜开始从广州跑到上海报名参加了年度盛典，参加完大会非常认可微商团的理念，想找我聊聊。但是没有理由，听说搞微商实验室，没多想就把钱付了。

第四期微商实验室是微商团和大卫博士结缘的开始，也是大卫博士走向爆发的契机。

常来，大卫博士品牌创始人，现担任大卫博士有限公司CEO。

16岁做厨师，自学食品雕刻，曾获得过全国雕刻金奖，后来又师从亚洲大厨孙正林，厨艺精湛，被誉为"鲍鱼王子"。

2004年，开始学习和实践网络营销，曾担任过濮阳好孩子连锁机构的营销顾问。

2014年8月，常来创立了"大卫博士"品牌，专注内裤品类，首次提出罐装内裤的概念"大卫博士——一条罐装的内裤"。

大卫博士创办4个月，截至2015年2月代理团队只有150人。如何解决招商和团队裂变是一直困扰常来的问题。面对品牌生死攸关的问题，常来四处拜师学习，把微商圈子的老师和大咖都拜访了一遍，加入了许多微商圈子，但是一直都没有找到适合自己的方法。

"帮助那些值得帮助的人，而不是需要帮助的人，选择和什么样的人成为队友很重要。"没有人能成为别人生命中的救世主，你很难真正改变一个人。

三年过去了，每次常来在公共场合演讲的时候，总是提到微商团和郭司令对大卫博士的帮助，对我们充满了感谢。而我和我的团队非常清楚，大卫博士能够成功最重要的是常来夫妇对大卫博士品牌的执着、勤奋以及对周围帮助自己的人的感恩。正是因为这些，他们才能聚集人气，让更多的人愿意相信常来，相信跟着大卫博士会越来越好。

2015年3月，我们在杭州千岛湖举办了第三期微商实验室，那应该是我第一次跟常来见面。他长得很帅气、激情四射，神似贾跃亭（后来听了贾跃亭唱《野子》的时候更像了）。但是三天的实验室结束，常来的大卫博士内裤并没有把我征服，我怎么也不会相信一年之后，一条内裤可以做到年回款超过4000万元。

3月份冠名微商实验室，4月份常来携大卫博士的代理商以大会赞助商的身份，参加了微商团和深圳互联网中心联合举办的中国微商达人秀。那一次深圳活动，一个细节让我真正记住了常来夫妇。

大会现场有10家赞助方，一家冠名商，大会现场大部分的赞助商在自己的展位上介绍自己的产品，而常来夫妇只要看到听说过的微商大咖或者团队老大就主动向别人要地址，免费送大卫博士内裤；在大会两天的时间，常来夫妇见人就推荐大卫博士的产品，给大家详细介绍产品的功能，每个晚上都忙到凌晨两三点。那场会议结束后，我听身边人说得最多的是常来夫妇太执着了，执行力超强。

路遥在《早晨从中午开始》写道："只有初恋般的热情和宗教般的意志，人才有可能成就某种事业。"常来热爱"大卫博士"品牌，他把这种信念和信心传递给了更多的人。

创业是什么？找到一群志同道合的人，一起做一件你们都愿意相信的事情。

忽悠和梦想的最大的区别是：忽悠是自己不相信让别人相信；梦想是自己相信可能别人不相信。

2015年5月，大卫博士代理团队突破1000人，9月单月销量突破10000套。

2015年5月，微商群体第一次出现在公众媒体视野，"毒面膜、杀熟、暴力刷屏、囤货、洗脑、传销、虚假转账截图等"，一夜之间微商变成了"危"商。黑色的5月宣告微商疯狂招代理的1.0阶段结束，微商2.0开始，从单纯的招商压货转变成卖货动销。

"卖好货，好好卖货"是微商团启动高手营的初衷。我坚信微商只是一个渠道，好的产品和服务才是微商的未来，解决渠道持续性的核心是卖货。谁能解决底层代理的卖货问题，谁就能够赢得未来市场。

1998年，我中专刚毕业，做的第一份工作就是干销售——卖袜子，每天背着包在指定区域做推销。我非常幸运加入的这家公司，引进了加拿大直销体系，他们有完整的销售方法论和团队晋升管理体系。只要你不是一个傻子，每个新人到公司都是背销售话术、做销售话术演练。只要你愿意学习肯吃苦，一周之内一定能卖出去货，真正的傻瓜式销售方法。

销售的五步八点是高手营的精髓，这套方法论也是我过去带团队的核心。我是这套方法论的受益者，也是传播者。

2015年6月，微商团举办了第一期高手营，常来夫妇也是第一批学员，在高手营现场大家都被销售的"套路"镇住了，第一次感受到原来销售是这样培养出来的。常来是全场最认真的，笔记做得也是最好的。高手营结束后，他很兴奋地说：司令，这就是我最想要的训练销售高手、带团队的方式，我会以最快的速度复制到大卫博士的团队中。

从上海回去之后，常来和李老师就开始研究高手营的销售技巧，开始挑选大卫博士团队中有潜力的团队长做重点培养，希望日后他们能成为大卫博士的讲师。那个时候，他就开始为大卫博士的商学院做筹备。高手营第二期，常来自己花钱把业绩好的代理送到高手营培养。那期的高手营几乎成为大卫博士的专场，代理都很拼命地为荣誉而战，认真学习并把这套理论用到销售实战。

丽莎、李艳、双双、健康小屋、时光静好、左左、宁宁姐、金炜等，他们都是高手营的学员。在这些代理中，我印象最深是丽莎，一个瘦小而有力量的女子，每次都是信心满满，不抱怨。她是大卫博士的第一个代理商，也是这些人中最"笨"的。有一次和夏微微在一起吃饭，聊到大卫博士的代理在高手营的学员，微微说：大卫博士代理中，丽莎悟性有点差，相同的话术和技巧，我和别人讲一遍就懂了，丽莎需要问三四遍才能弄明白，但是她有那股韧劲。

在《人民的名义》中，达康书记说：这世界从来不缺聪明的人，缺乏的是忠诚的人。忠于信仰，忠于善意，忠于初心……

前两天，在朋友圈看到丽莎买了辆保时捷，那一瞬间有点莫名的小激动。虽然微商买豪车的案例很多，但丽莎的案例是我亲自经历过的，感觉还是不太一样的。

丽莎的微商跟大多数人一样，从零开始，从一个纯小白开始。自始至终就做了一个项目——大卫博士。不知道当初她为什么会选择坚持，经历过后就会发现，坚持应该是最大的捷径。

对于丽莎来讲，她是幸运的，遇上微商的机会，然后付出行动，最后取得了不错的结果。微商参与者千千万，但最终有此结果的，似乎不多。所以，丽莎很感恩大卫博士和常来。

反过来，对于常来夫妇来说，他们也是幸运的，他们遇到了丽莎这样的追随者。

常来是一个执着而又有梦想的人，在过去的两年中，不管微商市场如何变化，他都在坚持做三件事：

（1）每天早上坚持跑步

我和常来在微博上互粉，每天早上我打开微博，刷一下就看到常来在跑步机满头大汗的样子。我真做不到，我佩服死磕自己的人。

（2）每天坚持录荔枝FM上的常来微聊

我坚持每天写文章，常来每天坚持录常来微聊。常来微聊是每天代理和常来拉近关系非常重要的途径。常来微聊聊什么内容其实不重要的，重要的是常来的这种坚持学习的态度，给了代理极大的信心。

（3）对大卫博士产品的执着

常来是个"强迫症"患者，对做产品一直追求极致，专注内裤领域，把做内裤当做一门手艺。每次和他见面他都会滔滔不绝地给你讲他又为产品做了什么，不断打磨优化产品。如果你是大卫博士早期的用户，你再购买一套今天的产品，你会被产品和服务惊讶到。

2016年2月，代理团队突破5000人；5月份单月销量突破20000套，2016年8月份，代理团队突破8000人；11月单月销量突破30000套。

你想带微商团队，你首先要想明白一个道理：所有的销售问题都来自代理，最好的解决问题的方式也是来自代理，人民群众的想象力是无穷的。

让微商温暖微商，让代理服务代理，让代理帮助代理，这是微商团运营高手营的精髓。在高手营中，微商团提供的是销售的方法论和销售的模型，更多高效的销售技巧和方法是高手营会员在运用这套理论中，根据自己的实际情况，灵活变通的结果。所以，高手营更多的是我讲销售逻辑，让高手营有结果、有方法的老会员服务新会员。

截至今天，大卫博士的线下高手营活动已经进行到第十九期了。当很多微商品牌为团队存活和流失发愁的时候，大卫博士一直坚持高手营"卖好货，好好卖货"的理念，一切为卖货而干，不断地优化销售的技巧和现场体验。促使大卫博士品牌业绩稳步提升有两个核心关键点：

（1）认清方向，一条路上走到黑

在过去几年的微商团的活动中，常来都是常客，他不是花钱最多的，却是花钱最爽快的。微商团大型活动常来必到，在微商团这个圈子里面，常来也是花了最少钱获得最大回报的人。

在微商领域，辅导过很多的品牌商，也辅导过很多团队老大。见过太多的"聪明人"，也见过太多自以为是的人。无论你给他们什么建议，他们老是自作主张地去做一些"创新"。

很多人拿着过去的经验来判断今天的事情，总是想"颠覆"微商，想重新制定微商的游戏规则。到了最后会发现，但凡是"聪明"的创新者，结果都不怎么样。

微商刚刚开始的时候，我一直在强调两件事：产品和卖货。那个时候，我给常来说：你去买销量最大和最贵的内裤回来，如果你依然觉得产品比他们好，那就成了。

如果没有人家的好，那就好好地优化自己的产品。争取把产品做到最好的程度，这是一个品牌安身立命的根本。这几年，常来上了很多关于做产品的课程，真正做到了知行合一。

关于卖货，大卫博士也是执行力特别到位的一个品牌商。他们复制了微商团的高手营，已经进行了十九期。通过这个课程来训练大家的卖货和带团队的能力。

所以，你会看到，他们的业绩一直在上升，而且是特别稳定地上升。他们的产品只有一个颜色、一种款式，但他们卖了几年，而且一年比一年好。

（2）傻瓜式复制，一套方法论

什么是好的销售带团队技巧？那就是最简单的方法技巧。

很多品牌商在流量和培训上迷途未返，总是想走捷径，整天带着代理参加各种洗脑培训，代理听课越多越迷茫，而自己没有深入一线了解代理遇到的招商和卖货问题，没有找到问题的核心点，典型的病急乱投医。

向很多品牌商推荐大卫博士的线下高手营模式的时候，他们很不屑的，觉得没有什么技术含量。他们想要的都是一下子就爆破的方法，却忽略了常识。最简单才是最有效的，大卫博士坚持做线下高手营活动，代理都在做线下地推销售。几千个代理都在用一套方法论做销售，并且在同一个销售场景中丰富销售的技巧。这样的技巧在不断地完善和优化，使卖货和招商越做越简单。

大卫博士高手营是一个系统，学员学到销售技巧，马上运用到实战中去，并把实战的技巧在高手营分享给大家。新人在销售中遇到问题，把问题反馈到高手营这个系统中，老学员帮助新学员解决，以此延续下去。

创业本身就是九死一生的事情，中国民营企业的平均寿命是 2.9 年，能活下来已经很不容易了，更不要说业绩稳步上升。创业机遇很重要，但是人比机会更重要，相同的机会看见的人很多，真正能做成的很少，人才是创业的关键。

选对行业，跟对老大，祝大卫博士越来越好，代理商赚钱多多。

9.2 首次解密：酒仙网微商81天亿元回款实战录

2017年，微商市场加速发展。行业人士对于小米、网易考拉、格力、美团等大品牌相继进军微商的消息接连传来。更有甚者，浙江大学、南京大学还传出开设微商课程的消息。

从郭司令微商咨询2017年的客户构成来看，行业领先甚至第一的品牌诸如旗帜乳品、德胜钢铁旗下宝掌堂、氧趣、逗宠科技等，已占半数。

十年前的淘宝卖家，从草根到淘系品牌再到传统品牌，最后到行业顶尖品牌贡献了大部分成交额；观望的企业主也经历了信不过到离不开、看不起到玩不起的过程。过程是何其相似。

2016年，郭司令微商咨询与酒仙网团队创造"81天回款过亿"的惊人战绩之后，双方都曾预见，对于微商行业来说，一个新的时代即将来临。

只是没人会想到来得这么快。

一个酒类垂直电商领域的绝对老大,为何敢"第一个吃螃蟹"做微商?一个融资超 14 亿元的互联网企业,为何敢于取道微商?行业领先的品牌,又该如何善用资源,赢取微商市场红利?

9.2.1 酒仙网×郭司令微商咨询,一次激动又紧张的牵手

众所周知,酒仙网是知名的酒类电商第一品牌,7 年融资超过 14 亿元,最终于 2015 年上市。

2016 年中,酒仙网总裁郝鸿峰找到郭司令,说要做微商。

而当时微商是什么状况?刚经过假货横行的 2014 年和低迷的 2015 年,酒仙网竟然敢不顾身份下海?

郝鸿峰和郭司令,一个经营酒仙网 7 年,从默默无名到行业第一最终上市;一个连续创业,越战越勇,创立最大的微商圈子"微商团"。或许正是这两位老总都拥有敏锐的商业智慧,从各种微商现象中看到了社交电商"分享"的本质和机遇,才一拍即合。

但郝总也明言，酒仙网的微商，一定要安全、长线、稳定，一定要摒弃公众眼中的微商乱象，一旦出问题，后果不堪设想。

事实上，在频繁的接触与长谈中，郭司令微商咨询团队还了解到，酒仙网计划做微商已经有一阵子了，并且经过两次尝试，都未获成功。

对于酒仙网来说，士气再而衰三而竭，这一次若不成功，会影响管理层对微商事业的判断。对于郭司令团队来说，做得好会成为标杆、机遇，对整个微商行业都有积极意义。万一做不好，也会影响潜在客户对郭司令微商咨询的判断。

因为酒仙网 2016 年销售额达 30 亿元，是行业第一、上市企业，太典型了！

9.2.2 酒仙网×郭司令微商咨询实战回顾：整盘策略及打法

健康合理的模式，是微商项目成功的基石。

现行的微商模式，大多脱胎于三级分销模式。层级之间有差价，某一层级内平级推荐可设置奖励，管理层可能还有团队销售总额的返利。其精髓在于，通过公司或上级给代理商发放奖励，激励代理商能够基于社交关系建立销售团队、提升销售额。奖励的来源，是公司预留的利润和层级的差价。

以下五个点，是模式是否健康的关键点：

合理的零售价，控制整个利润空间，让代理商层级控制在三四层。

合理的出厂价，企业预留合适的利润空间，足够做奖励，又最大程度将利润留给代理商。

合理的进入门槛，给代理商安全感。

合理的拿货政策及销售考核政策，避免给代理商造成太大压力，杜绝蓄意囤货。

所有销售关联奖励仅限一级，既足够安全，又促动裂变。

最终，郭司令微商咨询给酒仙网制定的价格政策为：

【层级价格 + 返利表图片——仅限联创总代一级】

这其中有一个技巧，即"高门槛，低开口"。

酒仙网品牌影响力大，全国酒企、线下经销商群体都对其耳熟能详。这些人容易信任酒仙网微商。我们把门槛做高，吸引真正有资源、有能力、愿意做事业的人进来。

同时，招募期间，门槛又必须低，采取限时优惠政策，仅给联合创始人2000元加入门槛（可无条件退还）。这是因为，微商团队的建立和管理，依赖线上宣传与沟通，很多人目前还做不好这一点。基于"28原则"，我们放低开口，让更多的人能进来。

招募的逻辑思路，决定整个项目的走向。

模式制定好，接下来就是确定招募的逻辑思路。

微商模式，也曾有从最下层代理往上招的，通过推动代理升级，逐步优选团队。

这要求企业有较大规模的管理团队和培训管理能力，并且有足够多的流量费用。层层选拔上来，前期招募一万人，最后能成为最高管理层代理的极有可能也就十几位。但企业的代理商管理服务人员可能需要几十人，而且这样起盘速度较慢。

因此，郭司令微商咨询为酒仙网制定的打法是：从上至下。

首先招募联合创始人，把线下代理商视为重要潜在客群。他们所具有的从商经验结合微商管理方法工具，使得他们更容易成为经销体系中的管理层。

联合创始人招募结束之后，就发动他们的资源，招募总代。总代进货之后，联创就可以有一定的收入，激励他们招募更多代理，夯实中间层。

之后，再全面启动一级代理招募计划，帮助总代动销。

最终，经过接近一个月的整盘计划制订、反复沙盘推演，酒仙网和郭司令微商咨询团队明确了各阶段打法，核心事项如何操作。定下"50 高伙—500 联创—2500 总代—7500 一级"的万人团队招募计划；确定 200 万元预算，约一半用于线下活动，另一半用于微博流量推广。

这其中，如何动员已加入的代理、充分挖掘自己的人脉资源、建立大规模的销售团队并最终变现，是一项重要任务。

而且，仅凭代理单打独斗还不够。整个招募期间，酒仙网必须尽最大努力，帮助各级代理招募；尽最大努力，培训各级代理，教他们招募和动销的方法技巧，并提供工具。

因此，郭司令微商咨询又为酒仙网提出两个重要建议：

① 送流量：招募联创和总代期间，公司进行大规模推广，从互联网引入流量，分给已经加入的代理。并且，设立招募 PK 活动，代理招得越多，公司送给他的代理也就越多，直接计入优胜代理名下，免费赠送。

② 酒仙网北京基地参观培训：招募期间，优胜代理能够获得去酒仙网北京基地参观的权益，品酒，参观，结交天下友商。

通过三天封闭式的交流，不仅增强代理对酒仙网的信心，也给酒仙网一个和代理接触的好机会，给代理动员打气，提供给他们整套招募流程方法的培训。

事后证明，这两项举措有效刺激了代理招人的积极性，也切实帮助他们提升了认知，扩大了团队。

代理商标杆，是企业讲赚钱故事的关键

微商正不正规，能不能赚钱？是很多代理商加入进来后持续观望的根本原因。因此，要激活代理团队并引入更多优秀代理，最好的办法就是拿事实说话：树立代理商标杆。

酒仙网管理层基本都有多年的销售经验，对郭司令微商咨询提出的"打造代理标杆"建议没有任何疑虑。

在招募期间，郭司令微商咨询就建议酒仙网通过各阶段的招募、销售竞赛来优选代理，并且额外配置资源，扶持核心代理。以图在招募结束后、经销体系基本建立完善时，尽快推出标杆代理。

在近三个月的招募过程中，先后涌现出高进等一批代理商，真正实现了无数代理商渴望的"月入十万"的财富梦想。

我们通过采访、海报、视频、直播等多种方式，为这些代理制作传播内容并

扩散，让他们拿到素材后可以充分展示自己，同时公司也给这些代理出资百万，广泛宣传。

9.2.3 酒仙网×郭司令微商咨询实战回顾：可靠的执行方法工具

仅有决策是做不成项目的，还需要强大的执行力。

郭司令微商咨询在互联网传播、内容策划、微商培训方面的经验，结合酒仙网微商团队多年的销售管理经验，为项目推荐注入了强大的动力。

招商也就是要讲好一个让人相信的故事。

就像商业计划书在讲一个公司将如何发展、如何取得成绩，获取投资人的青睐。我们把招商也看作是一次融资行为，必须要讲好一个故事。

酒仙网布局微商渠道，这是酒仙网作为行业老大、一家上市公司只能成不能败的信念之战。

酒仙网要做对代理友好、追求安全长线的微商，代理可以零风险加入。

并且，公司会提供"酒仙网总部品鉴会"、"由公司报销的各地线下品鉴会"、"酒神计划——标杆代理打造"、"送流量"、"泰国游"等系列活动支持，出资出力帮助优秀代理发展。

做微商，不如做酒仙网微商；这次机会，更是酒业人员转型互联网营销的绝佳机会。

基于酒仙网的品牌影响力、信任感，对代理商的商业成长规划，公司对微商事业的坚定信念和大力支持，众多代理蜂拥而入，原计划招募 500 位联合创始人，实际招募 1600 余人。

郭司令微商咨询帮助酒仙网把招商故事以PPT、长文的形式展现出来，让酒仙网提供给代理使用，更通过微博等媒体广泛传播。

做流量两条腿走路，利用好代理商的人脉资源和互联网媒体。

没做过微商的企业，对于执行工作最大的困惑往往是流量。在舆论宣称的互联网企业生存之道中，流量与用户之争往往是企业最大的支出。在电商思维里，尤其是淘宝平台，流量全靠花钱买。

而微商基于社交关系，人脉资源本身就是传播渠道和流量。微商项目的流量，关键在于"造势"，需要巧妙组合，而非硬买。

因此，郭司令微商咨询建议酒仙网的流量分为两条线：

① 设立线上公开课、线下活动，让已加入的代理持续邀请潜在代理参加，通过酒仙网团队的转化能力，帮助自己建设团队；

② 在微博上发出声音，通过电商、微商大号持续对外宣传酒仙网的招募信息，公布项目的具体信息，让越来越多的人看到酒仙网正在做的大动作。

从互联网引入的流量经过转化形成代理，代理再邀请潜在代理加入酒仙网的转化活动，再邀请所有代理在微信、微博等自媒体发出声音，炒热"酒仙网做微商"事件。简单三步就已经形成了传播闭环，效率高，精准度高。

这样的流量推广策略，让酒仙网在招募联合创始人和总代时，形成持续曝光，成为项目成功不可或缺的因素。

做强流量转化和培训，让代理进得来、留得住、动起来。

酒仙网微商项目组，最开始只有5个人，但都是优秀的行业精英，其中不乏酒仙网副总裁级别的高管。

这些大佬中，有的人有二十余年工作经验，谈商务合作、阅经销商无数。前期由他们承接流量转化，当然是令郭司令团队非常放心的。

再加上郭司令微商咨询成熟的"陌生流量十天转化系统"导入，更是锦上添花。尽管其间也出现了应对询盘的话术欠佳的问题，但双方很快磋商调整，快速优化精进整套话术体系。

解决了流量转化的问题，接下来的关键就是让代理如何留住、激活的问题。

在针对管理层代理的培训中，我们重点强调招商能力的培训、代理商激励。酒仙网微商项目组重点讲模式、讲产品、讲项目优势和前景、讲项目执行计划和支持政策，为联合创始人招募同级和总代时提供完整的话术、工具。

而对项目的完整宣讲，也激发了代理商的信心。但是，他们还需要看见一条清晰的路：在酒仙网体系里的个人发展道路。通过导入团队裂变计划、团队管理

计划、个人 IP 打造计划，酒仙网为联合创始人展现出一条清晰的路径，只要跟着公司的节奏坚定不移走下去，三个月后、半年之后，代理商可能会收获自己意想不到的一项事业！

9.2.4 酒仙网×郭司令微商咨询实战回顾：贴身战略护航，建立深厚情谊

郭司令微商咨询团队与酒仙网团队的合作关系，超越了一般意义上的咨询服务商与客户的关系，在 81 天的紧张战斗中，双方合作无间，凝练成密不可分的共同体。也正因为共同承担、共同战斗、共同分享的难忘经历和最终远超预期的结果，在一年合作之后，双方再度签订长期合同，并且升级为更紧密的战略伙伴关系。

记不清多少个夜晚，郭司令的团队和酒仙网的团队监控整盘走向，连夜共商策略，及时调整新政策；记不清多少个夜晚，大家在结束 20 个小时的战斗后披着星辉道别回家；也记不清其中有多少次，为出现的问题辗转反侧、茶饭不思。

从郭司令微商咨询项目经理郭润东的日记中，我们可以感受到双方的拼搏与战友情。

《郝鸿峰的茶台，坚守了我们最后的战场》2016 年 12 月 1 日

2016 年 11 月 30 日，酒仙网微电商项目半价招募总代的最后一天。酒仙网团队早在一个月前就从北京转战上海，在他们北京分公司拿下了近 600 平方米的办公室，这里聚集着一批人，酒仙网微电商项目的操盘团队和 50 位来自全国各地的核心合伙人和联创。他们在这里谋划着一个长达 30 天的惊天伟业——微电商总代招募。

11月30日吃过午饭，我就从上海郭司令微商咨询团队总部（旧址：李子园大厦）赶往南翔蓝天创业广场（酒仙网上海分公司）。按照往常的经验，今天一定会是一个大爆发，政策结束的最后一天，人群必定会蜂拥而至。所以，作为咨询方的负责人，早早地赶过去，在狂风暴雨来临之前尽一份自己的力量。

下午4:15的时候单日回款突破了100万元，办公室里顿时沸腾起来，60多人一起欢呼，庆祝这胜利的喜悦。5分钟之后大家归于平静，因为距离凌晨12点还有8个小时，更大的奇迹还在后面。

我和酒仙网项目的两位核心负责人坐在酒仙网董事长郝鸿峰的办公室里，一边泡茶，一边预测今天的回款数据。三个人你一言我一语，有说200万元，有说250万元，我说咱们奔着300万元去吧！

茶一壶接着一壶地泡，烟一根接着一根地抽。之前听人说过茶醉和烟醉，这一次才真是亲身感受到。只是喝茶，抽烟，看手机，三个人就像提前商量好的不去聊天。泡茶声，手机提示音，群里面不断讨论的声音。此时此刻，周遭的一切都和在场的每一个人没有任何关系，唯独卖帮帮后台不断刷新的数字。

晚上9点钟，卖帮帮后台显示的数字是198万元多。废茶叶已经填满了垃圾桶，烟蒂也装满了两个大的烟灰缸，肚子被水填饱了。距离凌晨12点还有3个小时，他们预测了很多数字，但是我继续保留我的意见，突破300万元。继续喝茶，继续抽烟，继续看着卖帮帮……酒仙网上海密训群里，有人为这次的战役谱曲，作词，歌唱。有的人在群里不断公布自己招募的成绩来鼓励伙伴坚持到最后一刻。酒仙网项目老大两部手机同时开通，不断互动，红包，口号，把所有人的战斗力调整到最佳状态。我能做的是提供后台支持，大批订单涌入，卖帮帮后台要确保万无一失。上海郭司令微商咨询团队的技术人员、客服人员临时加班，和前线的酒仙网代理们一起战斗！

12点到了，所有人的心情归于平静，最后的业绩是300多万元，至于多多少，大家已经不在意了，我们的目标达到了。这是酒仙网微电商项目起盘以来达到的第一个巅峰时刻！单日回款超300万元。

今天的惊喜离不开过去一个月60多个人的集体付出，惊喜来了，我们该散了。60个人，30天，每天近20个小时，5000名总代，回款总计约3000万元，成绩的背后是每个人的心酸，12月1日凌晨0点30分，酒仙网微电商30天密训营毕业典礼在相互的拥抱和祝福声中结束。

今夜大醉一场，明天潇洒离开，期待接下来的相聚。一群人，一辈子，只做一件事儿。

最终，酒仙网团队与郭司令微商咨询团队都熬了过来，酒仙网成就了81天建立万人团队、销售回款过亿元的骄人战绩；郭司令微商团队收获了一则典型的标杆案例，更收获了成就客户的喜悦。

除了双方团队的努力，在酒仙网微商项目成功的背后，独立开发的"卖帮帮软件"提供的管理支持也功不可没，减去了大量繁重的统计结算工作，让团队放心地专注于招商与团队管理。

总体回顾起来，任何成功都绝非偶然。

酒仙网团队的高配置、对招商方向的正确判断、对项目必胜的坚定信念、超强的执行力，是项目成功的最重要原因。

而郭司令微商咨询对项目的系统筹划、科学的决策建议、执行工具方法层面的支持，也是项目成功的重要保障。

郭司令微商咨询的实战经验，源自组建国内最大的微商圈子"微商团"。3年来，郭司令团队在一线接触大量品牌商、团队老大；指导超过50个品牌起盘，回款不菲。这些经验，不是研究书本和听人讲述就可以得到的。所以，郭司令常说：听过、看过和实战过，完全是两码事。

如今，微商市场发展速度完全超越了行业人的预期。今天做微商更没有套路可言，每个品牌商都不同，产品不同、资源不同、操盘团队不同、代理商群体和消费者群体都不同，从而令盘子完全不一样。

也许一些老套路还有其作用，但照搬未必对。你需要实战的、定制的、落地的解决方案。

9.3 千亿市值的洋河进军微商渠道实战笔记

9.3.1 洋河为什么要进军微商渠道？

9.3.1.1 逐渐回暖的白酒市场

自2012年受压缩"三公消费"的影响，我国白酒市场历经三年低迷期，于2015年首次迎来正增长，增速高达5.22%，市场规模超过5559亿元，标志着市场全面回暖。

相关数据显示，在2012年以前高端酒需求构成中，政务消费占40%，商务消费占42%，个人消费占18%。2014年以后，政务消费占比降至4%，商务消费占51%，个人消费占比增至45%。同时个人消费的高端白酒中，健康饮酒成为新一代年轻人关心的问题。

9.3.1.2 消费群体的变化，健康白酒的需求更明显

在物质匮乏的时代，饮白酒是很多成年人消遣娱乐的方式，但是随着物质生活的富裕，年轻的泛80后、90后消费者，不再像上一代人那样喝白酒，对白酒的口感和饮酒习惯发生了很

大变化。早在 2003 年洋河在推出"蓝色经典"定义绵柔型白酒的时候，就意识到经济越富裕，人们对饮酒的健康要求会越高。

"蓝色经典"创造了洋河的奇迹，让"苏酒"走向全国，成为与茅台、五粮液媲美的中国知名白酒品牌。洋河定义绵柔型健康白酒，"蓝色经典"的成功是因为它满足了消费者对健康白酒的需求。在"蓝色经典"取得巨大成功之后，洋河团队没有停止对健康白酒的研发。洋河成立专业的技术团队，历经 5 年时间通过对传统白酒发酵工艺进行革命性的调整和创新，在自然发酵过程中实现健康微分子物质的生成。洋河推出微分子酒，主要目标是要打造一个全新的健康白酒品类，使之成为洋河的全新主导品牌。

9.3.1.3　传统线下、电商、微商三大零售渠道，微商渠道更适合做市场切入

随着移动互联网的发展，社交网络、大数据、物联网、移动支付等新技术的出现让零售的运营效率大大提高，使企业在推出新品的时候，可以跨越传统的渠道界限直接面向消费者，而消费者同时也是品牌的传播者。作为中国白酒新渠道的开创者洋河，洋河顺势推出"无忌微分子"品牌，让消费者通过微商渠道买到更低价格、更好品质、更便捷服务的洋河，喝到无忌微分子健康白酒，实现渠道和消费者的快速裂变。

9.3.2　洋河如何设计招商模式？

洋河无忌的零售模式，将传统经销商体系和微商体系相互融合，洋河与顺丰达成合作，线上没有区域限制，可以销售全国，线下实行区域保护和代理商扶持政策，保证代理商线下渠道的利益，让产品实现高效流通。

洋河线上经销商体系分为三个级别：CEO、加盟商、总代。每个级别的拿货

量不同、月最低销售量不同，享受的进货价也不同。公司只直接管理 CEO 级别的经销商，并协助 CEO 管理下级经销商，提供相应的品牌广告、产品销售技巧培训、系统、线下活动作为支持。

线上经销商的产品可以销售全国，不囤货、不压货，所有产品由公司统一发货，以降低代理商的库存压力和乱价行为，让经销商专注于开发市场，服务客户。

针对优秀的 CEO，公司推出"城市合伙人"计划，根据团队的人数和每月的销售额做地区性授权。"城市合伙人"享受所在地区的销售分红和扶持政策，但是每个地区的"城市合伙人"不是唯一的，一个地区最多不超过 3 个"城市合伙人"，先到先得。每个季度都会针对城市合伙人做出业绩考核，筛选优秀代理商，淘汰落后代理商，保证团队的战斗力。

同时，传统线下建渠道。通过疯狂的广告投放，一层一层地卖经销权。建设渠道是一个长期的过程，全国有 2853 个县级单位，很多品牌的经销商根本实现不了全覆盖，没有经销商和持续的广告投入，产品很难销售终端客户。洋河就是看到微商渠道的优势，不直接招募受线下区域保护的经销商，而是通过降低传统经销商昂贵的代理门槛，以低门槛快速吸引几万名经销商，在几万名经销商中筛选符合条件的 2853 个区域性经销商。这样对于新产品快速触达消费者和渠道商，建立销售认知，起到了巨大的推动作用。

9.3.3 洋河如何做好第一波代理商的招募工作？

起盘思路：

9.3.3.1 第一轮：种子选手

原价 8 万元的加盟费，限时 1 万元卡位加盟，招募 5 个直属加盟商，免费升级 30 万元门槛的 CEO，同时为了鼓励加盟商招募加盟商，每招募一名加盟商，公司拿出 2000 元作为奖励。

9 月 12 日，洋河开始放出对外招募的消息，在没有任何广告投入，只是依靠洋河无忌项目组身边的朋友推荐，10 天的时间招募 154 个，回款 150 多万元。这个数字与我们的预期还是有差距的。从"卖帮帮"数据分析，我们发现 1 万元招募的加盟商在团队裂变中的效果不理想，能够招募到 5 个以上的加盟商只有 8 个人。洋河项目组和郭司令咨询团进行及时沟通，以作出项目调整。

9 月 24 日，召集第一波代理商参观洋河酒厂的线下活动，让加盟商带上准加盟商更直观地了解洋河无忌项目。由洋河高管、产品负责人、洋河无忌项目、郭司令多个维度给代理商详细讲解项目，同时在活动现场推出 9 月份最后 7 天活动政策。

政策一
> 9 月 30 日 24:00 起，加盟商 1 万元的门槛，直接涨价到 26880 元，同时取消 2000 元的奖励，实行最后 5 天倒计时活动。

政策二
> 在 9 月份最后 7 天推出限时政策，把推荐 5 个加盟商的政策降低为推荐 3 个加盟商就可以升级为 CEO。针对招募 3 个或者以上的加盟商，以 3 个为基数，加盟商每多招募 1 个，公司按照 1：1 做代理商配送，同时公司开设线上公开课，针对加盟商没办法转化的加盟商，协助加盟商做项目讲解，做 9 月份加盟商代理大冲刺，短短 5 天时间，招募人数翻了一倍。

总结：在洋河无忌的招募过程中遇到的最大问题是，由于新品工艺的问题，只有少量的样品，无忌大货的发布日期预计为 10 月底。加盟商没有看到实物的产品，只是依靠对洋河品牌和项目的信任，义无反顾地成为洋河无忌的一员，信任无价，这就是互联网神奇的地方。

9.3.3.2 第二轮：半价招募加盟商，涨价促销

9月份招商工作结束，郭司令团队和洋河无忌项目组做了9月份招商复盘，发现一个非常重要的招商问题：价格。因为洋河无忌的产品没有出来，加盟商在招募加盟商中会遇到很多人关心产品的口感等问题。10000元是一个招商的心理门槛，对于不太了解洋河无忌项目的人试错成本有点高。为了解决这个问题，我们决定推出新的招募政策。

9月份设计的加盟商招商政策是10000元卡位，如果10月份的政策低于10000元，9月份进来的加盟商肯定会觉得自己吃亏，但是直接26880元招募代理，门槛高，招募的速度就会下降。在前期招募中，我们需要的是加盟商的数量，只有量变才能引起质变，我们坚信优秀的加盟商一定是筛选出来的。为了让招募加盟商简单，同时激励到9月份新进来的加盟商，我们推出"准加盟商"政策。

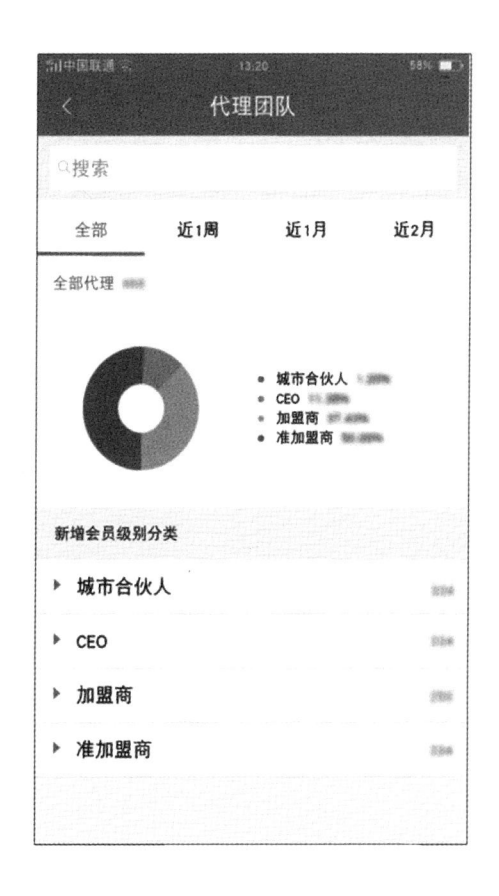

什么是准加盟商？

2688 元就可以卡位加盟商，让大家通过低门槛来了解洋河无忌项目。

10 月份，加盟商门槛是 26880 元。26880 元 =10×2688 元。我们开始设计 2688 元这个准加盟商的产品，如何能够让这个产品更吸引人，给客户一个无法拒绝的理由。

我们将 10 月份分成三个招商阶段：1-10 日为第一阶段，11-20 日为第二阶段，21-30 日为第三阶段。

第一阶段政策

准加盟商推荐 4 个直属准加盟商即可升级为加盟商。

成为 2688 元准加盟商,你能获得什么?

(1)有机会参与洋河无忌项目,成为加盟商;

(2)能够以加盟商的价格获得三箱洋河无忌酒;

(3)免费参与价值 19800 元的郭司令团队的新手密训营;

(4)推荐 4 个准加盟商即可升级为加盟商。

如果截至 10 月 31 日 24:00,没有招募够 5 个准加盟商,只招募 2 个准加盟商,剩余 2 个可以通过补足 2 个 2688 元即可成为加盟商;如果没有成功成为加盟商,下个月自动变成总代,后期购买酒水可以享受总代价格。

(注:5 个 2688 元是 13400 元,大于一万元)

第二阶段政策

推荐 7 个准加盟商即可升级加盟商。在原来 2688 元的政策上做新政策,刺激团队裂变。

(1)免费参观洋河酒厂;

(2)卡位加盟商有机会参加免费活动,赢取 iPhone8 plus 或者 iPhoneX;

(3)针对上个阶段优秀的 CEO,公司分出流量,免费来上海进行培训实操。

第三阶段政策

推荐 9 个准加盟商即可升级加盟商。

借势洋河无忌新品发布会、11 月行业展会、团队奖励、活动促销等活动，关于第三阶段的活动政策还在进行中。如果有兴趣了解，可以关注微信公众号"郭俊峰 V"，第一时间了解项目进展。

后记：好的项目都是运营出来的，需要一点点地修改和调整，没有一个项目会按照原计划开展出来。我经常跟我们服务的品牌说一句话：先动起来，听话照做，有错就改。

郭司令微商咨询与洋河战略合作的价值，不仅仅是帮助洋河梳理招商方案和完成前期的招商工作，而是跟着洋河团队一起成长，把我们服务其他品牌的经验共享出来，帮助洋河解决前进中遇到的问题，让"洋河无忌"成为下一个"蓝色经典"。

客户见证

"旗帜那么大的企业，花了40亿元建厂，自己种草、自己养牛，给牛吃最好的、住最好的。从来不怕花钱，就想着，一定要做世界上最好的奶粉。习大大来参观工厂，给了我们特别大的肯定和信心，我更觉得这事儿一定得做好。我们对旗帜奶粉有绝对的信心，今年刚得了世界食品品鉴大会的特别金奖，这可是食品界的'诺贝尔奖'，我们还是最高奖项，比飞鹤要高出一个级别。

这么好的奶粉，我们自己和身边的人都喝。但是这么好的奶粉还有很多人不知道，很多孩子还没有喝到，所以做微商这事儿我觉得一定得做，让更多的人去体验去分享。

但是我们毕竟是个大体量的企业，做微商需要慎重，只能成功不能失败，所以我一定得找个靠谱的咨询公司。接触了郭司令的团队，这群人靠谱，思路非常清晰，能够快速了解需求、精准把握方向、及时解决问题，跟他们合作，我觉得这事儿肯定能成。"

> 酒仙网一直遵循着'质真价优，快速便捷'的经营宗旨，提倡'广结善缘，合作共赢'的新电商精神，为消费者提供名优品牌、真品保证、性价比高、配送快捷的精准服务，充分满足消费者个性化需求，彰显消费者品位生活的特质，2016年与郭司令微商咨询的合作，无疑是酒仙网踏入微电商征途上的一个转折点，是所有参与酒仙网转型微电商项目人员的转折点，更是所有加入这个项目的代理商的重要转折点。正因为郭司令团队的专业与负责，正因为参与项目人员超高的执行力以及努力，才有了酒仙网密鉴项目的今天。我一直坚信一个真理：一定要跟着靠谱的人做靠谱的事儿。如果你想买真酒，就上酒仙网；如果你是传统企业转型，就一定要找郭司令！

《微商力》是一本很有深度且具有很强实战性的微商工具书，帮助传统企业在进军微商这一渠道上避免很多陷阱；郭司令微商咨询在帮助传统企业转型上做出了很多先见性的探索，郭司令给我们这样的传统企业在微商渠道发展上指明了方向，希望更多的传统企业的管理人员拜读一下这本书，从而在转型的道路上少付一点不必要的'血费'！

> 移动社交营销是未来新零售的重要阵地，中科招商选择注资微阵科技，看重的是'郭司令微商咨询'系统专业的业务能力，对微商整体环境的理解和实战经验，以及良好的业内口碑。
>
> 短短1年多时间，在鱼龙混杂的大环境中，微阵科技凭借专业能力，先后打造出酒仙网密鉴、采草人眼贴、洋河无忌酒等几十个超级爆品，并成为传统企业转型微商渠道的第一服务商，引领国内微商服务。这进一步验证了中科招商对未来新零售趋势的准确判断。公司也将继续秉承'融产结合，创新创业'的投资理念，继续深化与微阵的战略合作，更多地对接传统商业资源，在新零售大环境中，优势布局，设定顶层布局。努力形成开放、多元、创新型的业务生态。为推动区域经济和助力国家经济战略的发展做出卓越的贡献。

> 与郭司令团队合作的成功源于对彼此价值观的高度认同。诚如司令所言，'传统企业转型微商的大势已来'。宝掌堂有幸能够在潮汐涌动的微商市场搭上巨轮稳健前行，得益于郭司令微商咨询团队的可靠与真诚。
>
> 曾几何时，我也曾接触过些许战略咨询公司，然而大多公司流于表面，纸上谈兵，能像郭司令微商咨询这样靠谱落地的公司少之又少。从年初与郭司令团队的两次洽谈就发现，郭司令团队的很多理念和细节正是当下传统企业所需要的。开展项目之时更是感受到了其专业与敬业。从项目调研阶段到产品品牌策划再到招商整体设计，从策略到执行，真正做到了完美落地。
>
> 此外，作为一个传统企业家，由衷地希望，如果本土市场能多一些像郭司令微商咨询这样靠谱的公司，相信微电商成为超越所有模式的大商道指日可待！

> 在传统企业微电商中，'郭司令微咨询'的实战经营能力是整个微商圈公认的，致力于解决传统企业转型难，弯路多的现状。'郭司令微咨询'成为传统企业转型微电商第一站。比如：国内第一酒类电商——酒仙网，转型微电商起盘后40天招募联合创始人1666人，81天成就酒仙网单品王，销售额超过1.2亿元。著名上市企业湘雅集团转型微电商，起盘短短18天招募顶级合伙人500+，出货近10万盒，回款1200多万元。
>
> 这些项目足以让我们能够看到郭司令及其团队对品牌服务的靠谱落地，促成了品牌的成功！因为能够在微商行业把咨询服务做到真正落地的机构少之又少。而"郭司令微咨询"无疑是靠谱的实战专家！

龚文祥
微电商意见领袖

> 提起郭司令，就不得不说微商。我是由一个餐饮管理者转行成为微商从业者，相对来说跨度还是比较大的。
>
> 2014年，我开始着手大卫博士微商项目。项目起初，大家其实也是摸着石头过河，当时也考察了国内一些做得比较大的微商项目。但是我发现不同的项目，有着不同的基因。很多东西完全不能被复制，更有一些运营方式是我不能认同的。
>
> 2015年的时候，郭司令创办的微商团刚好在郑州举办一场活动，经人介绍也就认识了。参加完活动，印象最深的就是郭司令当时的理念，'卖好货，好好卖货'。当时，我觉得这次找到了一个靠谱的人。人都说，'人对了，事儿也就对了'。
>
> 在那之后，与郭司令的团队就形成了紧密的合作关系。只要是郭司令团队举办的活动，我们是场场参加，从不缺席。可以说大卫博士能取得今天这样的成绩，与郭司令和他们的团队有着密不可分的关系。

常 来
大卫博士创始人

郭司令微商咨询 部分服务品牌